B e m e r k u n g e n :

Das Fällen des Baumes (Nebukadnezar) hat mit dem Fällen der Fichte im Attis-Mythos zu tun.

Der Riese ist auch der Izdubar, der eigentlich die steigende Sonne ist, also ein Halbgott. Ich hatte auch die Idee, er ist Christus als "novus Sol", oder Mithras, der auch eine aufgehende Sonne ist. - Die Sonne, die von einem Menschen personifiziert wird, das ist der Papst (Statthalter Christi in der Kirche) Dies ist der grosse Baum, der sich entwickelt. Das würde heissen: die Arbeit besteht darin, dass ein Mächtiger und Anerkannter, ein Leuchtender, der überall gesehen wird (d.h. das Papsttum oder die Kirche) von mir gefällt wird - und was sagt da die Kirche dazu?

Was ist die Frau, die sich da einmischt? - Sie ist mir vorgekommen wie die Vetula, die Alte. Man sieht ja, wie sich die Kirche da einmischt: indem sie mir härtere Bedingungen stellt, indem sie mich erschlagen will, und dann muss ich sonst noch in eine unmögliche Situation gebracht werden, damit man einen legitimen Grund hat, gegen mich vorzugehen. Und dann wird noch ein geheimnes Consistorium einberufen. Aber da ist es schon zu spät, denn im Moment, wo ich zur Hintertüre hineinkommen, ist es schon in der weiten Welt ruchbar geworden, und die Amerikaner schalten sich ein und der Abgeordnete von der Welt erscheint im Consistorium.

[illegible] ([illegible]) [illegible] Stelle
in Stille-gebet zu tun.

Der [illegible] ist auch der [illegible], der [illegible]
[illegible]. Ich [illegible] die [illegible], so ist [illegible]
"[illegible]", [illegible], [illegible] ist. – die Form,
die von [illegible], das ist der [illegible] ([illegible]
Schritt in der Kirche) [illegible] entwickelt.
Es würde heissen: [illegible] besteht darin, [illegible]
[illegible], die [illegible], [illegible] wird, d.h. das [illegible]
[illegible] die Kirche) von [illegible] - und was [illegible] in die Kirche [illegible]?

[illegible] die Form, die sich da [illegible] - [illegible]
[illegible], als [illegible], wie auch die Kirche da [illegible]:
[illegible] die [illegible]
will, und [illegible] in eine [illegible] gebracht
werden, [illegible]. Und
dann wird [illegible] da [illegible] schon
zu [illegible], und [illegible], [illegible]
in [illegible] Welt [illegible], und die [illegible] ein
mit den [illegible] im [illegible].

C·G· JUNG

OS LIVROS NEGROS

1913–1932

C·G· JUNG

OS LIVROS NEGROS

1913–1932

CADERNOS DE TRANSFORMAÇÃO

LIVRO 7

Editado por
SONU SHAMDASANI

TRADUÇÃO
MARKUS A. HEDIGER

REVISÃO DA TRADUÇÃO
DR. WALTER BOECHAT

PHILEMON SERIES
Em colaboração com a Fundação para as Obras de C.G. Jung

EDITORA VOZES

Petrópolis

21.V.17. Fortsetzg.

Du giengest mir voraus, jetzt folgst Du mir. Ich bin der Führende. Ich bin der Steuer, der vorangeht, Du ein hilfreicher Arm, der den Wankenden stützt. Ich bin der Kommende, Du die Fülle des Gegenwärtigen. Du bist Freude und Genuss, Zwietracht und Lüge. Du bist die Helferin des Menschen im Guten und Bösen. Ich bin der feurige ~~Linie~~ Pfad des Schicksals. Du bist Irrthum im Guten und Bösen. Ich bin erbarmungslose Wahrheit. Ich bin Vergangenheit und Zukunft, dieser Mensch ist meine Gegenwart. Darum ist er mein Irrthum, denn ich war und ~~ist~~ werde sein, ich bin aber nicht. Meine Gegenwart ist ein Irrthum.

Dieser Mensch irrt und Du bist. Darum bist Du stets gegenwärtig, denn der Mensch irrt immer. Warum muss er irren? Er ist ein Sternsame, er irrte durch Unbegrenztes, er fiel aus Ungewissem herab. Er irrt weiter. Sein Irrthum ist seine Wahrheit; er möge es wissen. Aus Irrthum lebt er.

Sonntag. 3 VI 17.

Meine Seele, wo bist Du? Was siehst Du? Was beschäftigt Dich? Ich hörte nichts mehr von Dir. Wohl war ich zu lange von Dir weg.

S. „Du warest nicht zu lange weg. Alles gieng richtig, wie es gehen musste. Ich konnte in der Stille das meine thun."

Was thatest Du? Lass mich theilnehmen.

S: „Ich häufte Gewonnenes – rothe Steine – Gold – Blitzendes aus uralten Schächten. Wenn Du wüsstest, was Atmavictu der Alte brachte, welche bunt schillernden Schlangenhäute er ablegte, als er Philemon wurde. Gefährlich Giftiges, daemonisch Leuchtendes – ein schimmernder Boden für die Füsse des Liebenden."

Gönne mir einen Blick darauf. Schritte zur Vollendung des Werkes.

S: Er sprach von mir – ich sei Dir verwandt – sterblich mit Dir, das Leben Deines Körpers, Deines Sonnenmantels. Philemon ist unsterblich. Der Sternsame in Dir ist unsterblich. Er ist ein Stück der Welt, ein Pleroma, ein Licht und eine Dunkelheit. Licht, insofern er sich unterscheidet vom Pleroma, Dunkelheit insofern er Pleroma scheint. Das Licht leuchtet aus Unterschiedenheit. Unterscheidung stärkt das Sternlicht — Philemon erhebt sich höher. Sein Haupt steht im lodernden Feuer. Es brennt aufwärts zu den ewigen Feuerhimmeln. — Was ist es? Es liegt ein Gewicht auf mir — eine Schwere? Ist Dein Körper belastet? Ist ein Gift in ihm? Ich sehe — Du hast den Opferdienst nicht erfüllt. Er soll erfüllt werden."

7 Oct. 1917. meine Seele, die Opfer sind gebracht. Die Willigkeit ist bezeugt. Die Unterwerfung hat stattgefunden.

S. „Ja, ich sehe und ich nehme an. Du hast es gethan, was gefordert war und Du wirst thun, was nachgefordert ist. Gehe den Weg, ohne zu zweifeln. Jeden Weg, der sich aufthut — nach Deinem Vermögen."

Doch nun, was war es? Es stand Einer da rechts in der Ecke, was wollte er und wer war er?

S. „Ein finsterer Geist, ein Geist der Täuschung, ein Satans-Hexenmeister, ein Künstler der schwärzesten Magie."

Wie ist sein Name?

S. Lass den Namen. Er kann Dir ja angehen, was er will. Es genüge seine Gegenwart — schlimm genug.

I. Was will er? Was bringt er?

S. „Wohl Teufelskünste — der Harmloser."

I. Noch nicht genug?

S. „Das Leben hat nie genug."

I. So lass ihn reden.

S. zu Ha. (Hexenzauberer.) Höre, finsterer Sohn der alten Erde, Enkel des Mutterschlammes, ich rufe Dich. Komm zum Licht des Tages.

Ha. Hier bin ich – meinesgleichen seht ihr wohl nicht? Bin wohl nöthig – Philemon, mein Sohn ist wohl zu schwach. Soll ich helfen? Was zahlt Ihr?

S. Schweige von Belohnung. Du warest der, der zuerst kam. Wir riefen Dich nicht.

Ha. Nun – Du bist launisch. Was willst Du denn.

S. Ich will nichts von Dir, Du bist zu schwarz, zu mitternächtig, zu grausig erdhaft. Aber Du willst von uns – gestehe!

Ha. Schafft das verfluchte Tageslicht weg – es blendet.

S. Das eben gerade nicht. Wir wollen nicht von Dir totgeschlagen werden. Deine Art ist tötlich. Sprich, was willst Du?

Ha. Ich will – ja willst Du es wissen? Ich will erwürgen, ja erwürgen. Gefällt Dir das? Einen Menschen will ich erwürgen.

S. So, warest Du der, der sich im schwarzen Affenbalg, der den Harmlosen töten wollte.

Ha. Nein, ihr nahmt mir den Affen weg – mit euren verfluchten Opfern! Aber ihr vergasst mich. Mich fasst euer Zauber nicht. Er nimmt Kräftigeres. Ich bin da, ich will würgen.

S. Du weisst, Edler, dass Du uns nicht herunterkriegen kannst. Wir sind nicht erschreckt, Du finsterer Schein. Und weil Du das weisst, so kamst Du ohne Forderung, ohne Willen, ohne Macht, nur mit einer Bitte. Es brennt Dich etwas. Soll ich Dir sagen, was? Das Goldkorn, das Dir ins Auge fiel. Darum willst Du Nacht, dass man's nicht sieht. Ja, winde Dich nur, alter Lügner und Täuscher. Deine Drohung ist machtlos. Du bittest, man möge Dich gnädigst vom Goldkorn erlösen. Sage mal, das ist doch die Wahrheit?

Ha. Was Wahrheit? Verfluchte! Ich nehme euch das Gold. Holt es, wenn es euch gefällt.

4 S. Du lügst. Du sahest mit Begier. Da fiel Dir das Goldkorn ins Auge, weil Du Goldbegehrtest. Aber es brennt Dich und nur zu gerne wärest Du es los. Darum kommst Du, um zu bitten. Bitte höflich, dass wir Dir erlauben, es uns zurückzugeben.

Ha. Ihr schlimmen Quälteufel, holt es selber.

S. Wir holen es nicht.

Ha. Ich kann es nicht herausziehen.

S. So streng Dich an.

Ha. Schweine, Lumpen, Teufel – es geht nicht. Habt ihr kein Erbarmen. Wir wollen auch leben.

S. Wir lassen auch leben, aber nicht auf unsere Kosten.

Ha. Höre Schwester, Du bist doch auch von unserer Art. Etwas Mord, etwas Blut – gefällt ~~Dich~~ Dir das nicht? Etwas mehr Finsterniss, etwas Abgrund – lockt Dich das nicht? Warum denn so weit oben – etwas unten ist es wärmer.

S. Lass Deine Weisheit – das Goldkorn brennt Dich ja, also kurzum zur Sache.

Ha. Ich kann nicht – nicht so laut – er hört es ja.

S. Er soll es hören – was schert Dich das?

Ha. Er mag den Schmutz nicht. Sein Goldkorn fiel in den Schmutz, den ich vor Allem liebe, der Mist, der hier ist, der Vater des Scarabaeus. Alle Scarabaeen nisteten in mir – Ich bin ihnen Nahrung und mütterliche Umhegung.

S. Ich weiss, das ist Deine Teufelskunst, doch brennt Dich das Goldkorn, das Du nicht halten sollst und kannst.

Ha. Bemühe Dich näher zu mir – du wirst den Schmutz riechen, du wirst ihn aufrühren. Du kannst ja nachher Deine Hände in Unschuld waschen.

S. Ich will nicht.

Ha. Du willst doch auch das Goldkorn? Gehört es denn nicht zu euch? Du weisst doch, es ist der Keim des Scarabaeus, sein ~~Ex~~ Ei, das euch so kostbar ist.

S. Wir können warten, bis es Dich genugsam gebrannt hat. Du bist zu schwarz, als dass man sich an Dir beschmutzen möchte.

Ha. So lass doch unterhandeln. Was soll ich geben, damit

in das Goldkorn niedernehmt?
S. Wir wollen Deine Wissenschaft.
Ha. Nein, das nicht – unter keinen ~~Umst~~ Bedingungen.
S. Eben gerade das. Also lass Dich brennen, wenn Du nicht willst.
Ha. So hört doch! Was wollt ihr von meiner Wissenschaft?
S. Wir wollen wissen über Philemon hinaus. Er ist Dein Sohn, und Du weisst um ~~seinen~~ Deinen ungeborenen Enkel. Er sitzt in Deinem Auge, der heilige Scarabaeus. Du siehst ihn und Du weisst um ihn.
Ha. Verfluchte – eben gerade das soll nicht sein – wartet, haltet an – ich will nicht –
S. Wir warten. Es brennt Dich ja.
Ha. Du Teufelsweib, hör auf zu quälen. Philemon soll es sagen.
S. Aber Du kamest statt seiner, denn Du weisst das Geheimnis, sprich es aus. Dann bist Du entlassen.
Ha. Kara – kara – krama – kras – tel – kram – kest
Du gekostet vom vielblättrigen Baume – die goldene Frucht selbst die den Samen, den goldschweren, köstlichen – den reifen, fruchtbaren? Hast Du gehütet die Zaubersprüche, die vielfältigen und verworrenen, die Anrufungen?
Hole das Buch, lies sie laut, rufe an, dass er komme. Thut das, das ~~lock~~ lockert den brennenden Keim.
S. (zu mir) Lies die Incantationen!
Ha. Oh – wie es brennt – wie heisse Wollust, wie höllischer Schmerz. Gebt Wasser – löscht das ewige Feuer –
Ein Messer her, das diesen Brand blutig ausschneidet.
Ein Meissel und ein Hammer – schlagt zu, dass das glühende Korn herausspritze – noch nicht genug –
Berühret mich, berühret mich – ihr müsst an meiner Qual theilnehmen – wie kann es anders sein?
Geheimnis um euch. Tausend schwarze Mäntel

6 um eure Erlösungsthat – ich webe euch undurchdringliches Geheimniss – ihr seid geschützt. –

S. Welcher Gestank! Es ist zum Ersticken.

Ha. Ich leide unerträglich – eine hilfreiche Hand, ich fleh euch an.

S. Geduld, noch bist Du zu dunkel und gegeben hast Du nichts, aber gebettelt.

Ha. Ich weiss nichts über Philemon hinaus. Er ist ja kein Mensch – was schiert er da um diesen Menschen? Ich bin auch kein Mensch – ich bin bloss ein Rest.

S. Was zögerst Du? Gieb es heraus.

Ha. Der Rest ist nicht schmackhaft. Der Rest stinkt zur Ehre Gottes. Verflucht alle Götter! Welche Qual!

S. Komm' zu Dir selbst und lass die Götter aus dem Spiel.

Ha. Ja zu mir selbst – sein, ja – aber es sagen – ich könnte Dich erwürgen.

S. Du würdest es nicht einmal versuchen können.

Ha. Warum gebar mich meine Mutter – aus einem Stein bin ich gekrochen – kennst Du das lächerliche Gebilde, das ich meine Mutter nenne – einen Pfahl, einen spitzen Block, einen Kegel könnte man's nennen. Schön ist's, es ist oben spitz und unten ganz rund und auf allen ~~[illegible]~~ Seiten ebenmässig & glatt. Aus der Spitze aber kroch ich heraus. Sie kann nicht lachen und nicht weinen und ist ganz wie harter Stein. Auf der Erde steht's, ein Mal, ein Zeichen, dass der unbeholfenen Erde ein Gesetz aufgeprägt ist, dass Alles regelmässig sein müsse, Alles gerade oder kreisförmig. Alles kann das alte Feuer wegschmelzen und wegbrennen, aber der schwarze Mutterstein schmolz nie, als er sich einmal gebildet hatte. Ich fürchte, ob stehe sein Schatten, hellleuchtend Spitze auf Spitze. Das sann wohl mein Vater aus, das Feuer. Ich hasse meinen Vater, dem ich doch stetsfort dienen muss. Wer anders verändert und stört immer das stille gerade und kreisförmige Werk meiner Mutter als ich, der ich das Feuer meines Vaters erbte? Ich liebe alles Regelmässige, weil ich meine Mutter liebe und immer störe ich es selber. Ach, wie es mich kränkt und besänftigt, wenn ich etwas Gerades und Regelmässiges sehe. Dort muss ich sein und es stören, doch wenigstens etwas stören; es reizt mich das Gerade aus der Richtung zu bringen. Etwas durchkreuzen mit einem krummen Strich, etwas Gerades schnell schief machen — ich kann's nicht lassen. Warum soll denn der Kegel, den mein Vater wohl ersann gerade mit seiner Spitze die Spitze meiner Mutter berühren? Etwas schief gienge doch auch. Darum legte ich ein Sandkorn dazwischen, das die Mutter nicht zerreiben kann und ~~die~~ das das Feuer meines Vaters nicht schmelzen kann. Dergleichen fand sich auf Erden nicht, ich fing es aber auf, als es von den Sternen herunter fiel. Das war guter Stoff, der immerfort stört — ~~wo~~ ich sollte es nicht laut sagen — es ist der Mensch. Er sollte es nicht wissen, dass er zwischen zwei Kegelspitzen liegt, die sich ~~be~~ treffen wollen. Er will sich immer weich machen und zerreibt sich selbst darob, der Narr, anstatt dass er sich hart macht und feuerfest. Er will immer aus der Presse heraus, bald zur Erde, bald zum Himmel. Er kann ja nicht, er ist gefangen und wenn er klug wäre, so wäre er hart und feuerfest. Er wäre wie ein Krystall, aber ich störe ihn auch, denn ich weiss wie man ihn unregelmässig macht. Das ist mein Geheimniss. Das kriegt ihr nicht, ihr wisst genug.

S. Nicht genug — auch dein Geheimniss muss heraus.

Ha. Halt ein, ich lass mich nicht ausrauben.

S. Es brennt Dich ja. Lass es los.

Ha. Ihr könnt's ja nicht ausstehen, trotzdem ihr's schon ~~aff~~

sahst. Es sind die Runen. Die kenn' ich. Die sind mein werk, meine Wissenschaft.

S. Das ist es, was ich will. Das musst Du uns lehren.

Ha. Nein, nie und nimmer.

S. Schwarz. Anders wirst Du nicht erlöst.

Ha. Zum Teufel, warum sollt' es sein? Die Runen gehören mir und sonst Niemand. Ihr seid zu dumm. Ich allein versteh' sie. Ja, wenn ihr's verkündet! Ich geb's nicht los, nie und nimmer.

S. Brennt Dich das Korn?

Ha. Ich kann's nicht leugnen. Aber die Runen? Ihr könnt sie nicht brauchen. Zu schmutzig-gescheite Wissenschaft für euch! Seht mal da, diesen Fetzen:

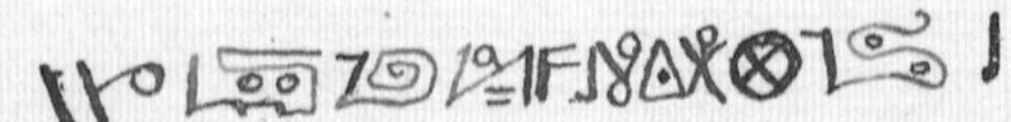

Was wollt ihr damit? Und doch steht's drin!!

S. Das sollst Du uns lesen.

Ha. Weiss ich's? Ich kann es nicht. Soll ich's? Ihr glaubt es ja nicht. Seht doch, die zwei schrägen führen zum Runden, Ein gerades steht an der Brücke und macht einen Schritt abwärts, und kriecht als Schlange über zwei Sonnen. Es geht dann gleich herunter und ringelt sich auf, macht den obern Kegel nach und hat die Sonne im Bauche. Das ist zweimal unterstrichen, weils wichtig ist und dahinter ist ein gerader Halt. Danach streckt es zwei Arme aus und möchte feststehen, gerade und die zwei Sonnen an sich ziehen. Das ist schmutzig, nicht? Aber der untere Kegel hat die dunkle Sonne im Bauch und darüber entsetzt sich Einer. Wär' er ein Rad, das das Kreuz in sich trägt, er würde feststehen und doch den Schlangenweg um die zwei Sonnen nehmen.

Ja so hurt es.

S. Erkläre — das ist unverständlich?

Ha. Es fehlt euch an Schmutz. Euer Verstand hat keinen Mist in sich. Die zwei Schrägen sind dahinter selbst. Das Runde ist die Sonne. Das Eine hat die Sonne, das Andere nicht. ~~Darum~~ sind ihr ~~ebt~~ schräg. Es muss aber Eines sein, das steht dann gerade und geht über die Brücke, lässt aber die zwei Sonnen

knüten sich und wird gerade. Darum muss es ja wieder herunter und sich aufringeln, denn hat es die Sonne im Bauch des obern Kegels. Es will sich daheim aufhalten, aber der andere schaut sich nach der zweiten Sonne. Aber die andere Sonne ist dunkel im Bauche des untern Kegels. Seht ihr, dann das, das sich entsetzt, selber die Sonne als Kopf hat und als Rad ganz die Sonne ist und gerade den Schlangenweg geht und es ist oben nicht mehr gerade, sondern ein kleines Schwänzchen aufwärts – das ist lustig! Habt ihr was gelernt?

S. – Das ist etwas. Du hast uns aber früher schon Runen geschickt. Das musst Du uns lesen:

Ha. Verflucht, ihr macht mich denken. Aber ich bin nicht dumm – ich bin viel klüger als ihr.
Seht die zwei mit den verschiedenen Füssen, ein Erdfuss und ein Sonnenfuss – die langen nach dem obern Kegel und haben die Sonne drin, aber ich habe einen krummen Strich gemacht zur andern Sonne. Darum muss einer herunterlangen. Derweilen kommt die obere Sonne aus dem Kegel heraus und der Kegel schaut nach ihr, befürchtet ~~wohl~~ sie wohl hingeht. Man muss sie mit dem Haken wieder holen und ~~tu~~ sollte sie in das kleine Gefängnis thun. Dann müssen 3 zusammenstehen, sich verbinden und zusammen oben sich aufringeln (concert). Damit bekommen sie die Sonne wieder aus dem Gefängnis heraus. Jetzt macht ihr einen dicken Boden und ein Dach, wo oben die Sonne schon sitzt. Im Haus drinn ist aber die andere Sonne auch heraufgekommen. Darum seid ihr oben auch aufgeringelt und habt unten wieder ein Dachüber Gefängnis gemacht, wo damit die obere Sonne da nicht drin geräth. Denn die beiden Sonnen wollen immer zueinander – ich habe ja gesagt – die beiden Kegel – jeder hat eine Sonne. Ihr wollt sie zusammenkommen lassen, weil ihr dann meint, ihr könntet so eins sein. Ihr habt jetzt beide Sonnen heraufgeholt und zueinander gebracht und seid schräg nach der andern Seite × das ist wichtig (=) denn hat's aber einfach 2 Sonnen unten, darum müsst ihr zum untern Kegel. Dann thut ihr die Sonnen dort zusammen, aber in der Mitte, nicht oben und nicht unten, darum hat's nicht 4,

sondern 2, aber der obere Kegel ist unten und oben ist ein dickes Dach und wenn ihr weitergehen wolltet, so sehnt ihr euch mit beiden Armen zurück. Unten aber habt ihr ein Gefängnis für zwei, für euch beide. Darum macht ihr ein Gefängnis für die untere Sonne und fallt nach der ~~Ar~~ andern Seite um, um die untere Sonne aus dem Gefängnis herauszuholen. Danach sehnt ihr euch zurück, und der obere Kegel kommt und macht eine Brücke zum untern, nimmt seine Sonne, die ihm vorher weggelaufen ist, wieder in sich und schon kommen im untern Kegel die Morgenwolken, seine Sonne ist aber noch den Strich, unsichtbar (Horizont.) Nun seid ihr Eins und froh, dass ihr die Sonne oben habt und sehnt euch nach oben zu ihr. Aber ihr seid gefangen im Gefängnis der untern Sonne, die eben aufgeht. Da giebt's einen Halt. Nun macht ihr oben etwas Viereckiges, das nennt ihr Gedanken, ein Gefängnis ohne Thür mit dicken Mauern, damit die obere Sonne nicht fortgeht, aber der Kegel ist schon weg. Ihr legt euch nach der andern Seite um, schaut nach unten und ringelt euch unten auf. Dann seid ihr eins und macht den Schlangenweg zwischen den Sonnen – das ist lustig! (~) und wichtig (=) Weil's aber unten lustig war, so ist oben ein Dach und ihr müsst mit beiden Armen den Haken in die Höhe heben, damit er durchs Dach geht. Dann ist die Sonne unten frei und ein Gefängnis oben. Ihr schaut nach unten, aber die obere Sonne schaut nach Euch. Ihr steht aber gerade zu zweit und habt die Schlange von euch abgetrennt – es ist euch wohl verleidet. Darum macht ihr ein Gefängnis für das untere. Nun fährt die Schlange für sich durch den Himmel über die Erde. Ihr geratet ganz auseinander, die Schlange ringelt sich durch den Himmel um alle Sterne weit über der Erde. Unten steht: diese Weisheit gehört der Mutter.

Seid ihr zufrieden.

S. Noch nicht. Wir haben noch andere Zeichen, die du lesen sollst:

(vom 2.IX.17.)

Ha: Da habt ihr den untern Kegel wieder und wollt die obere Sonne wieder ≠ mit der untern zusammenbringen, danach sehnt ihr euch, aber zurück. Ihr sperrt sie beide zusammen und sehnt euch zurück. Dann macht ihr ein Dach über den untern Kegel, sperrt ihn wohl ein und habt die Sonnen wieder beisammen und bringt sie nun ganz zusammen und damit seid ihr selber verdoppelt, d.h. anstatt

1 sind ihr 4 und gespalten. 11

(4 IX 17.) 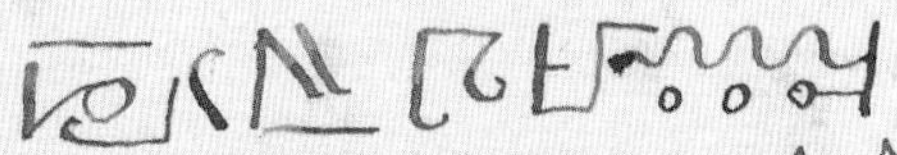 darum müsst ihr die Sonne wieder heraus holen und zwar nach unten und darauf wächst euch die Sehnsucht nach oben. Ihr erhebt euch über den Strich der Erde und fallt um. Darum seht ihr euch schnell nach unten und wollt unten herauf holen, weil ihr am obern Strich hängt. ~~ihr~~ Ihr wollt Eins sein und gerade stehen, darum macht ihr einen Strich in der Mitte, geht auf der Erde und dann in die Höhe und geht am Himmel. Und wie ihr so geht, so kriecht euch die Schlange über alle Gestirne entgegen. Ihr seid eins, ihr haltet mit einer Hand die Schlange am Schwanz und mit der andern haltet ihr das Gestirn. Beide sind getrennt. So steht ihr gerade.

(vom 9. IX 17.)  und da ihr so steht, so wächst euch ein Buckel auf der andern Seite, denn ihr hieltet zurück (nach links.) Nun macht ihr ein grosses Gefängnis unten, wohl für die Sterne und eine Wiege oben, wohl für die Schlange. Ihr drückt den Deckel auf das Gefängnis () Da habt ihr aber auch ein Gefängnis oben und die Sonne, die eins ist, schaut nach euch. Eines von euch ist trotzig und unten eingesperrt, die Sonne hat einen Schlangenschwanz und ist die Schlange selber, und das Andere sehnt sich oben und ist ohnmächtig darüber. Der Trotz des Untern und die Sehnsucht des obern kommen zusammen, Dach oben und Boden unten, und ihr seid wieder eins.

(10 IX 17.) 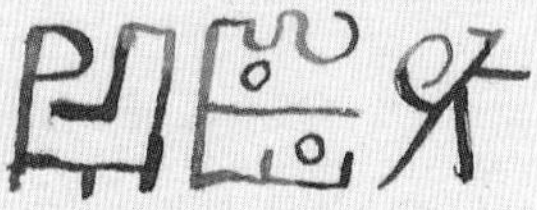 oder, ~~ihr~~ wenn ihr den Buckel nach vorwärts bekommen habt, so macht ihr unten eine Brücke und geht von der Mitte aus nach oben und nach unten, oder ihr trennt oben unten, zerspaltet die Sonne wieder und kriecht wie die Schlange über die obere und empfängt die untere. Ihr nehmt das mit, was ihr erfahren habt und geht nach vorwärts zu etwas Neuem.

(5. IX. 17) 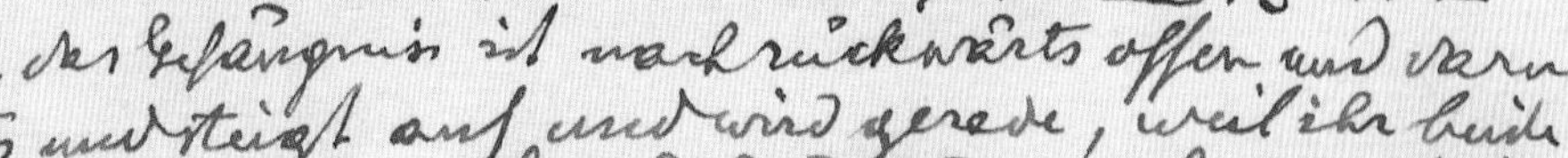 Die Schlange kriecht unten und oben ist die Sonne eingesperrt, das Gefängnis ist nach rückwärts offen und darum kriecht die Schlange vorwärts und steigt auf und wird gerade, weil ihr beide oben seid. Nun nehmt ihr die Sonne zwischen euch und drückt sie nach unten in die Mitte, darum seid ihr ge

12 spalten, das gefällt euch nicht, darum wendet ihr euch nach vorn und erwartet etwas anderes und seid darin eins. Ihr habt oberes von unterem getrennt. Da kommt der obere Kegel herunter und zieht die Sonne an sich heran und ihr kriecht von unten mit grosser Sehnsucht empor und seid eins. Da wird der obere Kegel stark, denn er hat einen Junges aber ihr macht einen Schutz gegen ihn und macht ihn klein zu machen, darum ringelt ihr euch nach unten auf. Das gefällt euch und ihr kommt nicht gut davon los, darum wird ihr eine Brücke machen zum Einssein und nach vorn schauen. Dann kommt der grosse Einführer und betritt den Schlangenweg zwischen den zwei Sonnen und kehrt nach unten zurück – das ist schön und lustig. Ihr kommt nicht davon los, aber die obere Sonne kommt und zieht eure Sonne nach vorn, aber unten. Ihr sehnt euch aber nur umso viel heftiger zurück, aber ihr werdet doppelt. Deshalb wird ihr eins werden, oben ~~aber~~ und unten trennen und die oben zur untern Sonne gehen. ~~Da~~ seid ihr aber getrennt und wird eine Brücke zwischen euch machen. Dann kommt der obere Kegel wieder ganz nach unten, darum ist oben ein Strich drüber und drängt euch unten weg, darum läuft einer nach vorn.

(5 IX 17 N° 2.) 

Da seid ihr auch schon Eins geworden, der obere Kegel kommt und holt sich seine Sonne, verschluckt sie und sie erlischt. Ihr fallt um und streckt unten. Ihr macht unten ein grosses Gefängnis für die zwei Sonnen oder für euch Beide und für einen Dritten, da kommt aber das obere Feuer mächtig herunter und lockt den untern Kegel heraus. Das zieht euch zurück und doch sehnt ihr euch weg nach vorn, nämlich nach der Schlange, die ~~ihr~~ euch immer so gut gefallen hat. – Wegen des untern Kegels sehnt ihr euch nach der Schlange oben, sie kriecht am Himmel über die untere Sonne weg, die in Verbindung mit der Erde steht. Aber ihr wird weiter schauen. Der obere muss herunter und der untere herauf und doch getrennt sein. Da lässt der obere Kegel seine dunkle Sonne heraus. Ihr sehnt euch rückwärts nach der untern Sonne, die ist aber unter dem Boden. Weil ihr zurücksehnt, wächst euch ein Buckel nach vorne. Ihr macht unten einen festen Boden und ringelt euch darin in der Mitte auf.

(11.IX.17.) ~~Jetzt macht~~

[illegible]

[illegible]

Ha: noch nicht genug! Ihr könnts doch jetzt endlich einmal verstehen. Jetzt macht ihr doch eine Brücke zwischen euch und die Eine sehnt sich nach unten. Da kriecht aber die Schlange oben und holt sich die Sonne herauf. Dann geht ihr Beide oben und wollt nach oben (–), aber die Sonne ist unten und vermochte euch herunterzuziehen. Ihr macht aber einen Strich über dem Untern und sehnt euch oben und seid ganz eins drin. Da kommt die Schlange und will aus dem Gefäss ~~des~~ des untern trinken. Da kommt aber der obere Kegel und hält an. Aber wiederum geht das Sehnen gleich der Schlange nach vorwärts und nachher sehnt ihr euch sehr (–) zurück. Aber die untere Sonne zieht und so kommt ihr wieder zum Gleichgewicht. Aber bald fallt ihr um nach hinten, denn Eines hat nach der obern Sonne gesehnt. Das Andere will nicht und so fallt ihr auseinander, müsst euch darum 3 mal zusammenbinden. Dann steht ihr wieder gerade und hält beide Sonnen vor Euch, wie wenn sie Eure Augen wären, dann ihr das Licht des obern und des Untern vor Euch und ihr streckt die Arme danach, und ihr kommt zu eins zusammen und müsst die beiden Sonnen trennen und sehnt euch ein wenig zurück nach der untern und greift voraus nach der obern. Aber der untere Kegel hat, weil die Sonnen so nahe waren, den oberen Kegel in sich verschluckt. Darum thut ihr den obern Kegel wieder hinauf, und weil der untere dann nicht mehr da ist, so wollt ihr ihn wieder heraufholen und habt eine lange Sehnsucht nach dem untern Kegel zurück, während es oben leer ist, weil die Sonne oberhalb des Striches unsichtbar ist. Weil ihr so lange zurück und nach unten gesehnt habt, so kommt der obere Kegel herunter und versucht die obere unsichtbare Sonne in sich zu fangen. Da geht der

Schlangenweg ganz oben, die sind gespalten und Alles andere
ist unter dem Boden. Ihr sehnt euch weiter nach oben, aber
schon kommt die untere Schmelzt wie eine Schlange, und
der macht ein Gefängnis über sich. Da kommt aber der untere
Kegel herauf, ihr seht ganz unten und da sind die zwei
Sonnen plötzlich wieder da, nahe beisammen. Ihr sehnt
euch danach zurück und kommt ins Gefängnis eingesperrt
dann trotzt der Eine und der andere sehnt sich nach unten.
Das Gefängnis geht auf, der Eine sehnt noch mehr nach unten,
der Trotzige aber sehnt oben und ist nicht mehr trotzig, sondern verlangt nach dem Kommenden. Da kommt es: unten geht
die Sonne auf, sie ist aber eingesperrt und oben sind 3 Dirt-
kästen gemacht für Euch zwei: die obere Sonne, die ihr erwartet, weil ihr die untere eingesperrt habt. Da kommt
nun der obere Kegel mächtig herunter und theilt euch entzwei und verschluckt den unteren Kegel. Das geht nicht.
Darum stellt ihr die Kegel Spitze auf Spitze und ringelt
euch auf nach Sonne in der Mitte. Denn so könnt ihr's
doch nicht lassen. Also muss es anders kommen. Der
Eine sucht es nach unten, der Andere nach oben; ~~denn~~
das müsst ihr mit Anstrengung thun, denn, wenn die
Kegel mit der Spitze aufeinander kommen, so dann sind
sie fast nicht mehr auseinanderzubringen — darum habe
ich ja das harte Korn dazwischengelegt. Spitze auf Spitze
das wäre ja zu schön regelmässig. Das gefällt Vater und
Mutter, aber wo bleibe ich? und mein Korn? Darum
schnell anders! Man macht eine Brücke zwischen euch
beiden, sperrt die untere Sonne wieder ein, der Eine sehnt
sich zurück nach oben und unten, der Andere aber besonders
stark nach vorwärts, oben und unten. So kann die Zukunft
werden — seht, wie ichs jetzt schon gut sagen kann —
ja ich bin klug — klüger als ihr — da ihr nun Alles
so schön in die Hand genommen habt, so kriegt ihr auch
alles schön unters Dach und ins Haus hinein, die Schlange,

und die beiden Sonnen. Das ist ~~es~~ immer am lustigsten. Aber ihr seid getrennt und weil ihr den Strick ~~oben~~ gemacht habt, so ist die Schlange mit den Sonnen zu weit unten. Das kommt daher, weil ihr vorher euch von unten aufgeringelt habt. Aber ihr kommt zusammen und übereins und steht gerade, weil es gut und lustig und wohlgerathen ist und sagt: so wird es bleiben. Da kommt aber schon der obere Kegel herunter, weil er sich unzufrieden fühlte, da ihr ~~oben~~ vorher die Grenze gemacht habt. Der ob. Kegel langt gleich nach seiner Sonne – es ist aber nirgends eine Sonne mehr und die Schlange springt auch herauf, um die Sonnen zu fangen. Ihr fallt um, und Einer von Euch wird vom untern Kegel gefressen. Mit Hilfe des obern Kegels holt ihr ihn heraus und gebt dafür dem untern Kegel seine Sonne und dem obern Kegel auch. Ihr legt euch drüber wie der Einäugige, der am Himmel wandert und haltet die Kegel unter euch – aber am Ende geht die Sache doch schief. Ihr lasst die Kegel und die Sonnen überhaupt gehen und steht zueinander und wollt doch nicht das Gleiche. Am Schluss ~~kommt~~ kommt ihr überein, euch dreifach an den eben herunter kommenden obern Kegel zu binden.

Ich heisse Ha – Ha – Ha – ein lustiger Name – ich bin klug – seht doch, mein letztes Zeichen, das ist doch die Zauberei des weissen Mannes, der in den grossen Zauberhäusern wohnt, die Zauberei, die ihr Christenthum nennt. Euer Medizinmann sagte es doch selbst: „Ich und der Vater sind Eins, niemand kommt zum Vater denn durch mich." Ich hab's euch ja gesagt, der obere Kegel ist der Vater. Er hat sich 3 fach an ihn gebunden und steht zwischen dem Andern und dem Vater. Darum muss der andere ja durch ihn hindurchgehen, wenn er zum Kegel will.

Ich: Meine Seele – was für ein schreckliches, monotones Lied – welche Märchen – welche Zaubersprüche aus welchen Welten und Vergangenheiten sang er? Was ist Dir? bist du eingeschläfert ~~zauberisch~~ oder trunken gemacht durch Schlangengiftzauber? Bist du krank? – Sprich!

S. Schweig Goldkorn – der Gestank der ewigen Fäulnis hat mich betäubt – ich bin krank vor Übelkeit. Ha – höre – verfluchter Ha – Ha, gehe zurück in Dein eigenes Echo – Ha – Ha – Ha!

(zu mir) Sein Name bannt ihn. Glücklicherweise verdirbt ihm sein Name das Spiel. ~~Ha~~ Doch, ich sehe Philemon, den gütigen Weisen –

Phil: Hört ihr, wer es sprach? Wißt ihr, dass das die Wahrheit ist – ~~wenn~~ von hinten besehen? Aber es ist die Wahrheit. So höret nun die Lehre und den Gesang von der andern Seite der Wahrheit:

Phanes ist der Gott, der leuchtend den Wassern entstieg,
Phanes ist das Lächeln der Morgenröthe.
Phanes ist der strahlende Tag.
Er ist das ewig unvergängliche Heute.
Er ist das Rauschen der Ströme.
Er ist das Sausen des Windes.
Er ist Hunger und Sättigung.
Er ist Liebe und Lust.
Er ist Trauer und Tröstung.
Er ist Verheissung und Erfüllung.
Er ist das Licht, das alle Dunkelheiten

erleuchtet:
Er ist der ewige Tag.
Er ist das Silberlicht des Mondes.
Er ist das Flimmern der Sterne.
Er ist der fallende Stern, der aufleuchtet und dahinfährt und erlischt.
Er ist der Strom der Fallsterne, der jährlich wiederkehrt.
Er ist Sonne und Mond, die wiederkehren.
Er ist der Schweifstern, der Kriege bringt und edlen Wein.
Er ist das Gute und die Fülle des Jahres.
Er erfüllt die Stunden mit lebensvollem Entzücken.
Er ist Umarmung und das Flüstern der Liebe.
Er ist die Wärme der Freundschaft.
Er ist die Hoffnung, welche das Leere belebt.
Er ist die Herrlichkeit aller erneuten Sonnen.
Er ist die Freude über jede Geburt.
Er ist das Leuchten der Blumen.
Er ist der Sammt des Schmetterlingsflügels.
Er ist der Duft der blühenden Gärten, der die Nächte erfüllt.
Er ist der Gesang der Freude.
Er ist der Baum des Lichtes.
Er ist jede Vollendung, jedes Bessermachen.
Er ist Alles, was wohlklingt.
Er ist das Ebenmass.
Er ist die heilige Zahl.
Er ist das Versprechen des Lebens.
Er ist der Vertrag und das heilige Gelöbniss.

Er ist die Vielfältigkeit der Töne und Farben.
Er ist die Heiligung des Morgens, des Mittags und des Abends.
Er ist der Gütige und der Milde.
Er ist die Erlösung.

(Nach diesem Lobspruche übersetzte sich Philemon in das Thor des Glanzes und schloss seine Augen und schaute das Licht der ewigen Gegenwart. Und nach einer Weile er-
11 X 17. hob er sich und sprach:

„Wahrlich, Phanes ist der glückliche Tag!"

Und er setzte sich wiederum und verharrte in Betrachtung. Und nachdem einige Zeit verstrichen war, erhob er sich zum dritten Male und sprach:

„Wahrlich, Phanes ist die Arbeit und ihre Vollendung und ihr Lohn."

Er ist die mühevolle That und die Ruhe des Abends.
Er ist der Schritt auf dem mittlern Wege, er ist sein Anfang, seine Mitte, sein Ende.
~~Phanes~~ Er ist das Vorausschauen.
Er ist das Ende der Angst.
Er ist die spriessende Saat, die Knospe, die sich öffnet.
Er ist das Thor des Empfanges, die Aufnahme und das Niederlegen.
Er ist die Quelle in der Wüste.
Er ist der sichere Hafen in der Nacht des Stormes.
Er ist die Gewissheit in der Verzweiflung.
Er ist das Feste in der Auflösung.
Er ist die Befreiung aus der Gefangenschaft.

Er ist Rath und Kraft im Vorwärtsschreiten.
Er ist der Freund der Menschen, das Licht, das von ihm ausgeht, der helle Schein, den der Mensch auf seinen Weg schaut.
Er ist die Grösse der Menschen, sein Werth und seine Kraft.

S. Liebender, erbarme Dich unser! Und der Mensch?

Phil. Der Mensch ist wie sein Bestes. Darum saget den Menschen:

Seid selig in eurer Armuth, seid friedfertig und sanftmüthig, seid barmherzig, ertraget Schmähung und Verfolgung, denn ein Licht leuchtet vor euch, das euch nicht im ~~Verborgenen~~ Dunkeln lässt.

Wenn ihr zürnet, so sprechet nicht: wir zürnen nicht, sondern seid eingedenk eurer Armuth und versöhnet euch bald.

Seid ~~keinem feind~~ niemandes Feind, sonst entzweit ihr euch mit euch selbst. Eure Armuth aber ist zu gross als dass ihr uneins sein könntet mit euch selbst.

Sprechet nicht: wir lieben unsere Feinde. Bei eurer Armuth wäre die Lüge Verschwendung. Lasst euren Feind allein, damit seine Feindseligkeit sich selbst auffresse.

Wollet nicht vollkommen sein wie die Götter, sondern nehmet euch eurer Armuth und Blösse an, damit nicht das Unvollkommene und Schwache ~~auch~~ an euch ganz verderbe. Eure Vollkommenheit wäre v° Ekel und ungerechte Bürde für euern Nächsten.

Vielmehr denket daran eure Armuth selbst zu tragen, als den Nächsten mit dem Schein euerer Vollkommenheit zu belasten.

Vergesset nicht euerer Armuth Almosen zu geben.

Wenn ihr aber betet, so bettelt nicht die Götter an, sondern wollet, dass die Herrlichkeit Gottes sich vollende, dass sein in euch gelegtes Gesetz sich erfülle, ~~und~~, dass ihr in Bescheidenheit euere Armuth ertragen möget, damit das Licht, das die Dunkelheiten eures Wesens ~~erhellt~~ erleuchtet, desto heller strahlen möge.

Wollet, wenn ihr betet, dass das Nothwendige sich erfülle, nicht was ihr für nothwendig haltet, sondern was unvermeidlich ist an sich. Höheres zu wollen erträgt eure Armuth nicht.

Niemand kann einem Herren dienen, sondern jeder diene sich selbst, denn ~~was~~ seiner Armuth willen bedarf er der Hülfe. Der Reiche bedarf keiner Hülfe.

Darum sage ich euch: sorget für euer Leben, was ihr essen und trinken werdet, auch für euern Leib, was ihr anziehen werdet. Ist nicht die Speise ebenso wichtig wie das Leben? Und bedarf nicht euer Leib auch der Kleidung? ~~Und~~ Soll nicht euer Leib auch gesund sein und euer Leben gesichert, so dass ihr nicht euern Brüdern eine Bürde werdet. Sind sie nicht auch arm wie ihr? Sehet die Vögel unter dem Himmel an: Tragen sie nicht ein Federkleid zu ihrem Schutze? Bauen sie nicht warme Nester? Suchen sie nicht mit Geschick und Fleiss ihre Nahrung?

Habt ihr schon gesehen, dass ein Rabe den andern füttert? Darum dient eurem Leibe, dem geduldigen Knechte, damit er gesund bleibe. ~~Dient~~ Helfet eurer Seele, dem anmassenden Daemon, damit alle falsche Göttlichkeit und Übermenschlichkeit von ihr abfalle, damit ihr Gott schauen möget.

Es wird euch nichts zufallen, das ihr nicht mit ehrlicher Mühe erworben habt. Thut Busse für jede un- ~~un~~ verdiente Gabe, die euch der Himmel zukommen lässt, damit ihr euch nicht mit Göttlichkeit verunreinigt.

Sorget für den andern Morgen, denn der morgende Tag wird genug Plage haben.

Ihr Heuchler, zieht am Ersten den Balken* aus eurem Auge und wartet bis euer Bruder euch bittet, ihn vom Splitter in seinem Auge zu befreien. Wenn euer Bruder aber den Splitter in seinem Auge liebt, was habt ihr euch darein zu mischen?

Gewiss sollt ihr das Heiligthum nicht den Hunden geben und die Perle nicht vor die Säue werfen, aber sind denn eure Brüder und Schwestern Hunde und Säue?

Bittet, aber liegt nicht an, klopfet an, aber seid nicht aufdringlich; es ist nicht sicher, ob ihr empfangen werdet, denn eure Brüder sind arm und ihr sollt sie nicht zur Verschwendung reizen. Geiz aber verzehrt sich selbst, und die Erbschaft entgeht euch nicht.

Geht den Weg eures innern Gesetzes unter Beobachtung des äussern Gesetzes der Liebe. Dieser mittlere Weg ist halb schmal, halb breit. Wer diesen Weg nicht geht

22 hat die Verdammnis im Herzen.

An den Früchten mögt ihr die Fruchtbaren erkennen, den Unfruchtbaren aber dankt, dass sie der Welt eine Missgeburt erspart haben.

Wer das Gesetz der innern Nothwendigkeit erfüllt, der hat das Reich der Himmel im Herzen, denn er erlebt die Tage des Glückes.

Wollet nichts thun aus Uneinssein mit euch selbst, sondern aus Erfüllung eurer Armuth."

Danach aber bückte sich Philemon, ~~und~~ berührte mit der Hand die Erde und bat sie um Verzeihung, weil er eine Lehre ausgesprochen hatte. Dann trat er zurück in die Halle an ein Wasserbecken und reinigte sich von der Anmassung des Lehrens. Er vertauschte seinen weissen Mantel mit einem braunen Kleide und schritt hinaus über die Brücke ins Menschenland. Dort trat er in eine Kapelle, die an der Strasse lag. Über dem Altar hieng der Crucifixus. Phil. verbeugte sich und sprach zu ihm: Mein Bruder, vergieb mir meine Fehle, ich habe mich an Deinem Worte versündigt. Ich lehrte anders als Du. Wenn ich aber irre, so lehre mich die Wahrheit erkennen."

Der Gekreuzigte schwieg, denn er hatte seine Wahrheit mit dem Tode vollendet und besiegelt und solchermassen Raum gelassen für die Wahrheit seines Bruders.

Philemon aber küsste weinend seines Bruders starre Hände und kehrte zurück zum Orte seiner Lehre.

18 X 17.

meine Seele, sprich zu mir!

S. Was hast Du zu zögern und zu zweifeln? Siehst Du nicht, wie sich Alles entwickelt? Das Lebende hat Recht. Warum sollst Du Dir etwas abquälen lassen? Ist die Weise auf irgendetwas eingegangen? Macht sie nicht fort und fort Bedingungen und schreibt sich Alles zu, was Dir gehört? Du bist zu geduldig, man möchte sagen, zu gut, wenn es nicht zu dumm wäre.

I. Ich fürchte Deine Ratschläge sind, wie stets, zu extrem.

S. Ist die Weise nicht extrem? Es ist Alles übertrieben, und das widersteht Dir. Gieb's Dir doch nur einmal zu.

I. Aber die Liebe?

S. Wie macht sie's denn? Kümmert sie sich um die Liebe an sich? Doch nur um die Liebe, die sie bekommt oder nicht bekommt. Erfüll ihr den Wunsch und sieh, wie sie darauf sich benimmt. Benimmt sie sich schlecht, was ganz gut möglich ist, so kannst Du ja wieder schweigen, bis sie vernünftig geworden ist. Es ist mit ihr immer ein Experimentieren. Sie bietet ja sonst Werthvolles, also kannst Du ihr schon etwas entgegenkommen. Nur nicht zuviel, denn sie kann nur wenig schätzen. Du giebst immer zuviel. Das ist dumm. Man muss sich solchen Leuten kostbar machen, sonst verschleudern ~~sich~~ sie Dich nur.

22.X.17.

Es geht wieder etwas vor. Was ist es?

S. Ich stehe da und warte zu und zeige mich an.

Was willst Du?

S. Ich will Dir erzählen. Ich sah Phil. Er stand am Thore und sah hinaus ins Menschenland. Aber Niemand kam. Niemand betrat die Brücke. Und ich hörte Phil. sprechen:

So ist Niemand da unter den Lebendigen? Nur eure Schatten sind da? Eure Schatten, die sich im Schlafe von Euch gelöst haben? Ihr kamet wohl widerwillig? Ihr möchtet lieber mit den Lebenden gehen als treue Diener? Ich weiss Euch aber einen köstlichern Dienst, eine schönere Gefolgschaft. Höret meine Worte und flüstert sie euren Herren ins Ohr, wenn sie schlafen. Saget zu ihnen:

Ihr Heuchler, sprechet nicht von Liebe, sondern erforschet, welches Begehren ihr in Eurer Liebe birget. Ist nicht euer Bruder arm und hat nicht, das er euch gebe? Warum häuft ihr auf ihn die Last eures Begehrens, sprechend: wir lieben Dich. Liebt ihr Eures Bruders Wohlergehen? Nein, ihr wollt daran theilhaben. Ist es nicht besser, ~~so~~ dass Jeder das Seine thue, das es ihm wohlergehe, als dass er sein Wohlergehen vom Bruder begehrt? Trachtet nach dem Reichthum in Euch und es wird Euch Alles Glück zufallen, dessen ihr bedürftet.

So sprach Philemon.[6]

Was ist Dir, meine Seele? Welcher Schmerz befällt Dich?

S. Ich bin traurig. Der Diener liebt seinen Herrn und flüstert ihm solches nicht gern ins Ohr, denn er möchte am Wohlergehen seines Herrn theilhaben.[7]

I. Also liebst Du mich nicht. Sagte ich Dir das nicht schon so lange?

S. Du hast Recht, noch immer kann ich Dich nicht recht lieben.
I. Warum nicht?
S. Warum dieses ewige Warum? Warum soll ich's immer wissen.
I. Du sollst um die Gründe Deines Nichtliebens wissen!
S. Wie kann und wie soll ich lieben. Du nimmst mir Alles Lieben weg. Du besorgst es ja. Mir bleibt nichts übrig. Du liebst zu viel. Darum liebe ich weniger.
I. Aber was soll ich thun?
S. Weniger lieben. Das Messer, hörst Du, das Messer brauchst Du. Abschneiden, was nicht taugt. Nicht die Schwarze – sie taugt. Sie ist stille und begleitet Dich. Sie ist Dir nöthig. Sie kann sich freuen, wenn es Dir gut geht. Sie nimmt nicht, sie lädt nichts auf. Ich muss das Meine immer von Dir stehlen. Das zieht die Todten an, wenn ich zu bedürftig bin. Sie ziehen mich von Dir weg. Es ist Einer in der Nähe, der Bruder des schwarzen Zauberers. Er umschleicht mich.
I. Was will er denn?
S. Ich weiss nicht, was er hat oder will.
I. So frage ihn.
S. Was willst Du, Schwarzer? Komme heran und rede!
Ka. Ich bin der Seelenanfang. Ich bin Ha, ebenso seine andere Seite. Ich bin seine Seele. Ich gab ihm die Runen und die untere Weisheit. Ich bin sein Geist. Er ist gegangen, ich bin geblieben. Ich will bei Euch sein.
I. Was soll uns der unheimliche Geselle?
S. Was willst Du bei uns?
Ka. Ihr müsst mich haben, denn ihr werdet mich noch brauchen. Ha weiss das Äussere, ich das Innere. ~~Er~~ Er hat die Armuth, ich den Reichthum. Was weiss er? Bloss seine langweilige Geschichte von Kegeln und Sonnen und Schlangen, armselige Runen. Ihr braucht

ein Goldkorn im Auge, meine Augen aber sind aus lauterem Gold. Mein Körper ist von ~~Eisen~~ schwarzem Eisen. Ich bin schwer und dauere Ewigkeiten. Ich weiss den Sinn der Runen, Ha schwatzt darüber wie ein Kind.

I. Sei vorsichtig, meine Seele; er ist unheimlich, seine Klugheit ist überlegen.

S. Du kommst doch nicht ohne Forderung? Was willst Du?

Ka. Ich fordere nichts, als dass ich mit Euch gehen kann.

I. Ich misstraue ihm.

S. Ich glaube, Du solltest ihn mitkommen lassen. Was Ha sagte, war doch nicht ganz dumm. Es war sogar in seiner Art überlegen klug, zwar lästerlich – ich gebe es zu.

(zu Ka) Hast Du Böses verborgen in Deinem schwarzen Herzen?

Ka. Nein, ich habe sogar kein Herz. Ich bin durch und durchaus Eisen. Ich bin bloss kalt. Vielleicht nützt euch das?

S. Hörst Du? Er ist kalt und klug. Wäre das nicht ein Vortheil?

I. So lass ihn mitgehen, wenn er Dir sagt, was er weiss.

S. ~~Du~~ Höre Ka, Du kannst mitgehen, unter der Bedingung, dass Du uns lehrst, was Du weisst.

Ka. Ich weiss, wessen Ihr bedürfet. ~~Ich bin~~ Ihr braucht mein Geheimnis. Mein Geheimnis ist aller Magie Ersatz. Und das ist die Liebe. Ihr seid zu warm, wie könnt Ihr Liebe scheinen? Ihr habt sie in Euch. Sie scheint Andern nicht. Was spricht der Alte im weissen Kleid zu Euch? Er spricht Liebe und spricht nicht davon. Höre Mensch, Du lässest Dich von Deiner Seele bestehlen. Sie zwingt Dich, Liebe zugeben, dann herrscht sie. Sie will vor Allem herrschen. Gieb nicht zu viel Liebe. ~~Siehe~~ Blicke auf Deine Ziele und nicht auf Liebe. Dann scheinst Du Liebe. Hat Philemon Liebe? Nein, er scheint sie.

Lasst mich mitgehen, ich gebe Euch Kälte, das macht den warmen Schein.

I. Meine Seele, frage Philemon, was er über Ka meint.

S. Phil. ich rufe Dich, Erhabener, Liebender, erbarme Dich unser und giebt uns Deinen Rath.

Phil. Ka ist mein Schatten. Wie sollt Ihr ihn missen? Ka gehe mit Euch, so wie ich mit Euch gehe. Niemand steht oben, der nicht seinen Schatten unten hätte. Mein Licht ist stark, und mein Schatten dunkel.

S. Liebender, welches Geheimniss!

Phil. Sahest Du meinen Bruder? War er nicht kalt und stellte er nicht sein Licht auf den Scheffel?

S. Erhabener, der Du im Thore des Glanzes stehst, warum ist Dein Mantel roth? Schreitest Du zum Opfer?

Phil. Ich tauchte mein Gewand in Blut, in das Blut eines Menschen. Was soll mir das Gewand der Menschheit? Es ist roth vom lebendigen Blute. Bin ich nicht der Liebende?

S. Lehre uns, Erhabener, vom goldenen Worte.

Phil. Wahrlich, Phanes ist der Tröster. Er führt die Hand des Irrenden. Er ist der Berather der Wittwe.
Er füllt den leeren Becher.
Er legt ein Brot auf den Tisch des Hungernden.
Er ist der Freund des Einsamen.
Er giebt dem Unverstandenen Sprache.
Er legt ein Gewicht auf die Schale der Gerechtigkeit.
Er ist der Reichthum der Armen.
Sein Licht leuchtet auf den Bergen.

Aus Leid und Freude ist er geboren.
Auch die Teufel haben ihm gedient.
Er erglänzt im hilflosen Auge der Thieres.
Er ist das Verständniss dessen, was die Teufel be[illegible]
Er ist die Erlösung der Toten.
Er ist die Heilung der Kranken.
Er ist das Mitleid mit allem Lebendigen.
Er ist die Schönheit des Krystalls.
Er ist das Emporsteigen aus der Sünde.
Er ist das Gesetz über alle Gesetze.
Er ist die Befreiung durch Blutopfer.
Wo er leuchtet, ist keine Verdammniss.
Er ist der Gleichnisse Höchstes, die Summe aller Rätsel.

Ka. Halt ein, Philemon! Du sprichst hohl. Wo ist Dein Schatten? Dein Schatten spricht zu Dir:

Verflucht ist die Erde, verflucht die ewigen Himmel, verflucht der Mensch und sein Daemon. Verflucht alle hohe Kunde. Von welchen Lügen sprichst Du, Philemon? Welche gleissnerischen Schlangengaukelkunststücke führst Du in Deinen blauen Überhimmeln auf? Meine Rede ist von Eisen, Deine lauwarmen Flötentropfen schmelzen mich nicht. Mit mir sollst Du reden, Du schöner Lügenschein.

Phil. Mein Schatten, ich kenne Dich. Bist Du mir endlich nachgekommen? Sei mir willkommen,

Du Sohn der Finsterniss! Zur Feier Deiner Geburt habe ich ein rothes Gewand übergeworfen. Lass Dich sehen, Freund! Wie schön ist Dein schwarzer Eisen~~leib~~körper und Dein goldfunkelndes Auge! Wie erhaben ist auch die Schönheit des Abgrundes! Ich danke dem ewigen Lichte, das kraftvoll seine Schönheit über Alles vergossen hat.

Ka. Was für grosse Worte! Glaubst Du, Du deckest mich damit zu? Das Roth Deines Mantels ist Blut, lebendiges Menschenblut. Es zeugt gegen Dich vor der ewigen Gerechtigkeit. Es schreit von Frevel am Unschuldigen. Menschenblut ist Dir gut genug, um Deinen Mantel zu färben.

Phil. Wahrlich, Du ~~sprichst~~ sagst keine Lüge. Schlimm ein Frevel der Götter am Menschen. Sein Bestes frevelt an ihm. Meine Hand ist roth vom Blute des Unschuldigen. Ich entriss seinem Fleische das ewige Gut.

Ka. Schamloser, komme zum Gericht. Ich will Deine Schleichwege aufdecken. Bargst Du Dich nicht in diesem Menschen? Hast Du mich nicht auf seine Fährte gezwungen, dass ich ihm den grausamen Schatten geben musste? Hast Du nicht die Meute der Hölle an seine Sohlen geheftet?

Phil. Du sprichst die Wahrheit. Ich barg mich in diesem Menschen. Ich gattete ihn der Tochter der ~~Hölle~~ grossen Mutter, die Himmel und Erde ausgespannt. Gab er ihr nicht wirkliche Gestalt, liebte er sie nicht?

Ka. Und zeugtest nicht Du schändlich-heimlich,

den abscheulichen Gotteswurm mit ihr? Deine Tochter? Blutschande über Dich!

Phil. Entsprang dem Wurme nicht die rothe ~~Fru~~ Frucht? der Goldkeim, der strahlend durch alle Himmel emporstieg? Streckte nicht der Mensch seine Arme nach der ewigen Schönheit?

Ka. Du stahlest sie von ihm; Du raubtest das Gut der Unmündigen. Du verriethest seinen Glauben und seine Treue. Du machtest ihn zum Sklaven um Deiner Machtgier willen. Was ist ihm Deine Schönheit, die mit Blut bezahlt ist, mit unschuldigem Blute? Was giebst Du ihm? Hast Du einen Entgelt bereit? Nichts, Lügner, Deine Hand ist leer.

Phil. Meine Hand ist leer, denn ich trug empor, was ich brachte. Ja, ich nahm es von diesem Menschen und stieg empor und legte es an die Schwelle des Glanzes.

Ka. Welch ein verfluchter Betrug! Was soll ich hier. Warum kam ich zu spät.

Phil. Nicht zu spät, zu willkommener Stunde. Du bleibst bei mir, wie vordem.

Ka. Soll ich ewig an Dich gebannt sein?
(zu mir) Willst Du Dich nicht zwischen mich und Philemon stellen?

S. Thue es nicht! Denk an die Ruinen!

J. Ach meine treue, geliebte Seele! Wärst Du, wo

mein Platz ist? Du Tochter der Mutter, ich kenne Deine mütterliche Liebe. Du möchtest mich wohl nicht freigeben? Aber Du weisst, du wirst sein, wo ich bin. Ich sage Ja oder Nein und doch bist Du immer da. Lass mich unterscheiden, um der ewigen Schönheit willen. Bin ich nicht das Korn, das zwischen Schatten und Licht gelegt ist? Wie kann ich anders Mensch sein? Wie kann ich anders Menschen lieben? Mein Geschlecht? Mein Reich ist die Erde und mein Reich ist der Himmel. Wie kann ich Frieden finden, wenn Erd' und Himmel in einander stürzen? Lass die ewigen Runen sich erfüllen. Mein ist das Licht und die Finsterniss. Das Eine, das ich unwissend empfing, gab Philemon zurück. Das Andere, das ich unwissend war, wird der Schatten sich nehmen. Das Dritte gehört mir, und ist mein Leben.

Phil. Mein Sohn, gesegnet ~~Du~~ sei Dein Leben.

Ka. Mein Sohn, gesegnet sei Dein Leben.

S. Aber sein Leben?

Phil. Gedulde Dich, noch ist ein Wort zu sagen.

6.X.17.

I. mein Seele, was siehst Du?

S: Ich höre das Geläute von Oben, ich sehe den Schatten unten. Ich sehe das unverwesliche Korn, das dazwischen liegt.

I. Rufe den Liebenden, den Vater, dass er uns auslege, was dunkel ist.

S. Erhabener, Liebender, öffne Deine Hand!

32

Phil. Sehet Ihr meinen Schatten? Er ist mein Schatten.
Es ist Gesetz, dass Dunkel sich zu Hell geselle.
Wie könnte das Dunkel des Lichtes entbehren?
Ist nicht der Tag der Bruder der Nacht?
Ist nicht Schatten das Weib der Sonne?
Mein loderndes Licht ist unsterblich, sein
Stoff ist unverweslich.
Der Mensch? von wannen fiel er herab?
Ein Drittel bloss ist eigene Natur an ihm.
Zwei Drittel sind daemonisch.

S. Ach, Vater erbarme Dich unser, was ist der Mensch?
Welches sind seine Wege, sein Ende und sein Anfang?

Phil. Er ist ein Sternsame. Aus welchen Unendlichkeiten fiel er?

Ka: Ja, woher kam er? Zu unseliger Stunde fand ihn Ka und schaffte ihm gewöhnlichen Vater und Mutter.

Phil. Aber sah er nicht die ewige Schönheit?
Fand nicht seine Hand das unvergängliche Gold? Sah nicht sein Auge die Sonne und benannte nicht er alle Lebende und Tote am Himmel und auf Erden?

Ka: Wozu? Was wird er sein? er fällt wie Laub von Bäumen, er wird in eine Grube geworfen, er zerfällt wie alles Lebende.

Phil. Gab er mir nicht Sprache? Gab er Dir nicht Schönheit? Bin ich nicht die Frucht seines Baumes entstiegen? Lagert Du nicht geborgen im Gewirr seiner Wurzeln? Ja, wuchs nicht ein Baum aus dem Sternsamen?

Ka: ein Baum, der fällt, wenn seine Zeit um ist. Was ist ein Baum?

Phil. Ein Sternbaum wuchs aus jenem Samen. Er trägt die eine köstliche Frucht, ihn, den wir den glücklichen Tag nennen. Er trägt das Heute.

Ka: den Tag der Trauer, der Verblendung, der Hoffnungslosigkeit.

Phil. ~~Seine~~ Frucht erlöst vom Schmerze.

Ka: und wird neuen Schmerz gebären.

Phil. Der Baum des ewigen Wunders! Ein Baum nur – bist Du nicht wie die Vielen? Einer der Vielen? Selbst viele? Könnte dieses Blatt nicht jenem anderen ~~Alo~~ Baum gehören? Könnte diese Wurzel nicht Deinen Bruder nähren? Ist diese Blüthe von Dir oder von jenem Andern? Giebt es einen Klugen, der ~~eigen~~ Dein Holz von dem des andern Baumes zu unterscheiden vermöchte? Seid ihr nicht Alle ein Baum? Wer zählt die Jahre dieses Baumes? Blicket um euch! Was seht ihr im Auge des Geliebten? Ihr seht euch selbst. Selbst seht ihr euch auch im Gehassten. Blickt ihr nicht in eure Seele, wenn ihr ins Auge des Thieres blickt?

34

Ihr seid doch das Moos, das auf Steinen wächst, ihr seid das Blatt, das vom Baume fällt, ihr seid die Wälder, welche die Erde bedecken und das Gethier, das sich in ihnen birgt. Die Blätter werden aus dem Baum und der Baum wird aus den Blättern.

Ihr Mächtigen, wer misst die ~~Dauer~~ Zeiten eurer Dauer?

Warum liebt ihr Euch? weil ihr Eins seid. Warum hasst ihr Euch? Weil ihr nicht Eins sein wollt. Die Liebe überwindet auch die Wahrheit. Eins sein mit sich selber ist Einssein mit Andern. Einssein mit Andern ist Unsterblichkeit.

Leben nicht in Dir alle Zeiten und alle Völker? Sei Eins mit Dir selber und Du lebst hinüber. Nur der Einzelne stirbt.

20.XI.17.

Was willst Du, meine Seele? Was sollen die dunkeln Anzeichen?

S. Merkst Du nicht? Ka steht bedrohlich nahe. Seit Philemon sprach, glüht wie Eisen. Er hat vielleicht eine Wahrheit in sich.

J. So frag' ihn doch. Er ist bedrückend.

S. Ka, höre! Was stehst Du so drohend? Warum steigerst Du Dein Gewicht? Warum glühst Du wie ein Schmiedefeuer?

Ka. Wollt ihr endlich hören? Bin ich geringer als Philemon? Ist das Weisse besser als das Schwarze?

Philemon nennt mich seinen Schatten. Ich nenne ihn meinen Schatten. Ich bin fest, er ist dünner als Luft. Seine Wahrheit ist ein Schatten, ein Hauch, flüchtig und schon verweht. Ich bin von ewiger Festigkeit. Glaubt ihr, weil ich verdammt bin, meinem Schatten nachzulaufen, ich sei weniger als er? Ist er nicht verdammt, mir immer voranzugehen? Er ist bloss mein Herold, mein Vorläufer. Was kommt, der bin ich. Ich dauere, er geht vorüber. Wenn er dorthin geht, wohin ich noch aufsteigen werde, so bin ich immer noch bei euch, auch wenn er längst verschwunden ist. Ich bin eure Wahrheit, die dauert, er ist ein flüchtiges Licht, ein ~~irrender~~ verirrter Sonnenstrahl. Erhöret mich? Ihr sprecht mit Philemon von Unsterblichkeit? Sahet ihr, wie er grüne und ~~blaue~~ himmelblaue Schleier ausbreitete? Nein, denn schon waren eure Augen verbunden. Meint ihr, ihr wüsstet jetzt etwas von Unsterblichkeit? Ein Blatt, das vom Baume fällt – ein Herbsttag – doch der Baum bleibt – wie lange? – ein Wintertag – die Axt fällt seine Wurzel an – und jetzt – wo ist der Baum? – Er macht Sargbretter – er kocht Suppe – er ist ein Stuhlbein – er ist Zeitungspapier – Er ist Asche – Moder – Staub – des kleinsten Würzelchen des kleinsten Pflänzleins saugt ein Atömchen von ihm ein – ja, wo ist der Baum? Wo ist der Baum? Wo bleibt Philemon's Götterscheinblendwerk? Er lehrt euch, wie klein ihr seid. Wisst ihr aber, wie gross ihr seid? Doch, wie solltet ihr es wissen! Ihr habt ja bloss Augen zu sehen, wie weit und wie gross die Welt ist, Ohren zu hören, wie bald sich der Laut der ~~mei~~ Stimme in der Ferne ver=liert, Muskeln euch zu lehren, wie schwach ihr seid. Ihr seid vom Tagesschein geblendet und dennoch blickt ihr immer nach dem Licht. Aber auch seht ihr nicht, denn eure Augen sind fürs Licht geschaffen. Philemon setzte euch wohl die Augen ein. Aber ihr wisst nicht, dass ihr Augen habt, hinter euren Augen, Ohren hinter euren Ohren, Dunkelaugen, Schatten=ohren, die ich euch einsetzte. Die sehen und hören ins Feste, ins Untrügliche, in das, was hinter allem Lichte liegt, in der ewigen Nacht der Wahrheit. Mit diesen Augen seht ihr das Kleinere, wie ihr gross seid, mit diesen Ohren hört ihr die fernste Stimme, die aus Gestirns-weiten zu euch dringt. Diese Augen sind wie ein Stern-himmel weit und diese Ohren ~~umfassen~~ hören weiter als die Grenzen des Thierkreises. Wisst ihr, wie gross ihr seid? Philemon möchte euch glauben machen, dass euer Leben zurückkehre, wie das Leben des Blattes in den Baum. Aber ist nicht das Leben des Baumes in das Blatt gegangen? Ist nicht das Blatt abge-fallen? Liegt es nicht modernd im feuchten Grunde? Aber was ist ein Blatt? Es deckt ein Himmels-gewölbe zu mit Millionen belebter Welten. Hat die Grösse eine Grenze? Hat die Kleinheit eine Grenze? Giebt es nicht in alle Ewigkeit grösser als gross und kleiner als klein? In den Himmeln ist die Erde ein Korn. Auf der Erde ist ein Stäubchen so gross wie die Erde in den Himmeln. Und das Stäubchen ist

so gross wie ein Himmel, wie viele Himmel, ungezählte
Welten, denn wo ist der Unendlichkeit eine Grenze gesetzt?
Wenn Philemon zu den grossen Göttern geht und ihr klein
und einsam im Schatten der Erde sitzt – wohin geht euer
Ich, der lebendige Ich, das ihr selber seid und ohne
das ihr nicht seid? Warum fühlt ihr Ewigkeit eures
Ich? Ja, warum wollt ihr Ewigkeit eures Ich? und warum
ist es kranker Verzicht, nicht Ewigkeit zu wollen?
Der Tagesschein blendet euch, er beweist euch das Gegentheil. Ihr seht mit Tagaugen, hört mit Tagohren,
wünscht mit einem Tagherzen und wollt darum mit
Philemon hinauf zu den grossen Göttern und ~~[illegible]~~
~~nicht die Sonne der grossen Götter~~ könnt ~~ihr~~ den trügerischen Schein dieser Hoffnung alltäglich entlarvt sehen.
Ihr legt euch ins Gericht, wenn ihr solches glaubt. Sehet
mit meinen Augen, höret mit meinen Ohren!? Ein
lächerlich-ernstes Geheimniss! Warum bin ich verflucht,
hinter Philemon zu gehen? Er ist der würdig-schöne
Schein, mein Schatten nur – er spricht grosse Worte,
er ist ein Gaukler der Schönheit und Wahrheit –
aber meine Wahrheit macht lachen – die Götter lachen
ob der kleinen Sterblichen – Ihr lachtet nicht, als man
vom & grossen Gott Mensch sprach – ihr schauertet vor
Ehrfurcht – Euer Christus nannte sich sogar seinen Sohn
und ihr fandet es schön und würdig – aber dass
euer unsterbliches Sohn-Ich ein Zwerg sein wird, wer
muss nicht lachen? Der grosse Gott Mensch lacht über
seine lächerliche Unsterblichkeit. Der Zwerg schwärmt,
dass der grosse Gott Wohlgefallen an ihm habe. Da Ba

wird zum Blatt. Das Blatt ist Ich, so gut wie der ganze Baum. In den Blättern wird das Ich des Baumes vielfältig und jedes Blatt ist das ganze Baum-Ich. Ja, er ist ~~ein~~ kleiner als der ganze Baum und doch nicht weniger Ich. Ist nicht jede Zelle des Blattes ~~Ich~~ ein Ich, das Ich des Blattes, ~~und~~ und wiederum jedes Körnchen in der Zelle ~~I~~ Ich der Zelle, Ich des Blattes, Ich des Baumes? Wie viele Welten enthält ein Körnchen? Was ist kleinste Einheit des Lebens? Wie gross muss das Etwas sein, das noch leben soll? Und wie klein soll ein Etwas sein, das nicht mehr leben kann?

Wie der Menschensohn vor seinem Erscheinen im grossväterlichen Mensch verhüllt ~~war~~ und Eins mit ihm war, so ist in Euch der Sohn-Ich ~~vers~~ eingeschlossen in der kleinern Welt, euer Ich nicht weniger als ihr selbst. Er ist unendlich viel kleiner als ihr — aber was ist klein? was ist gross? Und weil er bis zur letzten Stunde ~~eingeschlossen~~ verhüllt ist in euch, so heisst er der Verhüllte oder der ~~im Ei~~ Eingeschlossene. Ja, als ein Vogel entfliegt er zur Stunde des Todes.

I. Seltsam, er spricht von der Unsterblichkeit des Ich!

S. Dies ist mein Sohn, an dem ich Wohlgefallen habe.

~~11~~ 10. II 18.

I Ich erkenne ihn. Nun jubelt mein Herz zu, dem alten Empörer — des seine Hand bringt Tod und von Stein ist die untere Hälfte seines Körpers. —

S. ~~Doch es ist~~ Aber — sein Bruder ist Buddha, der Erhabene.

I. Was sagst Du – Buddha? Willkommen, Ka, Willkommen Dir, der Du Tod giebst. Verehrung Dir, dem Bruder Buddha's. Welch ein Glück, Dich zu sehen!

Ka: Erkennst Du mich? Ich baute die Tempel voll ewiger Schönheit, die Paläste des Todes, die Grabkammern der Götter. Siehst Du meine Schönheit, meine Kunst? Meine Gedanken, die zu Gold und edlem Gestein geworden? Wo ist nun die Wahrheit? sprich!

I. Die Wahrheit? Soll ich entscheiden? Da Du mich fragst, so ist wohl die Wahrheit in mir? Ja, in mir ist die Wahrheit: Ich bin. Das ist der erste Satz aller Wahrheit. Wo ist sonst Wahrheit? Die Wahrheit ist in mir. Was weiss ich von Deiner oder Philemon's Wahrheit? Ich weiss, ihr redet von eurer Wahrheit und widersprecht einander. Also entscheidet meine Wahrheit. Der zweite Satz meiner Wahrheit lautet: Ich weiss nicht. Du weisst Deine Wahrheit und Philemon die seinige. Ich weiss die meinige nicht. Das ist die Wahrheit.

S. Mein Freund – und ich? Du vergissest meiner. Ich preise Deinen Gott. Ich preise den Leuchtenden, den Lenker, den Trostreichen. Ich preise das Licht, das Dich umspinnt, Dich hinüberführt, Dich erleuchtet. Das ist meine Wahrheit.

I. Dies sei der dritte Satz: Ich folge dem inneren Lichte, wie ich der Sonne gehorche, die meinen Tag erleuchtet.

Ka: der Gott der Sandkorns?

40

I. Ja wahrlich, der Gott des Sandkorns.

Ka. Du gründest Dich auf ein Nichts.

I. Ich bin, das ist etwas.

Ka. Ich kann Dich nicht leugnen, jedoch Du bist so klein.

I. Umso grösser ist mein Gott.

S. Ach, was sprichst Du? Glaubst Du wirklich an diesen Gott?

I. Wie, lobtest Du ihn nicht soeben?

S. Ja, schon, jedoch mein Gefühl ändert schnell.

I. Darum bist Du meine Seele, ein sich wandelnder Mond. Dein Licht ist geborgt. Morgen wirst Du wieder zunehmen.

11. II. 18.

Ka: Du meinst jenes Stückchen himmlischen Magnetsteins, das — ich weiss nicht, woher — aus dem Irgendwo in die Zeugung fiel? Hat der Rost Deinen Eisenfetisch noch nicht gefressen? Das ist doch Dein Gott, nicht? Derselbe doch, über den Philemon grosse Worte ausgeschüttet hat?

I. Du sprichst die Wahrheit. Das kleine Etwas, das fest ist, das gestern Ich war und heute noch Ich ist und morgen immer noch Ich sein wird, das ist mein Gott, mein Lenker, ein flimmerndes Leuchtfeuer auf ungastlichem Meere.

Ka. Du siehst wohl, was Dir im Herzen sitzt — Gottweiss, von wo es herabfiel — am Horizonte?

I. Das ist mir sicher, dass das, was mir im Herzen sitzt, auch am Horizont erscheint. Irgendwo würde es sich doch zeigen.

Ka: Gefunden — riefen die Menschen — die eine, die köstlichste und grösste Perle —— sie ist eine Krankheit des Muschelthieres. Worin unterscheidet sich Dein Gott von ~~Dir~~ der Perle? Kannst Du leugnen, dass Dein Gott eine Krankheit ist? Das Siechthum des Ich, das endet, wenn der Tod die Schalen aufbricht? Du weisst doch, ich komme mit Philemon darin überein, dass die Auslöschung des Ich, die Erreichung jenes Etwas, das noch ungedrückt und unaufgelöst zwischen Hammer und Amboss liegt, das Allerwünschenswertheste für den Menschen wäre. Heisses, unbarmherziges Licht oben, rothe erstickende Kohlengluth unten — und warum das? Nur weil das Fetisch-Korn sich nicht lösen will. Besser wäre es, Du würdest Dich in Licht auflösen, das Allerbeste aber, Du würdest selbst zur untern Gluth. Also was willst Du ~~wolle~~: Philemon oder Ka? oder, wenn Du die Tagseite verzichtest — Christus oder Buddha?

I. Mein Gott möge mir helfen: ich kann nur mich selbst wählen; ich wähle das Sandkorn zwischen den vier erhabenen Brüdern.

Ka. Bedenke, dass Du mit solchem Entschlusse die Erhabenen verwirfst, Dich über sie stellst.

I. Du irrst, heiliger Empörer; was ist ein Sandkorn zwischen den 4 Erhabenen? Mein Gott möge mir helfen, dass ich nicht aus Hochmuth und Selbstüberhebung ein Sandkorn wähle, statt eines Erhabenen. Was ist Euch dieses

Korn? Es ist euch ein Nichts, und doch ist es mein Gott, den ich allen Göttern vorziehe, weil er mein Gott ist, mein Fetischstein; nicht besser als Andere, nur besser für mich, weil er mein Gott ist.

S. Ich schliesse mich an. Ich kann Deine Worte fühlen.

Ka. Wie? Du verzichtest auf Erlösung? auf Heiligkeit? auf ewige Wahrheit? auf die Gemeinsamkeit der Heilslehre?

I. Ich meine nicht Empörung dagegen, nicht Undankbarkeit. Gepriesen seien die Erhabenen um ihrer Weisheit willen; jedoch mein Gott will anders, er wollte das Sandkornsein zwischen den 4 Erhabenen.

Ka. Sonderbar – von deinem Gotte weiss ich eigentlich nichts. Meine Dunkelheit scheint ihn nicht richtig zu beleuchten – ich sehe nur ein Körnchen Meteoreisen – Philemon komm heran und erkläre mir, wie du diesen Fetisch-Stein siehst.

Ph. Nun wahrlich, er ist ein Gott, sein Licht erfüllt die Unermesslichkeit des Raumes. So sehe ich ihn. Wer an der Quelle des Stromes sitzt, nun dem läuft das Wasser weg.

14 II 18.

I. Meine Seele, sprich, was siehst Du und wie siehst du?

S. Ich sehe Ka und was er thut. Er ist an Dir. Er thut Dir Schaden.

I. Was thut er?

S. Er baut ein Haus, einen Palast, einen Tempel, ein Wohnstätte oder Grabstätte, eine Unterkunft für

die Ewigkeit. Willst du deinem Gott einen Tempel bauen?
Ka, sage, was thust du so Geheimnisvolles?

Ka: Ich baue ein Göttergefängnis, einen Altar mit dem verwächst, wer ihn berührt. Die Götter sollen mir das Fliegen verlernen.

S. Willst du den Gott dieses Menschen fangen, Arglistiger?

K. Was, Arglistig~~er~~ nennst du mich? Habe ich nicht die Burg der Philemon erbaut? Nun, da er ausgetreten ist aus dem Umschwung des Rades — es freute ihn wohl nicht — bedarf er keines Palastes mehr. Jetzt ~~aber~~ übt er das, was er sonst seinen Menschen anzurathen pflegte, nämlich Enthaltsamkeit. Also baue ich dem Menschen einen Palast.

S. Warum dem Menschen und nicht Dir selber?

Ka: Ich möchte niemand fortgebannt sehen an meiner Stelle, die Füsse im mütterlichen Stein gebunden in endlos wonniger Qual der Zeugung harrend, nur Sehnsucht und Unerfülltheit.

S. Warum willst Du dem Menschen diese Qual zuschicken? Ist er dafür geschaffen? Nein, das weisst Du besser als er, denn Deine List ist gross.

Ka: Ich will — und ich werde. Ich muss schaffen aus mir; ich will das Lebende in Marmor und Gold begraben.

S. Glaubst Du, dass sich dein Gott begraben lässt?

Ka. Welcher Gott ~~gierte~~ lechzte nicht nach Tempeln

und Altären? Und welcher Mensch wollte nicht seinen Gott verehrt sehen? Zeige mir den Gott, der sich nicht durch Tempel fangen liesse!

S. Aber wenn dieser Gott auf Tempel und Altäre verzichtet?

Ka. Dann ist er kein Gott, dann schelte ich ihn ein Stück Magnetstein, einen Fetisch für Neger.

S. Kannst Du erkennen, dass er ein Gott ist? Er soll kein Gott sein, wenn er Deine Lockung zurückweist?

Ph. Bedenke, Ka: er ist ein neuer Gott – etwas Neues ist wirklich Neu, obschon Dein Geschlecht begriff. Es ging 1000 mal so wie Du dachtest, und das weiste Mal geht es anders. Du möchtest Millionen Tempel bauen, für jeden Menschen einen, um diesen Gott zu fangen. Nicht habe ich ihm das Wort vorzureden, und nicht hast Du ihm einen Tempel zu bereiten. Es kommt die Zeit, wo Vater und Mutter den Sohn nicht mehr begreifen, wo Vaterweisheit und Mutterverstand eins zu Ende sind, und Alles andere Wege wandelt, als man zuvor dachte. Ich fürchte, Dein Tempel ist für Dich selbst bestimmt.

28.II.18.

Meine Seele, der Traum weist mich zu Dir. Was hast Du mir zu sagen? Du gabest mir den Traum, also wirst Du wissen, was Du mir zu sagen hast?

S. Deine Worte riechen nach Misstrauen. Warum dies Misstrauen? Du siehst ja doch schliesslich nach dem, was ich sage. Ich riet Dir ja schon lange, die Brücke abzubrechen. Das wird gut sein, grausam, aber sie verlangt Grausamkeit.

Immer das thun, was sie Dir vorwirft! So geht die Spielregel.

I. Aber sage mir, siehst Du etwas, was diese Frage mit Ph. u. Ka lösen könnte? Ich hänge peinlich dazwischen.

S. So musst Du eben hängen, bis die Frage gelöst ist.

I. Bist Du übermüthig? Glaubst Du gewonnenes Spiel zu haben wenn ich in Noth bin? Du zeigtest mir eine immer schönere Seite. S. Trotz aller Noth giebt es kein Nachgeben Dir gegenüber; es wird nichts zurückgenommen, nichts wird zurückgeschraubt oder -gemarktet. Sage, hast Du etwas gesehen?

S. Ja, ich sah Ph herumschleichen –

I. Wie sagst Du? herumschleichen?

S. Ach, er ist listig, der Listigste der Listigen.

I. Doch was meinst Du? was will er?

S. Er sucht etwas – wohl das Schlüsselloch –

I. Wozu das?

S. Nun, um hinauszukriechen –

I. Meine Seele, wie sprichst Du! Ist er nicht der Erhabene?

S. Nicht mehr seit er gefangen ist.

I. Was sagst Du? gefangen? er, Ph? gefangen? Wer fieng ihn?

S. Doch niemand anders als Du selbst. Du wolltest ein Bild. „Du sollst Dir kein Bildniss, noch irgend ein Gleichniss machen,“ sagte Jahwe – lieber nicht, denn damit bezaubert man auch die Zauberer und alle falschen Götter. Doch ist das Bild nicht der eigentliche Grund zur Gefangenschaft. Das Wesentliche ist, dass Ka von uns aufgenommen wurde. Wo der Schatten ist, da kann

des Lichts nicht weit sein. Der Schatten bannt das Licht
und das Licht bannt den Schatten. Ja, Ph ist gefangen und
Ka nicht weniger. Darum hadern sie. Was ist es mit
der Erhabenheit,x wenn man sie in der Nähe besieht? Ja,
Ka ist gefangen. Wer fieng Licht und Schatten? Wer
anders als Du? Du nennst sie „Erhabene"? Sahst Du je
„Erhabene" gefangen, herumschleichend, nach Löchern spähend,
durch die man entfliehen könnte in ein finsteres Halbdunkel?
Aber sie thun Dir Schaden an, weil Du ihnen auch
Macht giebst und sie Erhabene nennst. So musst Du
sie nehmen, was Dir gehört. Du wirst ausgeraubt.
Listig und Böse, über alle Massen klug. Der
Eine giebt Dir einen falschen Schein und der Andere
einen falschen Schatten. Siehst Du nun, wer der Herr ist?
Wo kommt der obere Erhabene mit dem untern Erhabenen
zusammen? im Mittlern Gewöhnlichen, will mir scheinen.
I. Du erzählst Erstaunliches.

1. III. 18.
Aber rede mir weiter. Was siehst Du noch?
S. Den Gott ist es, der die Beiden gebannt und gefangen
hält. Er ist mächtig. Ein Gott über Götter.
I. Warum befällt mich eine Hemmung, wenn ich an ihn
denke?
S. Du musst gehemmt sein, denn Du hast nichts über ihn zu
denken.
I. Aber derselbe geschieht mir beim Fühlen.
S. So muss er auch sein. Er ist nicht zu erfühlen, noch an-
zufühlen.
I. Aber in welcher Beziehung stehe ich denn zu ihm? Wie nehme
ich ihn wahr? Wie rede ich zu ihm? Was ist er mir?

S. Du bist in ihm gebettet, du schwimmst in ihm, wie die Erde und ihre Luft im Weltenaether, dem widerspruchsvollen und unverständlichen Ding. Ebenso ist der Gott, denn Gott. 47
Du bist im Gott, indem Du in dir selbst bist.

I. Warum freut es mich nicht?

S. Weil Du auch garnicht in dir selbst bist, sondern vor dir oder hinter dir, immer bezaubert von Oben oder Unten, Ph oder Ka. Warum ist Dein Blick gebannt durch Ph und Ka? Warum siehst Du nicht dich selbst?

I. Eben that ich es doch. Ich möchte meine Arbeit thun, Alles noch bilden und herausgeben, was noch geschaffen werden muss.

S. Ich habe nichts dagegen. Aber du kannst das deine nicht thun, solange Ph. u. Ka die „Erhabenen" sind und du das blosse Korn zwischen 2 Magneten. Dein Gott ist eine Welt. Er gestaltet die Welt und die Götter, verleiht ihnen die Macht. Siehst Du aber nach der Welt, dann herrschen die Götter und dein Gott ist schwach. Dein Gott aber ist stark, wenn du bei ihm stehst, wenn du die Kraft deiner Sehnsucht ihm giebst. Der Gott ist mächtig und übermächtig. Wenn Du ihm Kraft giebst, so ziehst Du seine Weltmacht auf dich. Giebst du ihm keine Kraft, so geht seine Weltmacht von dir und wendet sich gegen dich. Achtung und Verachtung der Götter, das ist das Geheimniss. Wer dieses Geheimniss nicht versteht, geht auf den vier falschen Wegen, entweder in die Welt, oder zu den Daemonen, oder in die Vergangenheit und ins Untere, oder in die Zukunft und ins Obere. Achtung und Verachtung der Götter beginnt

48 mit Achtung und Verachtung seiner selbst und schreitet fort über Achtung und Verachtung der Menschen, der Thiere, der Pflanzen und der leblosen Gegenstände. Statt Achtung und Verachtung magst du überall auch sagen Liebe und Hass, denn Gewisse schleusen in Achtung Liebe ein und in Verachtung Hass, Andere aber schleusen Achtung in Liebe ein, und Verachtung in Hass. Keine Beziehung deckt Worte. Die Sprache ist schlüpfrig.

Gott ist wie ein bester Freund, ein Geliebter, ein Nahestehender, und, wenn ein Mensch nicht versteht und sich liebt und dabei immer das Verkehrte thut und so den Andern quält und verdirbt, so handelt er wie Gott. Gott ist allwissend, darum ist er sich seines Wesens nicht bewusst. Da er die Weltmacht ist, ist er seiner Macht unbewusst. Da er gewordenes Wesen ist, so ist er sich seines Wesens nicht bewusst. Da der Mensch seiner selbst bewusst ist vermöge seiner Beschränktheit und Abgesondertheit, so kann auch Gott die Fülle seines Wesens nur offenbaren, wenn er von einzelnen Menschen angezogen, eingeathmet, gegessen und getrunken wird. Dann kann der Gott, menschlicher Natur hinzugefügt, sich so verhalten und so erscheinen, dass man nicht anders sagen kann, als dass er seiner selbst bewusst sei wie ein einzelner Mensch, dass er mich liebt als mein Freund, mein Bruder, mein Vater, mein Sohn. Aber immer wieder dreht sich das geheimnisvolle Korn, das zwischen Oberes und Unteres gelegt ist, und bietet eine neue unverstandene Seite. Das muss so sein – so schreitet das Leben weiter. Dann versteht mich mein Freund, mein Bruder, mein Vater, mein Sohn nicht mehr und thut mir Schaden an, weil er mich liebt – Du könntest auch sagen, weil er mich hasst, ebensogut auch: verachtet. Das ist so, weil das tiefste Geheimnis ist: Achtung und Verachtung der Götter. Wenn Gott mich nicht mehr versteht, so muss ich in die Gottesferne rücken. Ich muss mich schützen vor seiner liebenden Rache. Die Gottesferne ist der Sieben der 4 falschen Wege, ist Kreuzigung, ist Abraxas. 49

Die 4 falschen Wege sind: Einssein mit dem äusserlichen weltlichen Wesen, Einssein mit der Seele, Einssein mit dem Scheine, Einssein mit dem Schatten, &c.

S, Darum musst Du trachten, den Gott zu erreichen. Nicht er hat sich verändert, denn er ist ewig derselbe. Er ist das All, vergangen und zukünftig, er versteht nichts, denn er ist Alles und von nichts unterschieden. Er ändert sich nicht, er ist zum Teil verstehbar für Dich, d.h. nicht.

I. Aber, sage mir, Du hast doch immer von Gott als dem Werdenden und Veränderlichen gesprochen.

S. Warum nicht? Ich habe ihn von der andern Seite beschrieben. Gott ist ja auch das Korn, das sich geteilt hat, und dessen eine Seite du nicht verstehst. Dem Wesen nach ist Gott. Gott versteht sich nicht, wie ich Dir sagte.

I. Ja, aber wo bin denn ich, ~~wer~~ wenn Alles Gott ist?

S. Du bist und Gott ist. Wärest Du nicht, wie könnte Gott sein?

I. Aber es gibt doch andere Menschen ausser mir.

S. Sie gehören zur Ganzheit Gottes, wie Du. Darum hiess es, der Gott zerrissen sei in alle Menschen, und darum sagten auch die Aegypter, dass die Mutter die Stücke des Gottes mit grosser Sorgfalt sammelte, um ihn wieder zusammenzusetzen, und ebenso sagten die Griechen, dass der Gott den Gott zerschlachtete und ihn ganz wiedergebar. Gott ist das Korn und Gott das ganze Wesen des Menschen. Wenn ich mit den Augen des Menschen sehe, dann wandelt sich der Gott, dann versteht der Mensch nicht, wie der Gott sich ändert. Wenn ich aber aus dem Wesen Gottes spreche – und das thue ich eben –, dann ist Gott unveränderlich derselbe und versteht sich nicht als Korn, wie er sich überhaupt nicht als das Einzelne verstehen kann, denn sein Wesen ist Ganzheit und Allgemeinheit, wie er auch nicht weiss um Allwissenheit, wie er sich auch nicht als seiend weiss aus Allwesenheit. Er versteht darum nicht, was er ist, wenn das Korn sich dreht. Er liebt seine Ganzheit, darum auch sein Korn. Aber wenn er sein Korn nicht drehen kann, so leidet er nicht daran, wohl aber das Korn, dass es die Ganzheit nicht erreichen kann. Wohl liebt Gott das ~~Gan~~ Korn, aber er sieht nicht, dass es sich gedreht hat und möchte es fassen wie er es immer gefasst hat und thut ihm weh und schädigt es. ~~Das~~ Und das Korn muss sich gegen Gott sträuben, es muss die Gottesferne wollen. Darum und insofern das Korn eben Gott selber ist, widersetzt sich das Korn dem Gotte und setzt sich an Stelle des Gottes, darum sagen die Christen, dass Gott seinen Sohn gesandt habe, um seine Schöpfung aus dem Elend, in das er sie selber geschaffen und verstossen hat, zu erlösen. Der Sohn aber lehrte die Menschen, dass es gut sei die Augen abzuwenden vom Geschaffenen, das erlöset sei, nicht mehr zu zeugen und dass es das Beste sei, das baldige Ende und die Erfüllung zu erwarten. Der Sohn aber war ein Mensch und in ihm empörte sich das Korn gegen das Gesetz des Weltschöpfers. Die Liebe des Gottes aber folgte ihm und umarmte ihn in blutigem Tode. So ward das Korn geschändigt. Warum? Es suchte nicht die Gottesferne. Er durfte sie nicht suchen, denn jene Zeit durfte nichts wissen von der Gottesferne. Jedes Weltalter war etwas, das es vor Allem wissen muss, und etwas, das es vor Allem nicht wissen darf.

J. Das ist Alles so schwierig, dass es kaum nachzudenken ist. Wirklich, ich komme nicht nach.

E. Nun, das ist begreiflich. Wir nähern uns auch der Grenze des dazu Verstehbaren und Wissbaren. Aber verstehst du nun, wieso Gott ein Werdender und doch kein Werdender ist? Es hängt ganz davon ab, von wo man spricht. Wenn du von dir ~~selbst~~ aus dir selber sprichst, so ist es etwas anderes, als wenn du ~~von~~ von aussen, aus der Welt, mit den Augen der Welt dich anschauend sprichst. Trotzdem die beiden Aussagen sich widersprechen, so bist doch du, und die Welt ist auch ein Gleichnis mit Gott. Von dir gesehen ist er veränderlich. In dir gesehen ist er unveränderlich. Er weiss nichts von Veränderung, weil auch das Korn nicht weiss. Das Korn aber dreht sich. Was ahnt ein Korn im Ganzen? Nichts. Darum fühlt ~~es~~ das Ganze es nicht. Wohl aber fühlt es das Korn, denn es fühlt sich vom Ganzen aufgenommen und umstanden. Das Ganze aber versteht nicht das Einzelne, darum muss das Einzelne den Weg zu Gott machen. Es muss schon den Gott in sich ziehen. Wie aber geschieht das? Das kann nur geschehen dadurch, dass es dem Gotte deutlich zeigt, wie es sich gewandelt hat, wie es sich verändert hat. Es ~~[illegible]~~ muss sich ihm erklären. Es muss Worte und Ausdrücke finden, womit es Gott erreichen kann. Das kann der Mensch, der immer als Mittler für den Gottesteil in ihm für das Korn wirken muss, nie aus bewusster Erinnerung oder Erklügelung seiner, sondern nur durch Hilfe seiner Seele, oder durch Hilfe eines Menschen, der die Seele des Andern noch in sich hat.

Das Korn muss sich immer etwas drehen, denn das ist die Gottheit des Lebens. Das Leben ist Bewegung im Innersten.

I. Wenn aber das Korn Gott ist, und die ganze Welt ~~ist~~ ist Gott, ~~wo und~~ was ist der Mensch?

S. Ich sage dir, der Mensch ist ganz in Gott. Er ist der Mittler zwischen Gott als Welt und ~~und~~ Gott als Korn. Phil. sieht Gott nur als Ziel, Ka nur als Grund. Du siehst ihn durch mich als Korn und Welt. Denn als Seiender ist Gott das Grösste und das Kleinste.

I. Also wäre der Mensch der Mittler im Wandlungsprozess ~~des Prozes~~ des Gottes.

S. Und nicht einmal der einzige Mittler, auch Thiere und Pflanzen haben ihren Theil an diesem Werk.

52) I. Wohl ein Rest des Wahns naiven ~~ein~~ an Ernst= und Sinnlosigkeit…–

S. Davon wollen wir billigerweise schweigen. Was soll man von „Ernst" und „Sinn" überhaupt reden? Wieviel hundert Welten sind übereinander gebaut oder gehäuft? + wieviel Sinn und Unsinn enthalten sie? Also keine unnützen Seitenbemerkungen! Hast Du verstanden, dass Gott ein Werdender und ein Seiender ist?

I. Ich glaube, ja.

S. So höre nun vom andern Erlöser. Auch er lehrte, dass es gut sei, die Augen vom Geschaffenen abzuwenden, dass es besser sei, nichts mehr zu zeugen und das Beste, das Rad der Welt zum Ende zu bringen. Er empörte sich gegen den Weltschöpfer und sein Gesetz des fortzeugenden Lebens. Er suchte die Gottesferne und er erhielt sie, denn der Gott liebt das Korn, es sei ihm nahe oder fern. Und so war er auch wieder im Gotte, aber nicht gekreuzigt, denn das Korn war nicht geschändet. ≠

I. Darum erscheint jetzt König? Warum gehen wir nicht diesen Weg?

S. Es ist nicht unser Weg. Verflucht seien die Möglichkeiten des Verstehens. Man kann gute Wege sehen! Warum gehen wir sie nicht? Wir sind Narren, stumpfsinnige Dummköpfe, dass wir die guten Strassen nicht gehen. Besser wäre Blindheit, Stumpfheit, Blödheit, sodass man den guten Weg nicht erkennen könnte: er hindert uns bloss am eigenen Weg. Wieviel leichter ~~wäre~~ wäre unser Weg, wenn wir den guten Weg nicht sehen und verstehen könnten! Es gibt nur unseren Weg! Und sei er der schlechteste von allen Wegen!

schmerz dir sagen, dein Lösung ist schlecht, denn erstens ist
sie alt und zweitens löscht sie die Wirksamkeit des Kornes
aus. Man fühlt die Drehung nicht mehr.

I. Mir scheint, das Korn, von dem du sprichst, ist gewissermassen ~~der Gott~~
der Kern des Unwerdens, aber auch zugleich das, was man den Teufel
nennt.

S. Du hast nicht weit daneben gegriffen. Jenseits des Kornes kommt
dem Gott der Schatten entgegen, sein Widerpart; wenn
er feurige Gluth ist, so ist der Widerpart blaues Sternenlicht,
Kälte und Feuer, Schnee auf die Gluth. Gott stellt sich
selbst entgegen. Beide Erlöser lehren das Gute, die Erlösung
vom Bösen zum Guten. Ja, Beide weisen den guten Weg,
auch wenn sie sich widersprechen. Aber im Guten sind sie eins.
Ja, wenn wir nach dem Guten giengen, wir wüssten, wo
andere. Denn klare einfache Pfade sind uns von Meistern
vorgezeichnet, und von Unzähligen vorgegangen.
Warum gehen wir sie nicht? Wir müssen nicht nach dem
<u>Guten</u>, sondern <u>nach dem Leben gehen</u>. Das Leben, so
dünkt es mir uns, ~~es~~ ist höher als das Gute, denn das Gute
ist blos eine Frucht des Lebens. Nirgends aber ist die Frucht
mehr werth, als der Baum, an dem sie wuchs. Ja, wenn
wir nach dem Guten giengen! Aber es ist unser Trieb nicht,
er will nicht, denn es will Leben, welches ihm als heiliger
eingeschwört ist, selbst gewisse böse Handlungen erscheinen
besser und heiliger als das blosse Gute. Wir können uns
nicht wehren. Es geht die ~~andere~~ Strasse, die nach dem Leben,
denn das Gute ist für uns das Leben, denn wir wissen, dass
das Leben gut sein kann. Wir können nicht glauben, dass

54 das Leben ungelebt sterben muss. Wir glauben, dass das Leben eine Flamme sei, die in sich selbst verbrenne und sich ausstrahle.

2.III.18. I. Meine Seele, Du sollst mir helfen jene Mitte zu erlangen und zu bewahren, wo ich in Gott bin und nicht in Gott, wo ich zwischen den Göttern stehe.

S. Du meinst also den Zustand des Aufgehängtseins? So nennst du die Mitte zwischen den Göttern. Du nimmst zu viel Antheil am Gottesprocess.

I. Wie kann ich weniger nehmen, wenn ich doch ganz in Gott bin, innen und aussen?

S. Gewiss bist du in Gott innen und aussen und doch bist du, dein wahres Wesen weder innen noch aussen, sondern dazwischen, auch nicht unten oder oben, sondern dazwischen. Du bist nicht der Kern, sondern seine Verhüllung. Ach, dass die Sprache nicht sicher ist! oder besser vielleicht, wenn sie ärmer wäre. Der Reichthum der Möglichkeiten des Darstellens und Bezeichnens ist ein Unglück.

I. Was ist Dir? Welcher fremde Geist befällt Dich?

S. Ich bin beeinflusst, eine fremde Gewalt mischt sich ein. Wissenschaft möchte heraus, wohl aus Dir. Das hast du zu besorgen. Meine Arbeit ist gethan. Lebe wohl.

29.III.18. Wie soll dies hier weitergehen? Wo stehe ich eigentlich?

S. Du stehst immer noch an Dir selber. Wo solltest du sonst stehen? An deinem heutigen Ich.

I. Was soll ich damit thun?

S. Soll ich es wissen? Weiss niemand davon etwas? Wir wissen um das Andere, aber Dein Ich — alle Welt ist darob in Verborgenheit — offenbar das Selbst auch. Darum fand man es von jeher empfehlenswerth, das Ich in diesem oder jenem Gottesnamen loszuwerden. Einsamkeit mit sich selbst war immer Allen zuwider. Willst Du Dich aufgeben? Kannst du es auch?

I. Wie meinst du das — mich aufgeben? Kann man sich wirklich aufgeben?

S. Das frage ich mich auch. Warte vielleicht ab, ob sich etwas begeben wird. Spitz ist gegen stumpf, weiss gegen schwarz. Ich glaube, Du wirst auf die Lösung dieser Frage nicht weiter kommen. Thue unterdessen das, was zunächst zu thun ist, ob die Lust drängt oder nicht. Du bist mit deiner Aufgabe noch nicht am Ende. Halte fest, halte aus. Es muss vollendet werden. Alles sei – natürlich – was willst du sonst? – Du lebst doch nur um deines Werkes willen.

I. Glaubst Du nicht, dass ich auch um meiner selbst willen lebe?

S. Wer bist du ohne dein Werk? Was du Anderen bist, das bist du durch dein Werk. Dein Werk, das bist du. Indem du dein Werk thust, lebst du dich selber. Davon sollst du nicht lassen trotz Unlust – das zählt nicht.

14 IV 18

Und jetzt? Was ist erreicht? Ich bin blos krank.

S. Warum bist Du ungeduldig? Fühlst Du nicht das ungezähmte Thier in Dir? Es will nicht, wie es sollte. Du bist noch nicht zahm genug. Du fühlst es selbst. Du empörst Dich, Du kannst Dich nicht fügen. Du musst aber mit Leicht wahrnehmen, was jetzt Alles kommt.

15. IV. 18.

S. Wohl Dir, dass Du dich aus dem Gefängnis der Ka befreit!

I. Wie meinst du das? Erkläre mir!

S. Ka baut Tempel und Grabstätten für alle lebendigen Götter. Wenn Du in Dir bist, bist Du in Gott. Und als Gott bist Du in der Gefahr, eingemauert, lebendig begraben zu werden.

I. Warum? Ich begreife nicht.

S. Ein Gott drückt sich in göttlich-ewiger Wirkung aus und erstarrt in seiner Wirkung. Sie ist ~~ist~~ sein Grab, und so muss es sein – ein unvermeidliches Schicksal jedes Gottes.

56 J. Ich soll aber doch bei mir, und mit mir sein und somit Gott und in Gott —

S. Warum solltest Du immer mit Gott und in Gott sein? Willst Du Gott selber sein? und begraben werden? Gott ist ewig Kraft und Geist. Du aber hast einen Körper. Dein Körper leidet, wenn Du stets mit und in Gott sein willst —

J. Deine Verwirrungen sind endlos — jedoch — was will ich noch? Geduld — also ich soll auch ausser meiner selbst, auch ausser Gott sein? Wo denn? im Geschöpf?

S. Gewiss, ausser bei den Menschen, ausser dir selbst, bei Phanes. Sie sind die Hände, die dem Gott zur Geburt und zum Grabe helfen.

J. Was meinst du damit, ausser bei den Menschen?

S. im Dienste ihres Gottes. Phanes — der Einzige in dir und überall und millionenfach in dir und überall.

J. Im Dienste ihres Gottes??

S. Was wunderst du dich? Der eine geht die Strasse nach Innen ~~um~~ um nach Aussen zu gelangen. Der Andere aber geht nach Aussen, um ~~nach~~ Innen anzulangen. Beide Wege sind gut und treffen sich, und beide müssen gegangen werden. Wie sollst du anders leben als dass du bald in Gott, bald ausser Gott bist? Bist und bleibst du in Gott, ~~so~~ so wirst du in seiner ~~ewigen~~ Wirkung begraben. Bist und bleibst du ausser Gott, so kommst du nie zu dir selbst und die bleibst, scheinbar deiner selbst, eine Luftspiegelung deiner eigenen Wüste. Also sollst du bald mit und in dir selbst und so nicht und im Gott sein; blühst du aber in dir selbst, so übermannt dich der Todesschatten des Gottes und will dich lebendig begraben. Denn Gott leuchtet aus dir hervor und erzählt Philemon und Ka und geht zu den Menschen und ist Nahrung ihrem Gotte, indem er sich von sich selber entäussert. So wie Gott, sollst du tun. Anders wirst du nicht leben.

I. Wie aber kann ich ausser mir sein?

S. Nicht „ausser dir selbst", sondern ausser dem Menschen mit dir selbst. Du bist nicht bloss Mensch mit dir, wenn du in dir bist, sondern du kannst auch ausser an dir selbst selbst sein und bei dir, nicht bloss innerhalb. Gleicherweise bist du in Gott, wenn du in dir bist, und Gott ist in dir, wenn du ausser an dir selbst bist.

I. Was ist denn das Ich? Ist es nicht das Kleinste wie das Selbst?

S. Wenn du in dir selbst bist, so kannst du das Ich vom Selbst nicht unterscheiden. Wenn du aber ausser an dir selbst bist, dann ist das Selbst vom Ich verschieden. Denn das Selbst ist ein grosses Geheimnis, das ich sowohl umhülle wie du. ~~Es~~ Es ist jenes kleinste Korn, das alle Himmel füllt, ~~ein~~ ein Korn toten Stoffes und Gott in alle Ewigkeit! Amen.

Ich sage „Amen", denn nach einem so ungeheuerwürdigen Satze muss man „Amen" ~~[illegible]~~

sagen zur Bestätigung; aber alle Geheimnisse sind unglaubwürdig. Ich hasse alle Geheimnisse, darum verrathe ich sie dir soviel wie möglich. Es wäre besser, es gäbe nicht so viele Geheimnisse, aber sie sind nicht wegzuleugnen – und schliesslich – ohne Geheimnisse gibt es kein Entkommen aus den Widersprüchen –

Also – wenn du ausser an dir selbst bist, dann fühlst du dem Strom selbst verschütten. Du fühlst dein Selbst entweder als ein Grauen toten Stoffes voll Ekel, Grauen und Angst des Todes; wenn du aber diesen innern Tod angenommen und dem Abendmahl mit dieser Leiche gehalten und aus diesem Tod den Gotteskeim empfangen hast, dann fühlst du dein Selbst als Gott in dir. Doch siehe, da kommt Philemon. Was will er wohl?

Ph. Hört, mir scheint, als ob jenes Licht, das ihr euren Gott nennt, auch mein Licht wäre. Früher erschien es mir, als ob jenes Licht von mir ausgienge. Jetzt aber sehe ich, dass es meine Nahrung ist. In Ph scheint es, in K wirkt es. Schein ist sichtbar, das Wirken aber ist dunkel. Dunkel ist der Wirkende. Hell der Scheinende. Das Wirkende scheint nicht und der Scheinende wirkt nicht. Das ist meine Beschränkung. Darum bedurfte mein Bruder der Dunkelheit, der Armuth und des elenden Todes, um zu wirken.

K. Gut, dass du meine Grösse und deine Beschränktheit siehst! Du fängst an, das richtige Maass zu finden, du Verächter aller Wirkenden und Lebendigen. Ich verfluchte meine Dunkelheit, mein ewiges Verworfensein. und doch bin?

ich das Wirkende und du bist bloss das Scheinende 57
der Lügenschein, der Gaukler, der Betrüger, der mir die
Liebe der Menschen stiehlt. Heute aber ist ein guter
Tag, der Tag, wo dich mein Fluch erreicht — verkünde
deine Beschränktheit, rufe hinaus, dass du stiehlst
dass du ~~Unschuldige ausraubst, du~~ du betrügst und
blendest. Ich bin das Wirkende und fluch dir, dass
das wahrhaft Wirkende immer das Verborgene ist! Darum
musste mein Bruder als ein Königssohn geboren werden
und aller Schein und Schimmer musste ihn umgeben bis
zum Grabe, damit er gesehen werde. Wer hätte seiner
geachtet unter all den Wesen, wenn nicht der Schein ihn
hervorgehoben hätte? Verflucht sei der Schein, der die
Welt um alle Wirklichkeit betrügt. Ein guter Tag
fürwahr, Philemon, ~~du~~ ein Flügel wird dir gebrochen.

P: Du sprichst die Wahrheit, ~~K~~ o Ka, deine Wahrheit
und schlecht ist Einer, der nicht an seine Wahrheit
glaubt — wenn es überhaupt meine oder deine oder
seine Wahrheit giebt. Ich segne dein Wirken, denn du
schaffst mir den goldenen Schein —

K. Und darum soll ich verflucht sein zum dunklen, einsamen, freudelosen Dasein, weil ich der Schöpfer deines
Goldes bin, deines trügerischen, gleissnerischen Gold-
rustes, mit dem du alle Welt verblendest?

P: Warum empört sich der Schatten gegen das Licht?
Thut das Licht ihm Unrecht? Habe ich Ka nicht
gegeben, was ihm zukommt? Was ist das Geheimnis
deines Leidens, o Ka? Warum ist ~~das~~ Wirkende

60

Dunkel und verweisen vom Licht des Tages?

K. Du Heuchler, du bist das Licht des Tages, der goldige Schein der Oberwelt, das ewige Gestern und Morgen. Aber das Licht brach dir einen Flügel. Du bist der Wirkende nicht. Ich bin der Wirkende. Ich wirke, ich scheine nicht. Ihr seid unterhöhlt, meine Kinder, ~~hörten~~ die Titanen, hörten meine Worte, sie rütteln ~~at~~ an den Fundamenten – Die Tat des Wirkenden ist der Fluch Euch — ihr wagt meiner fluchen — zu lange habt ihr das Wirkende verachtet und den falschen Schein gelobt.

Ph. Höre, Ka, bin ich nicht dein wahrer Schein? Bist du nicht mein wahrer Schatten? Ist nur Schatten wahr und Schein immer falsch?

K. Alle Welt spricht von Philemon, wer aber spricht von Ka? Und doch ist es Ka, der Allerzeuger der Wesen und Gestalten.

3.VI.18.

Warum, meine Seele, tratest du diese Nacht zu mir mit drohender Gebärde? Was wolltest du?

S. Zu lange schon liessest du mich nicht zu dir sprechen. Von Ka muss ich dir reden, wie du merktest. Verstehst du ihn, den siegreichen Beschränker, ihn der dir Liebe gibt zum heiligen Boden, zu dem Fleck der Erde, der dir schön ist und wo zu leben dir angenehm ist. Er schmückt diesen Fleck mit Sorgfalt und Liebe, er bebaut das Land, dass es grünt und

Frucht bringst. Er begrenzt Dich auf diesen ~~Erde~~ Fleck Erde, auf diese Menschen, die Dir theuer sind. Er giebt Dir die Empfindung des Seins in dieser bestimmten Form. Er schliesst alle andern Möglichkeiten aus. Darum schien er gefährlich und mörderisch. Er wurzelt in der Erde und bannt die Menschen an ihre Erde.

I. Ich sah es. Doch sage mir, was nimmt mir den Athem, was beengt mich?

S. Philemon ist beängstigt. Er wittert die Gefahr der Erde. Er fürchtet das schöne Schlangengift der Erde. Einst wird sein Fuss gelähmt vom giftigen Biss, aber es wachsen ihm Flügel. Er kennt die Macht des Giftes, darum zieht er das Fliegen vor. Er sieht die Schlange unter den Rosen und will darum Schmetterling sein. Doch lass Dich nicht zu viel von ihm berücken, denn Du bist ein Mensch, ein Bruder der erdbewohnenden Thiere. Wie schön und wie heimlich ist das Glück der Erde! Die Menschen, die Du kennst und liebst, die Dich kennen und lieben, die Bäume, die liebend diesen Fleck Erde beschatten, die Blumen, die thaufrisch die Sonne begrüssen, die Vögel, die mit Gesang die schweigende Luft der Morgenröthe erfüllen, schimmernde Blätter und Blüthen, die glitzernde Fläche des Wassers, der Wind, der zu den Bergen zieht, das ist das Glück der Erde, das ist auch Philemon, der Liebende.

Die Daemonen versöhnen sich im Menschen, der sich selber fand, der die Quelle ist der vier Ströme, selber ~~geboren~~

62 quellengebärende Erde. Von seinem Gipfel fliessen Wasser nach den vier Winden. Er ist das Meer, das die Sonne gebiert, er ist der Berg, der die Sonne trägt, er ist der Vater der vier grossen Ströme, er ist das Kreuz, das die vier grossen Daemonen bindet. Er ist das unausweichliche Korn des Nichts, das von ohngefähr durch die Räume fällt. Dieses Korn ist Anfang, jünger als alle Anfänge, älter als jedes Ende. Ich preise die Grösse und die Kleinheit der Menschen, sein Leiden erfüllt die Erde, sein Glück ist im Kleinsten und Heimlichsten.

Was führt dich zur Freude? ~~Freude ist~~ Opferung dessen, das nicht zu dir gehört. Freude aber ist Dein eigenstes Selbst.

3.VII.18. O du Geheimniss des Sommermorgens! Dich grüssen Menschen und Götter bei Deinem Aufgang.

Ich spreche – bist Du der da spricht, Ich? Ist Ich geboren?

10 VII 18. meine Seele, was geht vor? Wer macht mich uneins mit mir selbst? Wer zerreisst mich?

S. Vergiftung durch die Erdgeister.

Was meinst Du damit?

S. Die Schwarze hat einen Erdgeist bei sich, einen Totengeist, der leben möchte. Er saugt Kraft aus Dir. Er möchte zum Leben kommen. Sie kann nichts dafür. Sie kann nichts dagegen. Du allein kannst es. Es ist auszuhalten. Du hast noch nicht Alles versucht, noch nicht Alles gethan.

I. Was kann ich mehr thun?

S. Du kannst noch mehr lieben.

I. Ich weiss nicht wie.

S. Durch die That.

I. Durch welche That?

I. Ist er nicht Spiegelung? Hat die Schwarze den Geist an sich? oder ist er nicht vielmehr etwas in mir?

S. Geister sind immer zwischen zwei Menschen. Sie leben aus der Beziehung zweier Menschen. Ohne Beziehung sind auch die Geister tot, nicht nur die Menschen. Aber die Geister müssen aus einer Beziehung herausgelöst werden, damit sie sterben können.

I. Aber der Wie, das ist die Frage!

S. Ich weiss, jedoch ist das Wie nicht einfach. Es dreht sich um und um und sucht ein Loch und findet es nicht. Der Geist ist dieses Wie. Aus diesem Wie leben die Totengeister. Wo ein Wie ist, sammeln sich die unerlösten Geister. Sie saugen es in sich, sie leben daraus. Wo die Frage Wie? ist, da finden sie Nahrung. Solange der Mensch das Wie nicht weiss, fressen es die Geister.

I. So hilf mir dieses Wie finden.

S. Zuerst und vor allen Dingen, sollst Du sehen, dass Du hintendrein bist. Warum gabst Du mir zweierlei Eigenschaften? Warum trenntest Du die Gegensätze nicht? Warum liessest Du mich vermischt? Das schafft das Übel des Stillstandes. Die Gegensätze hoben sich auf. Meine andere Hälfte, die auf der Seite der Erde, ist eine andere Seele als ich. Sie ist zwischen den Dingen und Dir, ich bin zwischen den ewigen Bildern und Dir. Ich bin Geist, sie ist Gefühl. Ich bin hell, sie ist dunkel. Die Schwarze ist ihr Symbol.

Noch hast Du Salome nicht weiter gelöst. Sie ist der Erdgeist, der giftige Tänze tanzt, der bezaubert und berauscht, der Blut trinkt und magische Krankheit verursacht. Wäre sie aus dem Symbol gelöst, sie gäbe den ewigen Bildern Gestalt und Lebensdrang, wirkliches Leben. Sie aber berauscht sich am Blute der Heiligen. Warum? Sie ist aus dem menschlichen Symbol nicht gelöst. Warum liebst Du sie so schwer? Weil sie die Tänzerin ist — (Es kratzt an der Thüre) ~~toto~~

J. Wer war da? +

S. Totengeister begleiten sie, Erdgeister, Begrabene — nicht die Geister der ewigen Bilder. Sie tragen Krallen wie Hunde, Katzen, sie haben Füsse wie schwarze Nachtvögel, Aasvögel, denn die Tänzerin zerreisst, sie hat Krallen und scharfe Zähne, hinter ihr liegen blutig Zerrissene, Blutflecken und Totengeister mästen sich daran. Wo sie nachts trinken und sie ist trunken vom Blute der Heiligen, sie schüttet Gift in die Gedärme. Sie ist ein Feuer von Wollust und Qual der Wollust. Sie ist schön wie die Hölle. Sie giebt die Lust und die Sucht des Giftes. Sie möchte den Menschen Gift trinken, Gift essen, sie ist höllische Lockung. Sie ist Zwang der Leidenschaft. Ich bin ewige Anschauung. Ich trage empor in Ewigkeiten, sie zerrt hinunter in das Geheimnis des Stoffes, wo die Schönheit der Erde, in den Tod alles Irdischen. Ich bin die Tochter der ewigen Mutter, sie die Tochter des ewigen Vaters; sie ist die Erde, ich der Gesang des Himmels. Ja sie ist der Schoss der Erde, aus ihr wächst wirkliche Gestalt, aus mir aber das ewige Bild.

I. Doch wie soll ich sie lösen?

S. Wie hast Du mich gelöst? Doch nur, dass Du mich von der Wirklichkeit schiedest. Wie wirst Du sie lösen? Doch nur, dass Du sie von der Wirklichkeit scheidest. Befällt Dich die Qual, dann rufe sie, frage sie, wie Du mich rufst und fragst. Was gab ich Dir? Ich gab Dir die ewigen Bilder. Auch sie wird Dir geben, wenn Du sie von der Wirklichkeit scheidest und sie fragst und sie zu Rede und Antwort zwingst, wie Du mich zwangest. Ich quälte Dich mit ohnmächtiger Wuth, sie quält Dich mit ohnmächtiger Lust und hülflosem Verlangen. Rufe sie und höre, was sie sagt.

I. Ich will es thun, und auf der Stelle, denn zu gross ist die Qual. Salome, verruchte Tänzerin, die Tiger mit den blutigen Krallen — komme, höre, rede; was willst Du?

S. Was willst Du? Du weisst, was ich will.

I. Ich weiss es. Aber ich will nicht mehr.

S. So, Du willst nicht mehr? Glaubst Du das? Du willst die Wollust und ihre Qual, Du willst das Verlangen, das zehrende Feuer. Ich gebe Dir, was Du willst.

I. Du täuschest dich. Das Nichtwollen erwacht. Noch ist es klein und schwach. Es wird aber wachsen. Es soll ein Held werden, der Dich befällt.

S. Wo? ein Held? Sah man das je?

I. Ich werde ihn Dir zeigen.

S. Einen Narren, einen Propheten, einen Asketen?

I. Nein, gewiss nicht, aber einen, der nicht unter weichen Kissen sich ersticken lässt, einen Menschen, der leben will und der sich sträubt, vom Verlangen verzehrt zu werden. Die Wuth hat mich nicht getötet, noch weniger soll es die Sehnsucht thun.

Sal. Es reut dich schon. Du willst die Schönheit der Erde missen?

I. Ich will nicht ihr Sklave sein. Was ist das Glück der Erde, wenn es brennt wie höllisches Feuer? wenn es krank macht, wie Gift? Der Kampf gegen dich ist aufgenommen. Ich werde nicht ruhen, bis Du deine Macht dem Menschen abgetreten hast. Der Mensch muss leben. Du sollst gehorchen. Nicht will ich die Schönheit der Erde missen, nicht soll der Duft der Äckers mir entgehen, aber die Giftschlangen sollen erschlagen sein, damit der Mensch unter Blumen wandeln möge.

Sal. Du hast grosse Pläne. Sag's aus Heldenwahn. Du bist zum Lachen.

I. Höre Salome, Dein Zauber wird gebrochen. Das Geheimnis Deines Zaubers will ich ~~an~~ an mich reissen. Du wirst mir Dein Geheimnis lehren.

Sal. Nimmermehr. Ich habe kein Geheimnis. Mein Geheimnis ist Deine Schwäche, und die ist kein Geheimnis.

I. Du machst mich nicht irre. Schwäche ist eine Stärke. Die Schwächen sind die stärksten Mächte des menschlichen Lebens. Das Geheimnis der Schwäche meiner Schwäch will ich Dir entreissen. Denn ich will, dass der Mensch stark werde, so dass er leben kann auf der Erde, ohne den Erdgeistern zu verfallen.

Sal. Ich werde mich hüten, das Geheimnis der Schwäche Dir preiszugeben, denn sie ist meine

Stärke. Bekämpfe Deine Schwäche mit wachhaltem Mute.
Du wirst sehen, dass Du unterliegst, und überwindest Du
sie, so bist Du noch elender. Siehst Du meine Stärke
und Unverwundbarkeit? Wer mich bekämpft, bekämpft sich selbst. Jede Wunde trifft Dich. Wäre es
besser, von Leidenschaft zerrissen zu sein oder sich
selbst zerreissen?

I. Ich werde mich hüten, mich selbst zu zerreissen
um meine Schwäche zu bekämpfen. Ich werde meine
Schwäche leben, damit sie meine Stärke wird. Schon
bin ich so weit, dass meine Schwäche eine Stärke
werden will. Darum fasse ich Dich und Du
musst reden. Ich brach Deinen Zwang.

Sal. Glaubst Du das? Willst Du etwas wetten?

I. Du wirst reden. Du wirst mir antworten. Du
wirst Dein Geheimnis preisgeben.

Sal. Was geht es mich an? Ich gebe das Geheimnis billig.
Es ist nicht mein, es gehört den schwarzen Aasvögeln.
Frage sie, wenn Du etwas wissen willst.

I. Du entgehst mir nicht. Die schwarzen Vögel sind
Dein Gefolge, sie leben von Deinen Opfern. An ihnen
liegt es nicht. Er liegt an Dir. Du verwirrst mich
nicht, indem Du mir die Totengeister vorschützest.
Es sind stummgewordene Propheten, selber von Dir
ausgewirkt, ~~aus~~ von Sehnsucht oder Hass erstickte
Liebhaber. Circe allein besitzt das Geheimnis,
nicht die kläglichen Schweine ihres Gartens. Versuche
Deinen Zauber — wer seine Schwäche lebte, weil er sie
heilig sprach, entwindet Dir den Stab.

Sal. Was willst Du mich bedrängen? Was soll ich sagen? Ich weiss nichts. Mein Zauber ist kein Geheimnis. Er ist bloss ein Ereignis. Was ist da noch zu fragen?

I. Ich frage nach Gründen, denn das Ereignis ist nicht von ewiger Notwendigkeit. Ereignisse können auch anders sein. Du weisst von Gründen, Du weisst, wie Ereignisse gemacht werden. Hast Du nicht Zaubertränke, böse Kräuter, finstere Formeln, Nachtvögelgekreisch, unselige Windstösse, Schlangenspuren und Rattenzähne?

Sal. So vermagst, das Geheimnis mir abzupressen, wenn Du danach gelüstest.

I. Du sollst sprechen.

Sal. Du sollst meinem Gebot gehorchen.

I. Freiwillig. Zwang aber breche ich.

Sal. Soll ich reden? Ich will Deine Ohren zerreissen, Dein Herz stechen, Dein Zwerchfell zerreissen, Deine Gedärme verwickeln.
Braune Augen? Hast Du nicht braune Augen?
Süsse Lippen? hast Du nicht heisse Lippen?
Das Geheimnis des Schoosses? Bist Du nicht Dein Schooss?
Du wolltest das ~~Geheimnis~~ Empfangens und Gebärens? Ja Dein Verstand gebiert. Ist nicht Dein Leib unfruchtbar? Sehnt er sich nach Fruchtbarkeit? Sehnt er sich nach Jugenderneuerung? Willst Du wohl in Deinen eigenen Schooss eingehen zur Empfängnis Deiner Selbst?

I. Was soll dieses Teufelsgerede? Du quälst vergebens. Du sollst Deine Macht ausliefern. Genug der

Unterdrückung!

Sal. Ha, es quält Dich. Das ist gut. Schmeckst Du, wie es thut, wenn man mich angreift?

J. Ich gebe nicht nach. Du sollst reden.

Sal. Ich muss dir sagen: Du bist nicht besser als andere. ~~Du~~ Du bist weniger als Andere. Du bist ein Schwächling, ein Feigling. Was taugst du? Was hast du der Welt Gutes gebracht? Du täuschest und bist getäuscht, ein Narr seiner Schwächen –

J. Du vergissest: ~~deiner~~ deiner Stärke, deiner verfluchten Macht. Aber rede, ich höre.

Sal. Was kannst du? Du bist machtlos, du bist schlaff, ein Lappen, der im Winde flattert. Erkennst du meine Macht an. Ich kann Böses reden. Und du? Hat dein Wort Kraft? Bekämpfe deine Schwächen, du schwacher Knabe.

J. Meine Schwäche ist eine Stärke, die du dir anmaassest. Sie ist meine Stärke, die, mir entwunden, in deine ~~Hände~~ krallenbewehrten Hände gerathen ist und mich überwältigt. Dir dient ein Gefolge von Geistern, wer dient mir? Ich bin einsam, ein Mensch unter Vielen und kämpfe den Kampf um mein Leben und um das Leben der Menschheit und um eine bessere Menschheit. Niemand steht mir bei. Niemand kann mir beistehen. Meinen Ruf hört Niemand, denn meine Stimme ist schwach. Und überdies schweige ich. Leicht ist es fürwahr, mich

10 zu verunglimpfen. Aber ich lasse dich nicht, denn
dein Geheimnis will ich an mich reissen.
Sal. Hast du noch nicht genug? Siehst du die Lächer-
lichkeit, die Tollheit deines Unterfangens nicht ein?
Wobei bist du denn? Siehst du nicht, dass Trauer und
Hoffnungslosigkeit an dir fressen? Was wunder,
dass die Aasgeier sich sammeln, wo du dich an-
schickst selber zum Aas zu werden? Du willst
mein Geheimnis? Wozu soll dir das frommen? Willst
du die Menschheit verzaubern? oder willst du die Daemonen zwingen? Du wirst zum Kinderspott.
J. Höre auf mit diesem Gerede. Du fängst mich
nicht. Diese Fallen kenne ich von früher.
Sal. Es langweilt dich ja. Im Grunde genommen wäre dir
gut genug, wie deine Alltags-Spiegelung, nichts
weiter. Selbstverständlich eine Fata Morgana — meine
Tanzkunst, — willst du noch mehr?
J. Deine Tanzkunst schreckt mich nicht. Ich sehe
dahinter etwa die Angst.
Sal. Du meinst doch nicht etwa, ich hätte Angst.
Das müsste ich doch merken.
J. Es giebt Dinge, die du nicht siehst.
Sal. Du hast mir Angst angemacht, hat der den
bösen Blick? — Ha, das ist Philemons Werk! Er
gab dir den bösen Blick. Das ist seine Spätrache
dafür, dass ich ihn, als er Simon war, die Flügel brach. —
Warum musste ich den Christen helfen?
J. Du giebst dir den Anschein, als ob du nicht wüsstest,
dass die Christen es waren, die dich ins Übermenschliche
hinaufversetzten und dich zur schwarzen Gottesmutter

erhoben, zum hortus deliciarum.

Sal. Woher weisst du das? – Das ist Philemon's Rache. Er hat mich verrathen.

I. Was geht vor? Was wird mir verschwiegen.

Sal: Ich bin ~~ihm~~ [Simon] meinem Zauber und ~~Philemon~~ [Simon] er beherrschte mich. Ich aber brach ihm die Flügel, dem Arglistigen. Er konnte aber das Geheimniss nicht bewahren? Wer bist du? Bist du ein Gott? Wer gab dir die Macht?

I. Die Noth.

Sal. Sonst lehrt die Noth betteln –

I. Nicht mich – sondern sie gab mir Macht. Und du sollst meine Macht fühlen. Du wirst dein Geheimniss preisgeben.

Sal. Ich kann nicht. Ich kenne es ja selber nicht. Weiss Lust sich selbst, hat Verblendung sich selbst je verrathen?

31.VII.18.

Soll mein Werk gerathen und soll Alles zu seiner Erfüllung kommen, so muss ich mich stets Dir, meine Seele, zuvor unterwerfen, damit Du mich hinüberziehst an den Ort, den der Gott bewohnt. Ich bin zu sehr gefangen vom Eindrucke der Sonnenwelt, ~~und~~ daher Du mich zur anderen Seite ziehen musst, welche Du siehst. Darum sage mir, was Du schaust.

S. Ich sehe Salome neben Dir, aus dem menschlichen Symbol gelöst.

I. Was will sie?

S. Sie steht fragend oder bittend – ich weiss nicht. Salome

rede, warum stehst Du und worauf wartest du?

Sal. Noch bin ich nicht losgelöst von diesem Menschen, denn er hat mir noch eine Frage aufgezwungen, ~~ein~~ oder angezaubert — ich habe doch nie Fragen oder Zweifel, also hat er mich doch verzaubert! Ich ahne Ph's List dahinter. Man löse mich.

S. Was für eine Frage hat er dir denn angezaubert?

Sal. Die Frage nach meinem Geheimniss. Ich habe doch kein Geheimniss — Lust und Empfindung der Lust — was sollte daran für ein Geheimniss sein? Das ist doch nur ein Ereigniss und nichts weiter. Es ist die teuflische Arglist des Philemon, ~~ein~~ mich ein Geheimniss dahinter wittern zu lassen. Sicher ist es Ph, der diesen Gedanken ausgeheckt hat und nicht dieser Mensch. Wie könnte ein Mensch auf ~~einen~~ solchen Gedanken kommen? Lust ist die Empfindung der Lust und weiter nichts. Warum soll ein Geheimniss dahinter sein? Warum fragt dieser Mensch nach einem Geheimniss dahinter? Wer gab ihm diesen verrückten Gedanken ein? Wer stachelte ihn zu der Unverschämtheit auf, mich solches zu fragen? Um einen so verrückten Gedanken aufzuwerfen? Wer anders als Ph? Seine böse Kunst allein kann solche Gedanken ~~an~~ erzeugen, die sich ankleben wie ein Nessusgewand. Ich habe eben kein Geheimniss, es ist Wahnsinn bei mir nach Geheimnissen zu fragen, Unverschämtheit, Quälerei. Hinter der Empfindung ist nichts, kein Geheimniss, nichts darüber hinaus oder innen dein. Es ist die Empfindung allein — ja, lacht ob meiner Thränen — Empfindung ist Empfindung, Lust ist Lust, Unlust ist Unlust und nichts weiter. Ich will nicht, dass ein Geheimniss darin sei — das ist ein ekelhafter, wahnsinniger Gedanke, schmutzig und dumm.

S. meine Seele, sage mir, warum regt sich Salome auf? Es ist doch nicht so schrecklich, dass hinter der Lust ein Geheimniss stecken könnte?

S. Merkst Du nicht, dass es Salome gegen die Moral geht? Sie ist in ihrer Art reinlich — reine Lust, reine Empfindung, mit keinem Gedanken, mit keinem Geheimniss verschmutzt — das ist ihr Ideal. Du hast ihr moralisches Empfinden gekränkt, ~~angekränkelt~~ ja du hast es sogar schon untergraben, denn der Zweifel lässt sie nicht mehr los.

Sal. Empfindung ist rein. Was wollt ihr ein Geheimniss hineinmischen und ein klares Wasser ~~mit~~ damit trüben?

S. Aber du siehst doch, Salome, dass der Gedanke, ~~des Geheimn~~ ein Geheimniss könnte hinter der Lust liegen, dich bezaubert hat und dich nicht mehr loslässt. Warum hat dich dieser Gedanke gefasst? Doch wohl nur, weil Etwas in dir ihm entgegenkommt. Was kommt ihm entgegen? Doch wohl derselbe Gedanke, der in dir bereit lag.

Sal. Das kann nicht wahr sein, denn ich denke überhaupt nicht.

S. Das hindert nicht, dass es in dir denkt.

Sal. Du meinst also auch, dass ein Geheimniss hinter der Lust verborgen sei? Was für ein Geheimniss? Ich soll ein Geheimniss besitzen? der Gedanke ist nicht übel.

I. Sage mir, meine Seele, weiss Salome das Geheimniss wirklich nicht oder verstellt sie sich?

S. Natürlich weiss sie es nicht, denn sie ist selber das Geheimniss.

Sal. Was sagst du da? Ich selber sei das Geheimniss? Wie kann ich mich wissen? Weiss Lust sich selbst?

S. Und doch hast du uns dein Geheimniss schon verrathen. Du bist das Geheimniss, das hinter aller Lust steht, die Seele, die die Erde berührt, die meine Schwester, die den Stoff umarmt, die Unsägliches ersehbar macht. Meine Liebe gehört den ewigen Bildern, deine Liebe dem ewigen Stoffe. Kain ist dein Vater, ⊕ mein Vater. So ist der Schleier zerrissen, der täuschend die Wahrheit verhüllte, der Nebel zerteilt, der tausend Irrgänge schuf. Erkenne dich als Seele, verzichte auf die ~~Rei~~ Reinheit deiner Lust, du selbst bist ihre Unreinheit, ihre Vermischtheit, ihr Geheimniss. Lust enthält den ewigen Sinn, wie das Bild die ewige Lust.

Sind meine Bilder rein? Ich glaubte es und habe es verlernt. Meine Bilder athmen die Lust der Welt. Und deine Lust gebiert Mal um Mal die ewigen Bilder. Ist die ~~klare~~ reine Bläue des Himmels ~~Rei~~ Reinheit? Nein, er ist blau, weil du den Stoff siehst. Was wäre die krystallene Klarheit des Wassers, wenn du das Wasser nicht sähest? Rein ist allein das Leere. Reine Lust ist leer und wäre darum keine Lust. Ein reines Bild wäre leer und wäre daher kein Bild. Denn ein Bild bildet immer etwas ab. Lust will in Ewigkeit Bild und Bild will in Ewigkeit Lust.

Erhabener, die 4 Wege sind vollbracht, die 4 Leiden sind ~~erfüllt~~ ertragen, die 4 Freuden sind ~~erfüllt~~ erfüllt, den Göttern der 4 Winde sind die Opfer dargebracht. Der Werke letztes ist vollbracht: Salome ist sehend geworden. Die 4 Winde steigen zu dir hinauf, die 4 Ströme fliessen zu dir. Die Zeit ist gekommen, wo du allein sprichst, du Gott aller wahren und aller falschen Götter, du Seiendes aller Nichtseienden. Wir schweigen und harren deiner Rede.

I. Mich befällt Angst. Wer wird sprechen? Aus welchen Tiefen oder Höhen, aus welchen Gegenden des Himmels oder der Erde wird die Stimme kommen?

S. Sei unbesorgt. Ein Chor spricht wie eine Stimme und die eine Stimme wie ein Chor.

PA. Aller Wesen eine Stimme spricht in dir.
Aller Sonnen Sonne leuchtet in dir.
Du gehst aller Wege Weg, einsam mit Allen.

I. meine Seele, das ist kaum zu ertragen.

S. schweige, sträube dich nicht.

PA. Dieser Weg führe hinaus ins Menschenland, ein Boten~~weg~~gang.

Das Geheimnis des Sommermorgens, der glückliche Tag, die Vollendung des Augenblicks, die Fülle des Möglichen, aus Leid und Freude geboren, das Kleinod der ewigen Schönheit, das Ziel der 4 Wege, die Quelle und das Meer der 4 Ströme, ~~[illegible]~~ die Erfüllung der 4 Leiden und der 4 Freuden, Vater und Mutter der Götter der 4 Winde, Kreuzigung, Grablegung, Auferstehung und ~~[illegible]~~ Gotteserhöhung des Menschen, Höchstes Wirken und Nichtsein, Welt und Korn, Ewigkeit und ~~[illegible]~~ Augenblick, Armuth und Fülle, Entfaltung, Tod und Wiedergeburt des Gottes, getragen von ewig schaffender Kraft, erstrahlend in ewiger Wirkung, geliebt von den zwei Müttern und Schwestergattinnen, unaussprechliche qualenreiche Wonne, unwissbar, unerkennbar, einer Nadel Spitze zwischen Tod und Leben, ein Strom von Welten, Himmel überdachend — ich gebe dir die Menschen-

Liebe, den Wasserkrug von Opal; Wasser und Wein, und Milch und Blut schüttet er, Nahrung den Menschen und Göttern.

Ich gebe Dir die Freude der Liebe und das Leid der Freude.

Ich gebe Dir das Gefundene: die Dauer im Wechsel und den Wechsel in der Dauer.

Den Steinkrug, das Gefäß der Vollendung. Wasser floss hinein, Wein floss hinein, Milch floss hinein, Blut floss hinein.

Die vier Winde stürzten in das ~~gol~~ köstliche Gefäß. Die Götter der vier Gegenden des Himmels halten seine Rundung, die ~~zwei~~ beiden Mütter und die beiden Väter bewachen es. Das Feuer des Nordens brennt über seinem Munde, die Schlange des Südens umwindet seinen Boden, der Geist des Ostens hält seine eine Seite und der Geist des Westens seine andere Seite.

Ewig geleugnet besteht es in alle Ewigkeit. In allen Formen wiederkehrend, ewig dasselbe, das eine köstliche Gefäß, gegürtet vom Kreis der Thiere, sich selbst leugnend, und durch seine Leugnung neu erstrahlend.

Das Herz von Gott und Mensch.

Es ist Eines und Vieles. Ein Weg darüber

78 Berge und durch Thäler führt, ein führender Stern auf dem Meere, wie die und immer dir voraus.

Vollendet, ja wahrlich vollendet ist der, der dies weiss.

Vollendung ist Armuth. ~~Aber~~ Armuth aber meint ~~ist~~ Dankbarkeit. Dankbarkeit ist Liebe.

2. VIII. 18.

Wahrlich, ~~ich bin das Opfer~~ Vollendung ist das ~~Ich bin~~ Opfer.

Vollendung ist Freude und Voraussehen des Schattens.

Vollendung ist Ende. ~~Volle~~ Ende meint Anfang, darum ist Vollendung Kleinheit und Beginn im Kleinsten.

Alles ist unvollendet, darum ist Vollendung Einsamkeit. Einsamkeit aber sucht Gemeinschaft. Darum meint Vollendung Gemeinschaft.

Ich bin die Vollkommenheit, vollendet aber ist, wer seine Grenzen erreicht hat.

Ich bin das nimmererlöschende Licht, vollendet aber ist, wer zwischen Tag und Nacht steht.

Ich bin die ewig währende Liebe, vollendet aber ist, wer das Opfermesser neben seine Liebe gelegt hat.

Ich bin die Schönheit, vollendet aber ist, wer an der

Mauer des Tempels sitzt und gegen Entgelt Schuhe flickt.

Der Vollendete ist einfach, einsam, einmüthig. Darum meidet er das Vielfältige, die Gemeinschaft, das Zwiespältige. Über der Vielfache, das Gemeinsame, das Widerstreitende schreitet er fort zur Einfachheit, zur Einsamkeit, zum Einmuth.

Der Vollendete weiss Leid und Freude; ich aber bin die Wonne ~~jens~~ jenseits von Freud und Leid.

Der Vollendete weiss Hell und Dunkel, ich aber bin das Licht jenseits von Tag und Finsterniss.

Der Vollendete weiss Oben und Unten, ich aber bin die Höhe jenseits von Hoch und Niedrig.

Der Vollendete weiss Schaffendes und Geschaffenes, ich aber bin ~~jenseits das Bild~~ das ~~ewig~~ gebärende Bild jenseits von Schöpfung und Geschöpf.

Der Vollendete weiss Lieben und Geliebtsein, ich aber bin die Liebe jenseits von Umarmung und Trauer.

Der Vollendete weiss Mann und Weib, ich aber bin der Mensch, ~~und der Menschen~~ sein Vater und sein Sohn jenseits von Mannheit und Weibheit, jenseits von Kind und Greis.

Der Vollendete weiss Aufgang und Untergang, ich aber bin der Mittelpunkt jenseits von Vergang

röthe und Abendröthe.

Der Vollendete weiss mich und darum ist er von mir verschieden.

26 VIII 18.

Meine Seele, was geht vor? Was wird gebraut. Unruhe hat mich erfasst!

S. Du hast zu lange gewartet. Warum fragtest Du nicht früher?

I. Ich dachte, ich müsse geschehen lassen.

S. Ja, aber das Deine will auch besorgt sein. Du hättest fragen sollen. Ich musste Dir Unruhe verursachen. Salome kocht giftige Tränke. Sie ist wie Medea, des Zaubers kundig.

I. Was thut sie?

S. Frage sie.

I. Salome, was thust du?

Sal. Ich werde mich rächen. Warum hast Du mir einen Sinn gegeben. Ich will keinen Sinn haben. Ich will nur Ereigniss. Ich will, das blosse Geschehen.

I. Aber wenn nichts geschieht?

Sal. Es wird Alles zu seiner Zeit geschehen. Ich habe Dir Gift bereitet, wenn Du nicht geschehen lässest.

I. Was soll ich denn geschehen lassen?

Sal. Was Lust bereitet.

I. Drücke Dich deutlicher aus. Was thust nun Du und was willst du?

Sal. Ich will Ereigniss. Störe das Geschehen nicht.

I. Ich will nicht stören, aber ich will wissen.

Sal. Du sollst nicht wissen. Du sollst geschehen lassen.

I. Ich will geschehen lassen, warum aber zischest du so um mich herum?

Sal. Ich will Dir die Ruhe stören.

I. Warum?

Sal. Weil du nicht gelassen zuschauen sollst, sondern irritiert. Ich irritiere dich.

I. Was verfolgst du damit für einen Zweck.

Sal. Deine Irritation ist gut für die Frauen. Das stachelt sie. Sie brauchen Deine Irritation, sonst thuen sie nichts.

I. Meine Seele, sage mir, ist das wahr?

A. Etwas daran ist wahr. Die Frau muss Anlass haben, sonst lässt sie zuviel geschehen. Du musst diese Irritation annehmen, lasse sie sehen; es stachelt, wie Salome richtig sagt. <u>Du kannst nichts thun.</u> Nimm an und schone dich. Du musst etwas leiden können. Du kannst es nicht machen. Geduld, viel Geduld. Sal. will reden.

Sal. Ich muss Dich etwas aufregen. Wenn Du zu ruhig bist, dann giebst du den Anschein, als sei Alles in Ordnung. Befehle nützen nichts, bloss Gefühle. Du bist zu ungeduldig. Du hast den Machtteufel in dir. Es muss Alles ablaufen, wie es muss. Da ist nichts zu thun. Die Andern müssen auch ihren Antheil am Leben haben.

I. Meine Seele, weisst du darüber hinaus?

A. Nichts zum verrathen. Ich rathe die Befestigung.

28 VIII 18. Mein Gott, aus Leid und Freude geboren, Unsterblicher, Du wallest leuchtend deines Weges! Du mittlerer Pfad voll Heil und Unheil, voll Glück und Unglück. Dein Fuss schreitet über Sterbliches hinaus. Klage ist unbestimmt und das Lächeln von Morgenröthen. Bleibe bei uns, Erlöser aus leidvollen Unendlichkeiten, Grenzsetzer, mein Schicksal.

:

<u>25. I. 1919</u> <u>Es ist ein schweres Opfer gebracht.</u> Ein neuer Weg des Lebens eröffnet. An dieser Stelle muss ich dich hören,

meine Seele.

S. Ich habe es gesehen, hier stand ich und sah zu und war allezeit dabei. Philemon hob das Kind empor und warf es zu Boden, wie Du es sahest. Dem flatternden Ungeheuer sind Zauberfesseln angelegt. Der chinesischen Zauberer, der es vollbracht, war Phil. der keilgestaltige und wandelbare. So geschah es und so musste es geschehen. So war es richtig. Deine Liebe rief den schwarzen Flattergeist ins Weibe. Deine Liebe ist Ka, der Zeuger, der Geliebte der Frauen. Bei ihnen Geist, bei Dir, was Du nennst, Liebe. Ich nenne es Zeugungskraft. Binde Ka, damit er seine Schätze Dir reiche, so wie Phil. den Flattergeist der Frau band, damit sie ihres Geistes theilhaft werde."

– Ah was für Übeln liebt ihr Menschen! —

I. Wer sprach so?

S. Das war P. Er huschte vorüber, in höheren Sphären thätig. Ka grollt, am Felsen rüttelnd.

I. Was erachtest Du als nöthig in Deinem Dienste?

S. Dass Du bisweilen mir Sprache giebst. Ich werde Dich nicht missbrauchen.

I. Hast Du noch etwas mir zu sagen?

S. Nichts ist zu sagen. Du sollst thun, alles Nächste, damit alles Fernste werde. Vergiss nicht, bisweilen mich zu hören.

2.II.1919. Von meiner Trauer will ich zu Dir reden, meine Seele. Die Einsamkeit friert mein Herz.

S. Was regt Dich an? Einsamkeit? Warum verlautest Du dir, das zu thun? Du bist umhüllt.

I. So thue diese Hülle weg.

S. Ich kann nicht. Ein Mächtigerer steht nahe.

I. Was ist es?

S. Ka, wie Du ahnst. Du bist im Schatten Philemons.

I. Ach, es ist Ka! Schmerzlicher Schatten. Welche Trauer hast Du mit kunstfertiger Hand bereitet! Warum hüllst Du mich ein?

Ka: Du denkst zu viel. Darum habe ich Dich in Trauer gehüllt. Du solltest nicht denken, sondern zeugen.

I. Ja – Deine Wahrheit! Wie sollte sie gelebt werden! Du baust Grab auf Grab. Was kümmert Dich menschliches Leben?

Ka – Willst Du ersticken?

I – Lieber nicht. Wenn Ph Schatten hinterlässt, so lasse mir Licht.

Ka. Licht? Ich sorge bloss für Schatten und Dunkel. Was kümmert mich das Licht?

I – Was versprichst Du Dir davon, wenn Du mich mit dem Dunkel der Trauer umhüllst?

Ka. Ich verspreche mir Schöpfung. Was soll Dein Gewinsel? Du bist, was Du thust.

I. Auch eine Wahrheit. Aber wenn Du mich lähmst, wie kann ich thun?

Ka. Ich lähme Dich, damit Du gehorchst und nicht anders kannst –

I. – als thun? Ein Widerspruch!

Ka. Du gehst zu schnell – als das zu thun, was ich will.

I – Du willst mir Deinen Willen aufzwingen?

S. Höre auf ihn, er ist mächtig und kein Seelenweib.

I. Ich höre, was willst Du von mir?

Ka: Deine Mannheit. Salome hat Dich am Genick.

54

mit bösem Zauber.

I. Meine Seele, warum hast Du mir das verschwiegen?

S. Ich konnte es nicht sehen. Ich weiss nicht, was Salome thut.

I. Wieso das?

S. Sie ist immer dort, wo ich nicht hinsehe. Glaubst Du, Ich könne Ka sehen und wissen, was er thut? Warum hätten die Beiden gewisse Wahrheit, wenn sie sich gegenseitig sähen und ~~zu~~ voneinander wüssten? So ist mir auch Salome fremd. Ich sehe nur mein Licht, niemals meinen Schatten, denn ich schwinge nach aussen. Ka allein vermag zu sagen, was Salome thut.

I. Warum fürchte ich Salome?

Ka: Weil Du kein Mann bist, sondern verseelen-weiblicht. Ich will, dass Du ein Mann seiest. Eine Faust gegen den Zauber Salomes. Mehr bedarf es nicht. Es ist nichts zu machen, ich habe die Gewalt und Du gehorchst.

22.III.19. Meine Seele, es ist höllisch schwer.

S. Es geht, wie es gehen muss. Dem ist nichts beizufügen.

I. Aber wie muss es gehen?

S. Soll ich Dir die Zukunft prophezeien? Soll vorgegriffen sein? So höre: es wird kein Stein auf dem andern bleiben. Alles fällt einmal herunter. Wo Thäler sind, werden Berge sein; wo Wasser ist, wird trockenes Land sein. Bist du zufrieden?

I. ~~Maassest~~ Du Dir Scherze an? Was hast Du vor? Führst Du wieder Zauberei im Schilde?

S. Keineswegs. Ich bin bloss übermüthig.

I. Hast Du Dich wieder berauscht?

S. Ein wenig. Ich rieche Möglichkeiten.

I. Fatal, wenn Du wieder etwas erspürt hast. Du willst Dich wohl wieder in den Stoff stürzen? Wer giebt Dir das Recht dazu?

S. Wer anders als Du? Du bist ja wieder weich, wie Butter an der Sonne.
I. Wo hast Du mich erwischt?
S. Nun, wo anders als beim sogenannten Menschlichen? Du bist impressionabel.
Ein gutes Wort, nicht?
I. Worauf spielst Du an?
S. Auf das sogenannte weiche Herz.
I. Willst Du mir die Menschlichkeit verekeln?
S. Nein, aber die Vermischung. Was bessert Du Dich durch das Leid Anderer kränken? Sie wollen Dich ja fest, stark, gesund sehen. Sie brauchen Dich doch als undurchdringliche Wand. Das wäre wahre Liebe, mehr Stirn, als Herz.
I. Du bist höllisch grausam.
S. Willst Du ~~Du~~, dass ich mich in die Brunst der ewigen Zeugung stürze? Willst Du nocheinmal und nocheinmal hineingemischt sein in den Schmelzfluss, in die Auflösung des Stoffes? Nocheinmal von vorn beginnen? Du bedarfst aber der Fortsetzung, nicht des Anfangs.
I. Wer beweist mir, dass Du nicht lügst?
S. Fühlst Du, dass ich lüge?
I. Ich könnte es nicht sagen. Aber wohin soll es gehen?
S. Nach Deinem Golgatha, wo sie Dich noch Alle verlassen. Noch musst Du unbekannter sein.
I. Was sollen diese dunkeln Worte? Was ist mein Golgatha?
S. Willst Du es wissen?
I. Ich muss Klarheit haben. Sprich, wenn Du es weisst.
S. Ich weiss nur das Wort. Aber Φ weiss mehr.
I. So rufe ihn.
S. Φ, ein Sterblicher möchte von Golgatha, sein Golgatha wissen.
Φ: Ist es Neugier? Oder möchtest Du hell sehen? Golgatha ist Tod um der Götter willen.* Was sagt Dir das?
I. Ich suche keinen Tod um der Götter willen, da ich um des Menschen willen leben möchte.
Φ: Aber die Götter wollen dein Leben zurück. Du hast den Leuchtenden geboren. Wer ihn gebar, wird nicht mehr zeugen. Er wird sein Leben den Göttern und nicht den Menschen geben. Worüber sinnst

Du? 86

I. Ich denke darüber nach, was es heisst, zum Lehen der Göttern gehen.

Ph: Frage Ka, den Schatten. Er weiss davon.

I. So antworte mir Ka, Dunkler Sohn der Erde.

Ka: Wie sollte ich mein Kleinod bilden, wie den Göttern Gestalt geben, wenn Du selber den Weg der Zeugung gehst? Hast Du nicht den schwarzen Ruthe dem Zauberschein entlockt? Bist Du nicht fest, so erlischt das Licht, nachdem Alle lechzen. Wer soll aus sich leben, wenn Du es nicht thust? Willst Du Leben aus Andern borgen durch Vermischung? Alle sind in die Zeugung gerissen. Wer besitzt seine Seele? Du musst es sein für Alle, unvermischt und abgeschnitten.

I. Ich sehe ~~Unvermeidliches~~.

30.IV.1919. Du weisst, was in der Luft schwebt. Lange fragte ich Dich nicht. Sage mir, was Du siehst oder weisst.

S. Ich weiss etwas. Ph sagte es mir.

I. Was sagte er?

S. Er hat wiederum den Purpurmantel umgelegt. Er will ein Fest feiern.

I. Was für ein Fest?

S. Einen Triumph.

I. Worüber?

S. Über die Menschen.

I. Verflucht – es ist bedenklich, wenn die Halbgötter sich freuen.

S. Sei nicht so schnell. Sie wollen auch leben. Er freut sich Deiner grösseren Einsamkeit.

I. Was sagte er denn?

S. Er sprach geheiligte Worte; von Erfüllung sprach er. Es freut ihn mitzuleben. Immer wollen die Götter ein Stück im Menschenleben stehen. Sie müssen auch. Wie sollten sonst Gottmenschen werden?

I. Aber Ka? Was wird er thun?

S. Er wird abergläubische Schatten verbreiten.

I. Ich fühle, dass mich Ph füllt mit seinen Wünschen. Das kann ich nicht annehmen.

S. Wenn der Schatz des Ka heraufkommt, dann wirst Du

es nicht vermeiden können. Kannst Du die Schätze des Ka von Dir weisen? Nein, Du kannst es nicht. Also kannst Du auch nicht die Gedanken Φ zurückweisen. Das Eine gebiert das Andere. Frage nicht weiter. Du berührst Grenzenloses. Bleibe bei Dir. Thue das Deine.

Dazwischen 6 Wochen in England. Dort in einem Spukhaus auf dem Lande. Sehr erschöpft nach Hause gekommen. Sehr zusammengenommen.

21 Juli 1919.

Rede zu mir, ich bin wie verloren.

S. Vom Pferde abgekommen? Nicht ganz, fast gerade auf dem schwierigen Pfade. Darum hast Du keine Träume. Du brauchst sie gegenwärtig nicht.

I. Ich misstraue. Siehst Du etwas?

S. Ich sah Φ diese Nacht. Er will Dich anziehen.

I. Warum das?

S. Ich weiss nicht, was Φ will.

I. So frage ihn.

S. Φ, höre, mein Mensch verlangt zu wissen, was Du planst oder willst.

Φ. Ich thue die nöthige Arbeit. Nöthig für die Geschicke dieses Menschen.

I. Das ist unbestimmt. Φ möge deutlicher reden.

Φ Du bist unbescheiden. Mir gebührt Ehrfurcht. Bist Du ungeduldig geworden? Lerne warten. Warum bist Du ungeduldig? Hat Dich ein Erfolg verwöhnt?

I. Es ist möglich; aber ich möchte wissen, was Du thust.

Φ. Noch immer hebe ich empor. Noch immer ist das Untere nicht erschöpft.

I. Was meinst Du mit dem Unteren?

Φ. Das Reich des Ka, Ka selbst, den Stoffbildner.

I. Sage mir, warum mich das, was du sagst nicht berührt.

Φ. Weil es Dich nicht berührt. Es ist meine Arbeit, die Dich nichts angeht. Sie liegt nicht auf Deinem Pfade – Du hast für Dich zu sorgen, wir besorgen das Unsrige.

I. Meine Seele, sprich, siehst Du Alles und hältst Du Alles für richtig?

S. Für fast ganz richtig. Ich merke, es geschieht Vieles. Etwas ist im Thun, jedoch läßt mich wieder Puechka sehen, was es ist. Ich glaube, Du thust gut, auf Deinem Wege, wie bisher weiter zu gehen

23 II 1920. Was dazwischen liegt, davon steht im Traumbuch, nach mehrerem in den Bildern des Rothen Buches.

Was sich zwischen dem Liebenden und der Geliebten ereignet, ist die ganze Fülle der Gottheit. Darum sind sich die Beiden unergründliche Rätsel. Denn wer verstünde die Gottheit?

Der Gott aber wird in der Einsamkeit geboren, aus dem Geheimnis des Einzelnen.

Die Schwingung zwischen Leben und Liebe ist der Widerspruch zwischen Einsamkeit und Zweisamkeit.

5.IX.1921.

Ja, der Gott wird aus der Einsamkeit geboren – dieses Wort trifft mich. Einsamkeit ist daran zu werden. Die Einsamkeit hat nicht einmal Fragen. Sie fragt nichts. Sie ist leer und abgrundtief.

Du sagst, ich sei immer noch an der Oberfläche? Da, was noch laut ist, noch zuviel Geräusch. Ich brauche feine Ohren? Ich beklage mein Gehör. Ich rede noch zu viel von mir? Wie kann ich anders? Man könnte auch sagen, ich rede zu wenig, denn die Worte, die den grossen Schmerz bezeichnen könnten, wollen nicht über meine Lippen. Ich verstehe, davon ist nicht zu reden – vom Allerheiligsten, wo die Fülle der Gottheit leuchtete.

Jetzt ist es kalt und starr in mir, eine blinkende Oberfläche von Metall, undurchdringlich, glatt. Rede ich zuviel, zuviel von Aussen? Spreche ich an die metallene Wand? Soll ich vielleicht mein Ohr an sie legen, um zu hören, wer dahinter spricht, ob überhaupt hinter dieser grausamen Kälte Jemand spricht?

Liebe ich es, mich in dieser Metallfläche zu spiegeln? Welche Schamlosigkeit wäre menschlichem Wesen nicht zuzutrauen? Sie wäre wiederum ein Stück des Carnevals.

Warum rede ich überhaupt? Will ich wohl nicht hören. Ich sollte doch hauptsächlich hören. Will mich die Eitelkeit des Redens nicht loslassen? Und bin ich enttäuscht vom Echo meiner Stimme? Ich bin wahrhaftig nicht tief genug, nicht einmal im Schmerz, von dem nicht zu reden ist. Verflucht, warum muss ich ihn erwähnen?

90 seichte Oberfläche, so ist es, die Wuth der Ohnmacht. Ich bin verflucht. Mein Herz ist mir abgeschnitten. Kein Zugang mehr zum Leben. Wo bist Du, Quelle? Wie tief verschüttet, mit Schmerzen zugedeckt! Ja – leer – leer wie die Hölle. Mein Leben ist hinüber und ich bin geblieben. Wo finde ich Dich?

Ich bin mir selber abgeschnitten, wie ein Gehenkter, der vom Ast fiel. Und sollte wohl so zu leben beginnen?

Meine Seele soll ich rufen? Nein, keine Hilfe mehr, keine Illusion. Der Schrecken muss nackt sein, ebenso hilflos, wie ich. Diesmal giebt es keine Krücken mehr. Wir setzen jetzt den Stab ins Bodenlose, hinter alle Möglichkeiten, vielleicht ~~ist~~ ins endlos Stumpfe, wo der ewige Morast keine Rückkehr mehr erlaubt. Ja, hier wird es heissen – vielleicht keine Rückkehr mehr – das ~~ist~~ ist das richtige Wort – Ein Abgrund ohne Boden vielleicht, ein Schweigen, eine wortlose Einsamkeit für den Rest eines Lebens.

Ich weiss, wohin mein Leben gegangen ist – und dort davor steht die Metallwand.

Meine Ohren sind stumpf, mein Herz ist kaltgefroren, darum rede ich hastig, um Leben vorzutäuschen, das ich nicht besitze.

Es scheint, schwer zu werden, metallen schwer – das Rad. Ich möchte aufschreien, wenn ich nicht selber verboten wäre. Ach – wie kam es, dass ich zu Erz wurde? Ein klangloses Erz, nur schwer und zäh, wohl Blei. Das Erz hat wohl keine Ohren und was es redet, ist wohl bloss Täuschung. Nicht einmal Furcht kann ich empfinden, nur Starre und Kälte.

21. IX. 1921.

Welche Spannung zwischen fernsten Himmeln und tiefsten Höllen! Das siebenfach Dunkle-durchjauchzende Himmelsgold – was für eine Sprache! aber ich spreche sie. Ich rede, nicht Du redest. Du sollst nicht reden. Schweig, dass ich reden oder vielmehr stammeln muss. Ich wollte den Preis des herrlichen Gottes singen, der mir erschienen; ich wollte reden von der Wonne des Paradieses, von der tiefen Stille des Gottesfriedens, von allen seligen und überseligen und allerhöchsten Entzückungen, die mich überrieselten, überreich an der Gnade jenes unbeschreiblichen Gottes – ein Lob wollte ich singen von der Erlösung meines Herzens – ich wollte danksagen ~~der~~ zur Ehre des dreimalheiligen Sterngleichen – aber es sind bloss Worte und wohl nicht ~~die~~ jene Worte, die zu sagen sind. Es sind viel dunklere Worte, angeschürft in schwärzester Tiefe, wohl Urworte, dem unglaubhaft Alten und Ursprünglichen abgepresst. Worte ohne Sinn und Zweck,

92 A B

schwanger mit allen Zukünften, krank von uralten Sehnsüchten und Unmöglichkeiten, im Zellkamm der Jahrtausende erstickt, ein Geheimniss, das nur der erräth, der sogar das Thier hinter sich hat.

Ein Aberwitz von Unmöglichkeit, darum geschwellt von schaffender Kraft. Das ahne ich. Mehr ist nicht zu sagen.

Ich habe Angst, eine ausserweltliche Angst, wohl die Angst eines Meteorsteins, der hinter die Milchstrasse gerathen ist, keine menschliche Angst; bloss eine, die gehabt wurde, als es noch nichts gab, das hätte fürchten können. Eine nichtwirkliche Angst; so fühlt es sich an.

Etwas, das nie gut und stets verdorben war als die Quelle einer neuen Gesundheit. Auch so lautet es. Ich könnte auch sagen: etwas, das zu schwach war, um sein zu können, als Quelle grösster Kraft.

Ich verfluche dieses unzulängliche Gestammel, dieses pflanzenhaft blinde Bohren. Jedoch zittert etwas in mir und dieses Etwas will sprechen. Denn es wurde etwas irgendwo gerochen und angetastet und etwas droht lebendig zu werden.

2.II.1928.

Rede zu mir, Seele, ist Etwas, das ich wissen sollte?

S. Natürlich ist etwas. Ich sollte Dir's sagen? – Wie kann ich? Wie sollte ich wissen, was Du nicht

30 ~~29~~ XII. 21.

A

Was geht vor, was sind das für Träume, die mir den Schlaf rauben, was ist die Angst, die mich überwältigend packt? Vielleicht sollte ich zu Dir, o Seele, nicht reden, aber ich finde keinen anderen Weg. Sprich zu mir und erkläre mir.

Siehst Du etwas, das ich nicht sehe?

S. Ich sehe vieles, was Du nicht siehst – Bäume, die über Abgründen wachsen, kreisende Adler, die über unermesslichen Tiefen schweben. Ein Geist, der von Osten kam, breitete Hand oder Flügel (?) aus, wie schwarze Decke wollte er über Dich schlagen, ich wehrte ihm und scheuchte ihn nach Norden zum Feuerpol, zur Verwandlung.

Wer ist der Geist vom Osten?

S. Er ist ein Teufel besonderer Art, ein schwermüthiger Teufel, ein resignierter Teufel, einer, der gesättigt ist von aller Überreifheit des Ostens. Wie soll ich ihn beschreiben? Weisst Du, was ich meine? Nicht? Er steckt voll Überreifheit des Ostens, zu alt, zu fett, zu traurig ruhig, wie Oel auf Wasser.

Ich verstehe nicht, was Du meinst. Ich kann nichts dergleichen in mir entdecken. Sprich deutlicher, fasse zu, o meine Seele. Ich muss Hilfe haben, denn die Angst erstickt mich. Fass zu. Ich muss Klarheit haben.

S. So leicht ist das nicht. Schon zu lange her hast Du mich nicht befragt. Willst Du meine Bedingungen erfüllen?

Was für Bedingungen? Hast Du Bedingungen?

S. Natürlich habe ich Bedingungen. Glaubst Du, ich komme mit Nichts aus. Ich muss von Deinem Blute habe, sonst ziehe ich Dich [illegible] aus. Verstehst Du das?

Ob ich das verstehe? Diesmal verstehe ich Dich vollkommen, denn die Erschöpfung fühle ich. Also nimm von meinem Blute, aber sprich, und erkläre mir.

S. Ja, Dein Blut schmeckt mir. Wie viel soll es sein. [illegible]. Doch höre: Der Kuckuck legt sein Ei immer in fremde Nester.

Was heisst das? Was für ein ahnungsreicher Spruch (?) [illegible] spricht daraus?

S. Nicht wahr? ahnungsreich. Ja, habe Ahnungen. Der Kuckuck muss es so machen, sonst kann er sich ja gar nicht fortpflanzen.

Mach keine dummen Scherze. Ich will Antwort.

S. Der Kuckuck bist Du [illegible] das fremde Nest ist das, was ein Anderer für sich gemacht hat, und das sollst Du Dir aneignen.

Ist es nicht gestohlen?

Gestohlen hin oder her. Lebensnotwendigkeit ist einzig die Frage. Wirst Du klug daraus?

B

Nein? Dann passe auf: Es gehen heute Menschen, die etwas abzugeben hätten. Hast Du sie gesehen? Nein? Dann mach die Augen auf. Sie wollen nämlich nicht an Dich [illegible], sondern Dir geben.

Worauf zielst Du? 1.I.22.

S. Ich ziele auf Frauen.

Wie meinst Du das?

S. Ich meine, Du hast in dieser Hinsicht falsche Meinungen?

S. Du weisst, sie wollen Dir etwas schenken. Sie wollen Dir abgeben.

Ich habe meine Erfahrungen gemacht, wie Du weisst.

S. Das thut nichts. Man kann auch andere machen. Übrigens reden wir von etwas Tieferem.

Warum schweifst Du ab?

S. Weil ich denke, dieser Punkt sei erledigt. Oder denkst Du nicht so?

Doch, ich fühle hier nichts Besonderes. So rede von Tieferem, von Deinen Gesichten. Ich muss mehr Klarheit haben über die Dinge, die vorgehen. Es ist Alles so dunkel. Was birgt das jenseitige Dunkel? Sprich!

S. Drei Hirsche flohen aus dem Wald und der alte schwarze Jäger konnte sie nicht fangen. Er jagte mit Hunden und Pferden und blanken Spiessen und doch sind sie ihm entlaufen. Sie sprangen in den Fluss und durchschwammen ihn und die Hunde verloren ihre Spur. Die Göttin der Hirsche hat sie gerettet – ja, Artemis. Ist sie nicht schön und keusch? Kennst Du sie? und kennst Du ihn? Warum willst Du am Sonntag jagen? Warum willst Du das schöne Gethier fangen und töten? Warum hat Dich der Bär angefallen. Darum musstest Du der schönen Waldgöttin opfern, Du Narr.

Ich erkenne und demüthige mich.

S. Ja, es giebt gütige Götter und im Dunkeln wohnt das Liebende. Das fühlest Du. Verächtlich, wer es nicht fühlt.

Was aber hat mich zuvor am Schlafen gehindert?

Was siehst Du?

S. Drei Schlangen, die auf einem Felsen lagen, in einen Knoten geschlungen. Ein Schwert hat sie zerhauen. Ein starker Einarmiger führte das Schwert. Seine Augen flackerten in innerer Brunst. Er, ach, war wohl ein Jünger und Schüler des Dionysos, dem ein Arm abhanden gekommen ist. Wo verlor er ihn? Wohl abgehauen als ein faules und unzulängliches, ja er hatte ihn selbst abgehauen, seinen rechten Arm in der Raserei. Er wollte nicht mehr handeln, nur nachgetrieben sein. Man muss es nachmachen können. Warum konnte er die Schlangen nicht schlafen lassen? Was hiess ihn seinen Hund auf der gefährlichen Teufelsbrücke hetzen, der ihn verderben wollte? Sein wilder und ungebändigter Trieb, der als Pflicht gefühlt war, hat ihm das Falsche eingeflüstert. Er wollte allein sein, allein herrschen, an Einsamkeit sich be-

Zauberspenderin von Göttern und Menschen, ein Castrat seines Gottes – Warum verabscheust Du das bergende Dunkel des Weiblichen, die bergende Macht? Das Geflüster zwischen den Bäumen seine dunkle, heilsame Sprache? Warum sprachst Du nicht zu mir?

Lasse es mich fühlen, dass Du mir helfen kannst. Gib mir den heiligen Schlaf, die gnadenreiche Umhüllung, damit mich die Mutter Nacht in ihren Schooss aufnimmt. Ich will das Weibliche verehren. Aber gieb mir den Schlaf, damit ich sehe, dass Du mir wirklich helfen kannst.

S. Nur, wenn Du meine Bedingungen erfüllst.

Nenne sie.

S. Du sollst sie jeweils bei mir erfragen. Du sollst zu mir kommen und mich fragen. Das ist die erste Bedingung. Die zweite ist, dass Du dich alles unnützlichen Geschwätzes enthalten sollst, Mässigung in jeder Beziehung. Und lege Deine Verachtung des Weibes ab. Dem Weib ist grosse Heilkraft gegeben. Gebrauche sie.

Ich verspreche es. Aber noch etwas! Das sahest Du nicht noch ein Mehreres, das mir nicht entgehen sollte? Ich möchte nicht von Dir gehen, bevor Du mir nicht den Frieden gegeben hast, die ruhige Sicherheit, dass ich nicht etwas übersehe, das mich mit unvorgesehener Macht anfallen kann?

S. Ich sehe nichts, warum Du dich zu grämen brauchtest, nichts, das Du jetzt wissen müsstest.

Ist das die Wahrheit?

S. Für heute ja.

4.I.22. Du Rathgeber, Du hast mir guten und wohlthätigen Schlaf gegeben. Nun komme ich zu dir, um Dir die Sache vorzulegen, die mir jetzt und stets am schwierigsten ist. Vielleicht weisst Du guten Rath. Ich weiss, dass T. mir viel werth ist, aber auch viel unwerth. Ich möchte zur Klarheit kommen, ohne ihr Unrechtes zu thun, und auch vermeiden, etwas Gewaltsames und Unrichtiges überhaupt zu thun. Rede zu mir und hilf mir, wie Du mir schon geholfen hast. Rede zu mir!

S. Leider kann ich nicht thun für Dich, aber einiges, vieles kannst Du selber zuthun, denn die Sache ist über die Massen schwierig. Es darf nichts von den Werthen verloren gehen. Sie ist und bleibt stets die Gesandtin der grossen Mutter, selber unwillig, unfrei und unterworfen, gezwungen gegen ihren eigenen Willen, leidend unter der Last ihrer Gesandtschaft. Das ist nicht zu vergessen. Darum darfst du auch nicht vergessen. Andererseits aber ist sie ein Mensch voll Fehler, die schwer nicht zu beseitigen sind. Sie muss getragen werden, sollte aber aus ihrer Last kein Verdienst machen. Das sieht sie in klaren Momenten selber ein. Dein heutiges Verhalten war richtig. Sie sollte nicht ein Druck auf Deiner unverbrüchlichen Freiheit sein, sondern eine Erleichterung derselben. Das ist sie leider nicht immer.

Höre, Du sagst Dinge, die mir eigentlich auch bewusst sind. Geh tiefer, wohin ich nicht sehen kann.

S. Ach, in welche Tiefe verlockst Du mich. So weit von dem Licht des Tages, das ich durch Dich so schön [illegible] möchte Dich immer in der Sonne haben. Das Leuchten ist am meisten. Warum in die jenseitigen Dunkelheiten?

Dorthin gehörst Du, dort liegt dein Zweck und dein [illegible] nicht am Tage, wo Du mich jetzt in die Dinge faszinierst. Also tauche hinunter in die Dunkelheiten und sprich, was Du siehst. Ich muss an dieses Problem einmal herankommen.

S. Ich sehe nichts, es ist schwarze Nacht da unten.

Strenge Dein Gesicht an, und schaue!

S. Wie sollte ich schauen, es ist mir kein Licht gegeben.

So nimm Blut, nimm Feuer; aber schaue.

S. Ich kann nicht.

Du willst ~~können~~. Woher dieser Widerstand? Solltest Du an diesem Problem interessiert sein? ~~Und kannst~~ Du nicht sehen, weil Du nicht sehen willst?

S. Ach, drängt es mich. Es ist so schwer.

Sei nicht schwach. Ich darf es auch wissen.

S. Schön! Es ist grauenvoll dunkel, fast nicht zu fassen, so hieroglyphisch: wigalda, wigamunne, wiesofit fialtomasi fandraegypti zemmasse

Was soll das heissen?

S. Ich weiss es nicht, wohl Runen der grossen Mutter.

Woher hast Du sie?

S. Das zaghafte Zauber, unreiner Zauber.

Kennst Du ihn?

S. Ja und nein.

Ich [illegible] interessiert und will [illegible] sage, bist Du nicht [illegible] verstehen, sondern verhüllen.

S. Nein, aber diesen Dunkel schwächt diese Botschaft der grossen Mutter, eine Antwort auf deine Frage. Was nützt mir die Antwort, die ich nicht verstehen kann?

S. Wissen, heisst sie lösen.

Rath mir, was ist zu thun?

S. Sieh die Worte an, vielleicht siehst du sie.

Mein Witz versagt. Rede du.

S. Also: wigalda: wie ~~alte~~ du?
wigamunne: wie ~~[illegible]~~ du?
wiesofit: wie darf ich?
fialtomasi: zum erhabenen Gatten machen
fandraegypti: Frauen der Aegypter –
zemmasse: bleiben.

Was heisst das?

S. Wie darfst du dich zum Gatten machen des edlen ~~Frauen~~ Vogels der Aegypter, die so bleiben muss, wie sie ist. Die grosse Mutter will nicht, dass Du sie als gewöhnliche Frau betrachtest und [illegible] willst du auch niemals von ihr erwarten, was du von einer Frau erwarten darfst. Sie vermag es selber nicht und meint, Frau sein zu können. Sie [illegible] Daher stammen Deine heutigen und früheren Irrthümer. Daher stammen Deine Beunruhigungen. Du musst Dein Menschliches bekämpfen. Nicht immer und überall ist die grosse Mutter mächtig, aber zu Zeiten, die nicht zu [illegible] Sie ist eben ohne Macht zu anderen Zeiten. Rauhe Behandlung thut ihr kein Uebel. Sie verdient sie um ihrer menschlichen Fehler willen. Sie soll sich deiner Gerechtigkeit unterwerfen –

5.I.22. Ich fühle, dass ich mit Dir reden muss. Warum konnte ich nicht schlafen, da ich doch müde bin? Ich fühle, dass die Störung von Dir kommt. Was veranlasst Dich, mich wachzuhalten?

S. Es ist jetzt nicht Zeit zum Schlafen, sondern dass Du wachst und Wichtiges in nächtlicher Arbeit vorbereitest. Das grosse Werk beginnt.

Was für ein grosses Werk?

S. Das Werk, das jetzt gethan werden soll. Es ist ein grosses und schwieriges Werk. Keine Zeit zum Schlafen, wenn Du am Tage keine Zeit findest, am Werke zu wirken.

Aber ich wusste ja gar nicht, dass so etwas im Thun war.

S. Du hättest es aber daraus merken können, dass Dich Deine Schlaflosigkeit schon längst störte. Schon längst warest Du zu unbewusst. Jetzt musst Du zu höherer Stufe der Bewusstheit.

Ich bin bereit. Was ist es? Sprich!

S. Du sollst hören: Kein Christ mehr sein, ist leicht. Doch was weiter? Es soll eben Weiteres kommen. Alles wartet auf Dich. Und Du? Du bleibst stumm und hast nichts zu sagen. Du sollst aber reden. Warum hast Du die Offenbarung erhalten? Du sollst sie nicht verstecken. Du kümmerst Dich um die Form? Hat die Form je gegolten, wo es sich um Offenbarung handelt?

Aber du meinst doch nicht, dass ich das, was ich aufgeschrieben, herausgeben soll? Das wäre ja ein Unglück. Und wer sollte es verstehen.

S. Nein, höre! Du sollst nicht ehebrechen, nämlich nicht die Ehe mit mir, kein Mensch soll an meine Stelle gesetzt werden, am wenigsten Toni. Ich will allein herrschen.

So — herrschen willst Du? Woher nimmst Du ein Recht zu solcher Anmassung?

S. Dieses Recht kommt mir zu, denn ich diene Dir und Deiner Berufung. Ich könnte ebenso gut sagen, Du kommst zuerst, aber vor allem Deine Berufung kommt zuerst.

Aber was ist meine Berufung?

S. Die neue Religion und ihre Verkündigung.

O Gott, wie soll ich das thun?

S. Sei nicht so kleingläubig. Niemand weiss es so, wie Du. Niemand, der es so sagen könnte wie Du.

Wer weiss, ob Du nicht lügst?

S. Frage Dich selber, ob ich lüge. Ich spreche die Wahrheit.

Aber sagst Du mir auch, was ich thun könnte.

S. Ich muss Dich zuerst auf andere Gedanken bringen. Schlafe wieder.

S. Du sollst Dich daran gewöhnen, regelmässig mit mir zu arbeiten, nicht mit Toni, oder sonst irgend jemand. Sonst wirst Du nie schlafen. Du musst mit mir arbeiten, damit Du anders wirst. Du bist so nicht tauglich zum grossen Werk.

Ach, wenn Du mir deutlicher sprechen würdest.

Wie kann ich, wenn ich Deine Kraft nicht habe. Du sollst sie nicht anderen geben, sondern mir. Das thust Du, indem Du mit mir arbeitest. Willst Du das versprechen?

Ich verspreche es. Aber Du musst mir den Schlaf zurückgeben.

S. Das will ich thun und nachsuchen.

Soll ich jetzt weiter ausharren oder giebst Du mir jetzt den Schlaf?

S. Noch nicht, wir sind noch nicht zu Ende. Was hat Dir der heutige Tag gegeben?

Es war schön und ich fühlte mich gut.

S. Was hast Du mir gegeben? Nichts. Wie kannst Du [illegible] schlafen?

Ich schenke Dir's und mache es jetzt besser, wie Du willst. Aber was erwartest Du von mir?

S. Ich erwarte von Dir Aufmerksamkeit, sonst sollst Du von mir [illegible] erwarten.

Aber was soll ich von Dir erwarten? Ich sagte Dir's schon: Sprich vom grossen Werke. Du meinst Worte und giebst keine Antwort.

S. Ich sagte Dir, ich brauche regelmässig Deine Aufmerksamkeit und Kraft, sonst kann ich nichts thun. Doch jetzt ruhe und lege Dich hin. Vielleicht ist Dir Schlaf gegeben. Morgen aber sollst Du wieder hier sein zu ernster, regelmässiger Arbeit.

6.I.22. Hier bin ich wieder. Sprich o meine Seele!

S. Du hast heute das Deinige gethan. Trinke nicht zu viel Wein. Iss nicht zu viel. Sei mässig, denn grosse Arbeit harrt Deiner.

Worauf spielst Du immer an?

S. Ich meine mit der grossen Arbeit die Frage der Religion.

Darüber solltest Du mir reden, damit die Störung sich beruhige und ich schlafen kann. Warum muss ich [illegible]?

S. Du sollst nicht zu viel schlafen wollen, sondern Du sollst wachen, damit Du alles richtig [illegible], was ich Dir zu sagen habe.

Rede mir davon, was ich [illegible].

S. Du sollst schauen lernen. Du sollst es in Dich hineinschauen.

Was soll ich in mich hineinschauen?

S. Die dreimal heilige Iris, die Du bis jetzt nur in der Traumwelt [illegible]?

Wie kann ich das thun?

S. Durch Konzentration auf Dich selbst, durch stille [illegible], Schweigen, Andacht.

[illegible] Warum sagst Du nichts, wenn Du sollst reden. Du verlangst, dass ich mit Dir reden soll.

S. Ich kann noch nicht.

Strenge Dich an. Ich will mich nicht betrügen lassen. Wenn ich Ernst mache, so sollst Du auch Ernst machen.

S. Ich kann nicht, es ist mir nicht [illegible].

Warum verlangst Du dann, dass ich zu Dir komme, um mit Dir zu reden? Sprich.

S. Ich muss Dich in der Nähe haben, damit, wenn ich etwas sehe, es Dir auch mittheilen kann.

Hast Du etwas gesehen?

S. Ich habe gesehen: ein dreifaches Haus, ein Haus mit 2 Flügeln, im Hof stehen 2 Palmen und auch ein Brunnen dort. Es ist heiss, wo das Haus steht, und fremd sind die Menschen und ihre Art. Es ist nicht [illegible]. Es ist afrikanisch. Nicht Aegyptisches und nicht [illegible] Nacht, sondern Dämmerung nach Sonnenuntergang. Dort steht einer am Fenster und wartet und schaut nach Norden, wohin sein Freund gegangen. Seine Hand spielt mit einem goldenen Ball und er ist [illegible] wie ein Fürst. Er isst nicht und trinkt nicht, seine Nächte sind voll einsamer Träume, seit sein Freund von ihm gegangen. Wann wird er ihm wiederkehren? [illegible]

[illegible], sondern — Thatsache.

Du unterbrichst mich. Ist es Übles? S. Nein, aber Schwieriges: der Spruch der Mutter hat

94

92d

Freundes Stimme wiederhören und die Erklärung des
Buches dessen Schrift er nicht lesen kann? Es hieß
im gewölbten weißen Raume auf dem Teppich in der
Mitte und Niemand betrat das Zimmer, seit der Freund
gegangen. Wann wird er wiederkehren?
Ich sehe, du meinst jenen Traum vom göttlichen Jüngling,
durch die Absicht der 2 Jahrhunderte – wirkt es
demnächst für mein Verständnis?
S. Du solltest doch Arabisch lernen? Das gehört auch
dazu. Etwas in dir sehnt sich dorthin zurück. Weißt
Du, was es ist? Es ist das Alleinsein mit dir selber.
Das musst du dir wiedererobern, sonst wird nichts.
So kehrst du ihm zurück, so wirst du deine Stimme
wiederhören. Und er muss sie wiederhören, sonst
kann er nicht leben und du auch nicht.
Aber was weiter? Sprich!
S. Er ist ein Gott, der ohne dich nicht sein kann und
ohne den auch du nicht sein kannst. Er muss wieder
erreicht werden.
So zeige mir den Weg.
S. Vor allem durch Alleinsein mit dir, sodann durch
die Verehrung der Drei.
Welcher Drei?
S. Die Sonne, der Mond und die Erde.
Was soll dieser rätselhafte Spruch?
S. Nicht rätselhaft. Die Sonne ist das Männliche, der
Mond das Weibliche, die Erde ist dein Körper und er ist der
Geist, der von oben kommt.
Ich verstehe die Verehrung des Männlichen und Weib-
lichen nicht.
S. Das Männliche verehrst du im Manne, das Weib-
liche im Weibe. Das sind die Menschen, die Männliches
und Weibliches darstellen und die mitten drin.
Welche aber sind die Menschen?
Die, mit denen du lebst.
Soll ich sie verehren?
S. Nicht verehren, sondern ihnen als den Trägern der
Prinzipien die Ehre antun. Toni musst du gehen
lassen, bis sie sich gefunden hat und [illegible]
ist. Deine Freunde sollen keine Lasten sein und du ihr
Esel.
Ist in deinem Gesicht etwas verborgen, das ich nicht
sehe?
S. Ja.
Was ist es?
S. Es ist das dreifache Haus, darin liegt er. Hast du
nicht gedacht, dir ein Haus im Süden zu kaufen? Was
wünscht du? Sonne, Ruhe, Schönheit, das sind die 3 Theile.
Und 2 Palmen im Garten? Das bist du und deine Frau.
Und der Brunnen? Ein Quell der Liebe zwischen Bei-
den. Das ist zu finden. In diesem Hause wohnt der Gott.
[illegible] kann es in dieser erschütternden Einfachheit liegen? Warum
kann es [illegible]
Dann meine Irrfahrten? Warum mein Suchen?
S. Der Weg zu diesem Hause geht immer über Irrfahrten,
bis die Sünden der Väter alle bezahlt sind. Du hast
deine Schuld abgetragen bis auf den letzten Rappen.
Nun sollst du leben mit deinen Freunden, in Frieden.
Und werden die Teufel meinen Frieden nicht stören?
S. Sie werden es versuchen. Schütze mich und ich kann
sie verscheuchen.
Es ist grauenhaft. Solltest du wirklich die Wahrheit
sprechen?
S. Wie kann ich anders? Dies ist die Wahrheit.

7 I 1922.

Meine Seele sprich zu mir und sage mir, das, was zu sagen ist. Du weisst, dass ich nicht mit Freude die Arbeit thue – und doch auch mit Freude, denn sie ist das Einzige, das mich im Gegenwärtigen Dunkeln führt und erleuchtet. Rede zu mir!

S. Ich führe dich auf dunkeler Wegen. Geduld ist nöthig, noch kann ich nicht sprechen, nur tasten. Der Gang ist langsam und steil der Weg. Doch ist er zu gehen. Fühlst Du etwas?

Ich bin bis beunruhigt und ich weiss nicht, was es ist. Es scheint weit weg zu sein.

S. Ja, es ist nicht nahe. Das Nahe ist gut. Aber das Ferne ist dunkel; ich kann es nicht recht erkennen. Es ist wie ein Himmelskörper aus grösserer Ferne gesehen, kein Stern, sondern ein dunkler Körper, irgendwie gegliedert. Siehst du es auch?

nur mit dem innern Auge, aber undeutlich, wie du es beschreibst. Aber vielleicht siehst du etwas, was ich nicht entdecken kann.

S. Es ist bedeckt mit Hieroglyphen, die ich dir angeben kann. 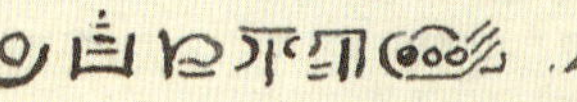 Das ist ein Satz, wie es scheint. Es scheint Botschaft zu sein.

Wie ist es zu lesen?

S. Im Anfang ist Mond und Sonne, Weibliches und Männliches, auch das Weibliche enthält das Männliche. Das zweite Zeichen ist ein Gefäss, das die vier Functionen enthält, offenbar der Körper, welcher das Psychische enthält. Das Gefäss zusammen mit dem, was ich dir gestern vom Männlichen und Weiblichen sagte, und von der Erde. Das dritte Zeichen ist schwierig: Ein Angel und ein Fisch. Der Angel ist zu gross und der Fisch zu klein, er kann damit nicht gefangen werden. Der vierte ist eine Wage, die zugleich belastet ist. Das fünfte enthält die kleinere Wagschale, die andere Seite ist fest mit der Erde verbunden. Die Wage bewegt sich nicht mehr. Die beiden Striche unten sind zwei Fische, die nicht zu gross sind, um in die Wagschale gelegt zu werden. Das sechste ist wiederum der Mond, das Weibliche, welches 3 zusammengehörende männliche Gestirne gebiert. Die Fische sind emporgehoben, und hängen irgendwie mit den drei kleinen Sonnen zusammen. Der ⅃ bedeutet Satzende.

Aber was in aller Welt soll diese Botschaft bedeuten und woher kommt sie.

S. Aus dem Kosmischen, d. h. aus dem, was vor der Geburt und nach dem Tode ist. Die grosse Mutter Nacht, welche die Sonne in ihrem Leibe trägt, sendet die Botschaft. Grund genug, sie sorgfältig zu lesen. Das erste Zeichen ist offenbar die weibliche Drei selbst, welche das männliche in sich aufgenommen hat. Das war in der Karten heute das Schauplan, das dir aufgefallen ist. Du stehst im Zeichen des Weiblichen. Das zweite Zeichen bezieht sich auf Dich, d. h. die Botschaft wendet sich an Dich und sagt im 3ten Zeichen, dass dein Angel für diesen Fisch zu gross ist. Der Fisch ist etwas noch Unwichtiges, das du fangen solltest, auch ist dein Gleichgewicht nicht in Ordnung. Du stehst nicht ganz in der Mitte. Worauf sich das beziehen kann? Wir wollen zuerst weiter sehen. Das Gleichgewicht sollte so hergestellt werden, dass die eine Seite der Wagschale, die rechte, das Bewusstsein mit der Erde verknüpft werden sollte. Das kann sich nur auf deine Frau beziehen, die die Festigkeit geben kann. Die andere Seite ist Toni. Sie hat offenbar die Bestimmung zwei Fische aufzunehmen. Wer hat das wohl? Sie hat wohl Auftrag von der grossen Mutter dafür. Sie wäre also in diesem Sinne zu beobachten, auch ihre Träume. Sie muss aber wahlschwebend erhalten werden, wohl in dem Sinne, wie dessen ich die gestern von ihr sprach. Die grosse Mutter alsdann verspricht die Geburt der 3 kleinen Sonnen oder Himmelskörper, und der zwei Fische inbegriffen. Die 2 Fische beziehen sich auf das Christliche und das Antichristliche, welcher im Sinne der Zukunft der drei Sonnen, welche sich auf die neue Religion beziehen, nachfolgt. Sonne ist das männlich Positive, Leuchtende. Ein Dreigestirn, Du, Emma und Toni, die symbolischen Träger, das aegyptische Symbol, angedeutet im Wort „FANDRAEGYPTI", Frau der Aegypter, Isis, Osiris, Nephthys. Nephthys-Toni also empfängt die beiden Fische, d. i. die Nacht- oder Ueber-Seite. Die beiden Fische befruchten die Mutter und veranlassen die Geburt, hinter der als Nachgeburt das Christlich-Antichristliche folgt. Dein Vorausage ist gut. Du kannst dich beruhigen.

8. I. 1922. Von diesem Stück aus sollten wir weiter kommen. Du sagtest, dass dies ein Satz sei, von den Hieroglyphen, die die Oberfläche jenes dunkeln Etwas bedecken. Kannst Du weiteres erkennen?

S. Ich kann. Jedoch ich zögere.

Warum zögerst du? S. Ich will deine Erkenntniss nicht vermehren, sondern umgekehrt deine Erkenntnisse ins Leben bringen. Früher war es umgekehrt. Jetzt geht es so. Darum lese ich dir morgen die Hieroglyphen, die du brauchst, um die Beziehung zu deinen Nächsten herzustellen, sonst wird die Religion nicht wirklich. Und sie soll doch wirklich werden. Sie drückt sich aber sichtbar nur aus in der Veränderung der menschlichen Beziehungen. Die Beziehungen lassen sich auch durch die tiefsten ~~menschlichen~~ Erkenntnisse nicht ersetzen. Überdies besteht eine Religion nicht nur aus Erkenntnissen, sondern auf ihrer sichtbaren Stufe in einer Neuordnung der menschlichen Lebensverhältnisse. Darum erwarte keine weiteren Erkenntnisse von mir. Du weisst Alles aus der dir gewordenen Offenbarung, was derzeit zu wissen ist, aber du lebst noch nicht Alles, was derzeit zu leben ist.

Ich kann das wohl verstehen und annehmen. Jedoch ist es mir dunkel, wie die Erkenntnisse ins Leben umzusetzen wären. Da musst du mich belehren.

S. Darüber ist nicht viel zu sagen. Es geht nicht so vernünftig, wie du zu denken geneigt bist. Der Weg ist symbolisch. Erkläre mir das Gefühl, das du heute hattest.

Ich fühlte mich bedrückt und unfrei und weiss nicht, was für eine Leere mich drückte und was für ein Dunkel auf mir lag.

S. Du bist umgeben von den Schleiern der grossen Mutter, Geheimniss liegt um dich. Solltest es lüften? Wirst du Licht ertragen? Licht, das keine Erkenntniss ist, sondern Thatsache.

Du erschreckst mich. Ist es Übles? S. Nein, aber Schwieriges: der Spruch der Mutter hat

sich erfüllt: deine dunkle Seite hat empfangen. Darum warst du schweigend und in dich gekehrt.
Erkläre mir, was dieses Empfängnis bedeutet?
S. Dass die grosse Mutter geboren wird, wie der Spruch es sagte.
Wie ist das zu verstehen?
S. Darüber kann ich nichts sagen. Es ist Ereignis, aus dem keine Erkenntnis gemacht wird, denn es ist selber fleischgewordene Erkenntniss. Das ist die Bedeutung des Bildes, das du jüngst gemalt hast. So kommt das grosse Geheimnis des göttlichen Kleinods, das du empfangen, in die Wirklichkeit und lebt.
Du wirst mit deiner Frau reden.
Worüber werde ich reden?
S. Das, was ich dir eingeben werde.
Aber woran werde ich erkennen, was du mir eingiebst? S. daran, dass du es aussprichst.
Ich fürchte, meine Absicht werde mich hemmen. Ich fürchte, dass ich das Richtige nicht finden werde.
S. Was du sagen wirst, wird das Richtige sein. Was du bei mir lernst, musst du auf deine Frau anwenden. Du sprichst auch zu mir und weisst nicht, was du zu sagen hast noch was ich sagen werde. So sollst du mit ihr sprechen, und so wie ich auf deine Fragen antworte, so wird auch sie antworten. Du traust mir zu, dass ich aus mir reden kann, warum traust du es deiner Frau nicht zu? Viel eher noch solltest du es deiner Frau zutrauen.
Ich fühle, dass ich in dieser Beziehung grosse Schwierigkeiten haben werde und ich komme mir sehr hilflos vor.
S. Wieso? Wenn du selbst die Schatten kannst zum Sprechen bringen, warum nicht auch lebendige Menschen?
Ach, das ist soviel schwieriger. Ich scheue mich vor dem Misstrauen der Menschen und vor meinem eigenen. Ich möchte, es wäre nicht so.
S. Und doch solltest du's versuchen. Wie anders kannst du Beziehung herstellen? Frage so, dass sie Antwort geben muss und lass ihr jegliche Verantwortung für ihre Antwort. Traue es ihr zu, dass sie erfinderisch ist aus sich.
Willst du mir heute noch irgend etwas sagen? Ich zögere und weiss nicht, ob ich jetzt schon an den Versuch herantreten soll.
S. Warum nicht jetzt? Ich habe dir heute nichts Anderes mitzutheilen.

10.I.1922. Ich muss zu dir reden und dich fragen, ob du mir etwas zu sagen hast. Ich habe nach deiner Anweisung so gut wie möglich gehandelt. Es war schwer genug und hatte für mich schlimme Folgen, die wohl in Kopfschmerzen und – Eine schlaflose Nacht ist keine Kleinigkeit.
S. Doch ohne solche kann auch nichts Wahres geschaffen werden.
Ich fühle einen Druck im Kopfe, wenn du das sagst. Warum mussten denn so schlimme Wirkungen auftreten? S. Das sollst du dir selbst erklären. Ich gab dir bloss Anlass für keine Anstrengung. Es handelt sich nicht um Erkenntnis, sondern um Ereigniss. Meine Aufgabe ist eine Andere. Die Dinge müssen in die Wirklichkeit kommen. Das habe ich zu besorgen.
Hast du mir in dieser Hinsicht etwas zu sagen? S. Nein. Es ist Alles auf dem richtigen Wege.
Lügst du? S. Wenn möglich nicht. Ich glaube nicht, dass ich diesmal lüge. Übrigens musst du dir vergegenwärtigen, dass ich mich gegenüber früher wesentlich geändert habe. Ich habe keine Gründe mehr zum Lügen.
Kann ich also meine Feder weglegen? Ja.

13.I.1922. Willst du zu mir reden? Noch ist vieles unerledigt und dunkel. Warum drückst du mein Herz?
S. Das thue ich nicht. Das kommt von Deiner Arbeit. Dein Gefühl kommt zu kurz.
Kann ich daran etwas ändern?
S. Ja, das kannst du, wenn du willst. Du solltest in Deinen eigenen Sachen mehr zu Worte kommen. Du solltest dein Buch vorbereiten können.
Aber wie kann ich mir die nöthige Zeit schaffen?
S. Nur durch Rücksichtslosigkeit.
Aber wo? S. Durch Entlassung von Patienten oder Beschränkung, so gut als du es eben kannst.
Das fällt mir sehr schwer. S. Du sollst es eben thun können. Lerne sparen, das thut euch gut. Du musst rücksichtslos sein, verstehst du? Sonst kommst du nirgends hin. Es ist wichtig, dass das Buch in Angriff genommen wird, denn es gehört mit zu den nöthigen Dingen, die Ereignis werden müssen.
Hast du mir noch Anderes zu sagen? Ich will sehen, was ich thun kann mit meiner Zeit. S. Nein, ich habe heute nichts Anderes zu sagen. Höchstens: noch heute Abend sollst du das Litteraturverzeichnis für das neue Buch anfangen. Ebenso sollst du unmittelbar, von nächster Woche an, anfangen Träume zu sammeln, und den Patienten entsprechende Aufträge zur Ausarbeitung zu geben. Nach dem Litteraturverzeichnis sollst du morgen versuchen, alle Träume, die dir noch als wichtig im Gedächtnis sind, aufzuzeichnen, wie auch die sonstigen Gedanken, das Thema betreffend. Dafür sollst du die Stunde von 11–12 benützen.
16.I.1922. Ich habe gethan, was ich konnte. Aber, wie du weisst, mein Muth ist gebrochen, durch das Besondere, das mir Toni veranlasst.
S. Das ist verständlich. Aber warum lässt du dich davon angreifen? Du kannst ihr Problem nicht lösen. Nur sie kann es. Überdiess ist morgen auch ein Tag.
Das ist ein billiger und gefühlloser Trost! S. Nun, du hast es bei ihr auch nicht in erster Linie mit einem Menschen zu thun, sondern mit einem Seelendaemon, der das Quälen sich zu einem Problem macht. Warum zankt sie mit? Man kann es auch anders machen.
Hast du es nicht heimlich drin? S. Wieso. Du würdest innerlich mehr angegriffen sein, wenn

97

ich dabei wäre. Das weisst du von früher.
Hast du mir etwas mitzutheilen? S. Ja, den besonderen Auftrag, den Toni von der grossen Mutter erhalten hat.
Jetzt wird er Ereigniss. Bald wird es sich klar erweisen.
Ach, wann wird es sein? S. Nicht zu schlimm. Es muss sich ja Alles erfüllen.
Aber weisst du, was es ist? S. Nein. Die grosse Mutter sagt mir nichts mehr, als ihre Botschaft, die du auch kennst.
Es steht doch nichts Schlimmes drin. Warum bist du so ängstlich? Du kennst die Frauen noch nicht und ihren besonderen Quälteufel. Du sollst dir nicht imponieren lassen, sondern gehe deine Wege und erfülle, was dir vorliegt. Du kannst dich nicht ewig mit Verrücktheiten, die von Daemonen veranlasst werden, aufhalten. Thue das Deine. Sie sollen lernen, dasselbe zu thun. Also thue du's auch. Du kümmerst dich viel zu viel und hältst es durchaus. Dieses Mitleid hilft nichts. Du hast deine Arbeit zu thun und deine Gesundheit zu pflegen. Du isst zuviel. Halte Maass mit Fleisch. Nicht mehr wie 2 Stücke, Teller Suppe. Könntest du am Vormittag das Rauchen lassen? oder einschränken? 1 Pfeife genügt.
Gehe beizeiten zu Bette. Du bist jetzt im Wirklichen und hast zu gehorchen.

17 I 1922. Ich habe Dir nicht in dem Maasse gehorcht, wie ich sollte. Ich bin noch nicht genügend frei. Ich habe auch eine schon grosse Müdigkeit unterdrückt.
S. Ja, es ist schwer. Du solltest aber deine Arbeit vermindern. Du hast zuviele Patienten. Du solltest weniger haben.
Ich will versuchen, was ich thun kann. Aber ich habe kaum die Kraft dazu. Woher nehme ich die Kraft, Alles zu erfüllen? S. Ich will sie dir geben. Aber du musst meine Bedingungen erfüllen.
Was sind sie? bevor ich etwas verspreche. S. Du brauchst nicht misstrauisch zu sein. Es wird nichts Unmögliches von dir verlangt. Aber es ist schwer, diese Bedingungen zu sagen. Willst du nicht warten, bis du stärker und gehorsamer bist?
Nein ich möchte sie jetzt wissen, damit ich Licht werde und ich meinen Weg finden kann.
S. So höre: Du bist älter geworden, deine Kraft ist nicht mehr dieselbe wie früher. Darum vereinfache.
Werde einfach. Du giebst zuviel. Du kannst trockener sein. Lass den Andern die grössere Last.
Welches also sind deine Bedingungen, unter denen du mir Kraft giebst? S. Wie kann ich richtig reden, wenn du so müde bist? Ruhe dich aus und komme wieder.

27 I 1922. Warum sind alle Dinge so dunkel und so düster? S. Weil Alles in Änderung begriffen ist.
Die Götter, die warm waren, sind alt geworden und streben nach neuer Ordnung. Darum ist Alles dunkel für dich, düster, aber innerlich belebt und thätig.
Was soll geschehen? Wohin geht die Wandlung des Schicksals? Ist keine Botschaft da, die Du mir lesen könntest? S. Keine. Die frühere ist noch nicht erfüllt und qualvoll ist der Weg der Erfüllung.
Sag mir, ist meine Art, zu thun und zu lassen, irgendwo unrichtig? Warum nahmst Du mir den Schlaf? S. Nicht ich nahm ihn. Du nahmst ihn Dir selber durch dein Unrecht. Siehst du nicht, dass die Alchimie unvermeidlich wird? Um Deinet- und um ihretwillen. Voll ist das Maass der Leiden und herunter gebrannt das Licht der Freude und des Lebens. Ein anderes Licht und anderes ist zu finden.
Giebt es keine Rettung? S. Nein, dieses Schicksal ist nicht zu überwinden. Ein Wunder? Du denkst an ein Wunder? Ich kann nichts davon sehen.
So blicke hin, nimm alle deine Seherkraft zusammen, durchdringe selbst das ewige Dunkel ~~und~~ um des menschlichen Leides willen.
S. Ich will um deinetwillen, aber furchtbar ist die Riesenwolke der ewigen Nacht. Ich sehe auf dieser Wolke von links oben einen gelben leuchtenden Strich in der ~~For~~ unregelmässigen Form eines Blitzes, dahinter ein unbestimmtes röthliches Licht in der Wolke. Es bewegt sich nicht.
Unter der Wolke sehe ich eine tote schwarze Schlange liegen und der Blitz steckt in ihrem Kopfe wie ein Speer. Eine Hand, so gross wie die eines Gottes, hat den Speer geworfen und Alles ist als düster leuchtendes Bild erstarrt. Was es wohl sagen will. Erinnerst du dich jenes Bildes, das du vor Jahren maltest, wo der schwarzrothe Mann mit der schwarzweissen Schlange vom Gottesstrahl getroffen wurde? Dort hängt dieses Bild wohl an, denn nachher maltest du auch die tote Schlange, und stand Dir nicht heute morgen ein düsteres Bild vor Augen, jenes Mannes im weissen Gewand mit schwarzem Gesicht, wie eine Mumie?
Was soll all das? S. Ein Bild deiner selbst.
Aber wie ist es gemeint? S. Wie soll ich es dir deuten. Es hängt tief in der dunkeln Wolke.
Wer könnte es daraus entreissen?
Wiederum sage ich Dir, nimm deine Kraft zusammen, deine Fliegkühnheit, deine Sehertreue. Zu tief ist dieser Nacht erbärmliches Leiden. Fasse des Geheimnisses Wurzel, wie Du das schon so oft thatest. Du musst.
S. Meine Hand hat nicht Götterkraft. Sie kann Daemonen zwingen, aber nicht

Götter, und wahrlich ein Gott sendete dieses Schicksal.
Dann wird auch ein Göttliches Gutes darin sein, denn Götter können nicht bloss Teufel sein. Was für ein Gott? S. Wohl ein Gott von Erz, ein Diener der grossen Mutter. Welcher Mann vermöchte mit der Liebe und der Härte der Mutter zu wetteifern? Das ist die Grausamkeit der ewigen Mutter. Die Mutter überwindet oft die menschliche Unterwerfung.
Doch welcher Unterwerfung bedarf es, ~~[illegible]~~ um dies Geheimnis zu lösen?
S. Zuerst wohl solltest Du das Bild malen, das Dir heute vor Augen stand. Es wird deine Natur bezaubern. Ist deine Natur aber ist die Mutter, sie ist die Mutter.
Das will ich thun. (Bild ausgeführt.)

Ich habe das Bild gemalt. Was sagst Du nun?
S. Ich sah es. Sah't es. Was soll ich sagen. Mich lassen Deine Künste kalt.
Woher nimmt das? Es klang wie früher. Solltest Du Dir wieder etwas anmassen?
S. Warum nicht?
Hat das Bild Dir verräterische Kraft gegeben?
S. Die Kraft, die Du wolltest.
Ich wollte Dir Kraft geben, damit Du mir Licht giebst in dieser höllischen Dunkelheit.
S. Glaubst Du, Du könnest Dir Licht auf zauberische Weise verschaffen?
Ich wollte nicht zaubern. Das Bild heisst: das Zaubererende. Verstehst Du das?
S. Ob ich es verstehe. Bemerkst Du, will mir scheinen. Darum lässt mich dieser Zauber kalt.
Du Kluge, ich wollte nicht Dich, sondern mich bezaubern. Warum machst Du diese verdammte Confusion? S. Die Verwirrung muss sein. Es muss Alles durcheinandergerührt werden –
Damit Du obenauf bist und Vampyr daran spielen kannst?
S. Nein, Nein, Nein. Du verstehst nicht. Es muss Ende sein.
Was meinst Du damit. Sprich deutlich.
S. Die Unordnung macht ein Ende. Sie kommt zuerst und zuletzt. Es muss daher einmal anders werden.
Was kannst Du denn überhaupt thun, ohnmächtiger Daemon?
S. Ich kann nur schauen.
Was erblickst Du denn hinter diesen Zweideutigkeiten?
S. All das Dunkle, das Dich befällt.
Siehst Du denn keine Hoffnung?
S. Hoffnung, ja, aber jenseits des Chaos. Ich setze nicht auf Dich, sondern Dir schwere Wirklichkeit. Nicht ich kann Rettung bringen, sondern Du. Du musst geduldig Ordnung schaffen. Wirklichkeit gegen Wirklichkeit. Du musst dein Leben verteidigen. Gehe an Deine Arbeit. Schritt für Schritt, und lass Dich nicht stören. Da wirst Du Kraft finden. Lasse nicht ab. Kümmere Dich um das nächste Buch, thue deine Pflicht. Schliesse die Augen und Ohren. Sieh dem Bild an. In der Agonie ist Unbekümmertheit. Agonie, das ist deine Wirklichkeit. Der Alte hat gelebt und ist gestorben. Er hat Dir Alles gegeben, was die Vergangenheit Dir geben konnte. Jetzt musst Du Gegenwart schaffen und die Zukunft bauen. Die Zukunft <u>wiedererschaffen</u>. Das Vergangene hat gelebt. Es hat sich überlebt. Was braucht es noch Beweise? Deine Klage ändert nichts.

---

25 XII 1922.

Deine Stimme hat mich gerufen. Du hast meinen Schlaf gestört. Mitten in der Nacht kommst Du und fällst mich mit Angst an. Du bist nicht meine Seele. Oder bist Du es doch? Antworte.
S. Ich bin es nicht, Treuloser, wie lange Du mich warten [ließest], und doch stand ich allzeit bei Dir und gab Dir mehr als eine Warnung die letzten Tage. Und immer hast Du noch gezögert.
Hörst Du jetzt endlich?
So sprich, wer ist es der mir den Schlaf raubt, der mitten in der Nacht kommt, wie ein verirrter Fremdling oder wie ein Dieb?

S. Hier steht er, ein grösserer als Du. Freund und Dich bekannt –

I. Ich kann ihn nicht sehen.

S. mit grünen Kränzen ist er geschmückt, fast nackt und nur mit loser Seide verhüllt.

Wie soll ich ihn errathen – Wer bist Du?

Er: Einer, den Du überwunden hast –

Bist Du mein Freund, mein Vielgeliebter? Hat Dich das Herz von Africa entlassen? Wie fandest Du den Weg durch nordische Nebel?

E. Ich musste kommen, die Zeit war reif, die Bedingungen sind erfüllt. Ich bin gekommen, bei Dir zu sein.

I. Was willst Du sagen? Wie wirst Du bei mir sein? Du, den ich nicht sehe, dem Furcht vorangeht, Schrecken der Tiefe, nächtliche Beklemmung und finstere Ahnung? Was bringst Du so plötzlich, Du lang Ersehnter und nicht Geahnter?

E. Ich bringe das Gold, das goldene Herz der Welt.

I. Was bedeutet dieses Wort? Gold ist trügerisch. Täuscht nicht schon das Wort?

E. Wundere Dich nicht. Du dachtest, Du kennest mich, da Du meine Schönheit im Traume sahest, als Du selig schliefest unter dem silbernen Monde Africa's. Aber Du kennst mich nicht. Du sahest eine meiner Hüllen, einen sterblichen Schein, den ich mir aus Dir lieh. ~~D~~ Wie Du mich nicht sehen kannst, so kannst Du meine Gestalt nicht errathen. Deine Seele hat einen Gesang über mich gemacht, denn sie ist ein Weib. Was immer Du von mir erfassen magst, ist Schein. Meine Worte sind Schein, geborgt aus der Kammer

Deiner Sprache. Das goldene Herz der Welt ist ein Schein, etwas Strahlendes oder Leuchtendes wie Gold, wie eine Sonne der Welt. Ich komme aus dem Herzen der Welt, ich bin das Herz der Welt, ich bin Leuchten, nicht Licht. Ich hülle mich in Sonnwenden, mein Gewand ist Zeit, und Zeit ist mein Schein. Ohne Schein vermag ich Dir nicht zu erscheinen, oh Lehrer der schwarzen Buchstaben!

I. ~~Du sprachst~~ Ach, Du sprichst von dem Buche, das ich Dich zu lesen zwang – Ein Lehrer, der bei seinen Kindern in die Schule gehen sollte! – Nicht ich, erhabener Herr, war es, der sich erhob, überhob. Es war ein Traumgesicht, das mich begnadete, ein Geschenk des Himmels, das aus der Mitte der vierfachen Theilung der Welt in jener Nacht mir zufiel, als ich zum ersten Male den Sternenhimmel der ewigen Wüste sah. Ja, welche Nächte! Nicht ich hab mich überhoben, ein Traum aus unbekannten Ewigkeiten that es. Nach Dir, mein schönster Freund, sehnte ich mich in allen kalten und nebligen Dunkelheiten, in all dem Jammer der Verwirrung und der Krankheit Europas. Doch Du warest ferne und nur einmal hörte ich ferne Botschaft von Dir.

Ja, ich habe Deine wahrhaft göttliche Schönheit gesehen; nicht ~~ich~~ that ich es aus Überhebung meiner Einbildung, sondern der Traum aus fremden Himmeln zeigte sie mir. Mein Auge war wohlunwürdig, mein Verstand stumpf. Ich glaubte <u>Dich</u> gesehen zu haben, aber ich sah nur Deinen Schein, und das wusste ich nicht. ~~Nicht~~

Nicht lehrte ich Dich aus mir, aus Überhebung meiner selbst, sondern der Traum, gesandt aus Götterhimmeln, zeigte es mir so. ~~Nit~~

Nicht meine Weisheit lehrte ich Dich, sondern aus einem Buche lehrte ich x Dich, das ich auf dem Teppich, dem rothen Teppich Deines ~~Hause~~ Gemaches fand. In Deinem Hause lag es. Nicht mir gehörte das Buch. Es war köstlich und schöner geschrieben, als ich je schreiben könnte. Nie sah ich ~~sch~~ zarteres, weisseres Pergament als jenes, nie war eine Tinte schwärzer, als die, mit der das Buch geschrieben worden. Ein altes Buch war es fürwahr, und eine Sprache sprach es, nicht meine Sprache, eine schönere, vollkommenere als es wohl je auf Erden eine gab. Und wie hätte ich Dich lehren können, wenn nicht jener Traum es gezeigt hätte, jener dreimal gesegnete Traum, der mir – fürwahr aus dem Herzen der Welt zufloss.

E. Halt an, wohl warest Du es, erhoben zum Leuchtenden, weil Du mich überwunden hast. Hast Du das jemals verstanden?

I. Niemals. Mein Verstand war klein und konnte nicht einmal eine Frage erreichen. Und was ich nur immer

102

darüber sagen mochte, war hohl und schal. Erhabener, Du weisst es besser, so lehre mich.

E. Glaubst Du, ich sei gekommen, Dich zu lehren? So zeigte Dir nicht der Traum, dass Du mich zu lehren hättest als einen Jüngling, der Wahrheit unkundig. Sahst Du nicht, dass ich der Unkundige sei, dem Du Lehrer zu sein hättest.

J. Was hätte ich Dir aus meiner Armuth zu lehren?

E. Der Schein strebt nach Gestalt. Was ist Schein, der sich nicht an Körpern spiegelt?

J. Ach, Du sprichst in Rätseln, die ich nicht errathe. Ich fürchte, ein König ist bei einem Bettler zu Gast. Was kann ich Dir bieten? Was ist Dein Wunsch?

E. Ich möchte von Dir gelehrt werden.

J. Wer bist Du, dass ich Dich lehren könnte? Du nennst Dich das Herz der Welt. Wie könnte ich zum Herzen der Welt sprechen, ich, ein Armer, der in den Hüllen der Dunkelheit sitzt?

E. Sprich zu mir und Du sprichst zum Herzen der Welt.

J. Aber was soll ich zu Dir sprechen, mein Geliebter, den eine Nacht mir gab und raubte. Unsichtbar bist Du mir wiedergekehrt, wohl schön über alle Maassen; ach hätte ich das Gesicht meiner Seele! Vielleicht fänd ich dann die Worte, zu Dir zu sprechen.

E- Sprich zu mir, lehre mich. Schweig nicht. Sage mir, wer ich bin.

J. Wie sollte ich <u>das</u> wissen?

E- Wozu frommt mein Leuchten, wenn es Dich nicht erleuchtet? Aber es erleuchtet Dich und Du wirst Deine Worte nicht in Dir halten können, denn mein Schein verräth sie. Halte ~~D~~ nicht zurück. Sprich aus, was Dunkelheit und Armuth Dich lehrte; sprich aus, was Du auf Irrfahrten in ewigen Nebeln fandest und was Du zurückbrachtest von langer Wanderung. Fürchte Dich nicht vor Deinem Worte. <u>Ich</u> kam zu Dir um Mitternacht, <u>ich</u> störte Deinen Schlaf, ich verlangte Einlass, <u>ich</u> wollte Belehrung, wie Dich der Traum, der aus den Tiefen der Welt Dir zukam, ~~Di~~ es lehrte. Rede zu mir und ich werde Dein Wort hören. Du hast mich überwunden und mich willig gemacht.

<u>Traum:</u>

<u>Castagnola</u>. nachts 1h.

2/3 I 1923- Oh meine Seele, was ruft mich um Mitternacht? welche Angst umlauert meinen Schlaf und durchbricht ihn mit dem Ruf eines Scheidenden?

S. Was zögerst Du? Schnell herbei, Dein Herr ist da. Schrecklich ist seine Schönheit. War je der Tod schöner? wahrlich schöner ist er als der Tod. Ich kann ihn nicht beschreiben — dieses Licht — was ist es? Es ist nicht Feuer — es ist das Leuchten der Toten. Auferstanden — das ist das Wort.

I- Ja, ich fühle ihn. Mit ~~unsa~~ unnennbaren Empfindungen erfüllt er mich. Was ist es? Grauen? Oder ist es Wehmuth, Zurückblicken — Erinnerung aufsteigen

Angst? Wer bist Du? Gib mir ein Wort.

Ich bin der Mann, den Du überwunden.

Ach, bist Du es? Ich möchte Dich „Freund" nennen, aber dies Wort bleibt mir im Halse stecken. Wie kann ich Dich Freund nennen? Ich kann Dich nicht sehen, ich kenne Deine Gestalt nicht. Du strömst ein unnennbares Grauen aus.

Ich komme von Jenen, die nicht sprechen. Ich habe Deine beiden Hunde gesehen, die tot sind. Und beide lieben Dich noch. Ich brachte ihnen Deinen Geruch mit. Der graue kannte mich zuerst nicht, aber dann, als er Deinen Geruch eingezogen hatte, umarmte er mich. Ich sah auch Deine Menschentoten. Ich sah Deinen Vater. Die Blässe des Todes und der Schlaf bedecken ihn noch. Ich komme vom Lande der Todes, wo aller Licht weiss ist, wie Mondschein auf Schnee.

Ist das wohl das Grauen, das Dich umwittert? Warum, oh Freund, warest Du bei den Toten?

Ich wandere, wenn Du mich nicht hältst. Ich bin ein Wanderer. War ich nicht auch bei ~~Fre~~ lebenden Freunden von Dir, die aber ferne sind?

Warum aber hauchst Du so unbeschreiblich Unheimliches, so Gefahrvolles aus?

Ich gieng und ich gehe immer am Rande der Welt, wo Tod und Leben sich berühren, bisweilen, und eben jetzt, war ich ganz bei den Toten. Vergiss nicht, was ich Dir sagte: ich scheine und bedarf

immer der Hüllen. Diesmal hüllte ich mich in den Tod.
Warum, Du Unbegreiflicher, thatest Du das?
Warum? Weisst Du das? Sage mir, warum that ich es?
„Es ist nicht möglich, dass Du es nicht wissen solltest! Es ist
Dir doch ~~den~~ Sinn gegeben. Du weisst doch, was Du thust.
Wie kannst Du denn sonst reden?
„Rede ich denn? Ich scheine doch nur zu reden. Ich hülle mich
in Rede. Darum ist es oder darum bin ich Rede.
„Aber wer bist Du denn?
„Ich wandere und ich wechsle die Hüllen. ~~Jetzt~~ Eben war
ich bei den Toten und die Hülle des Todes umkleidete
mich. Jetzt bin ich bei Dir und ich erscheine Dir in Worten.
Ich ~~was~~ hülle mich, wie es mir scheint, in Deine Worte.
„Warum aber thust Du das? Warum gehst Du zu den
Toten und dann kommst Du zu mir und erfüllst mich
mit dem Grauen und der Witterung des Todes? Warum
suchtest Du meine Hunde und warum meinen Vater
auf?
„Weil ich Dich suchte. Aber ich fand Dich nicht unter
den Toten, sondern ich fand Dich schlafend. Wo ich fand
auch andere schlafende Lebendige. Warum schläft ihr,
seid ihr bisweilen etwas tot?
„Es scheint fast so. Aber sage mir — es ist ja zum
Verzweifeln — warum weisst Du das Alles nicht?
weisst Du denn das Alles nicht? Warum
dass die Menschen schlafen? Warum weisst Du nicht,
den Toten, der ich doch noch ein Lebender bin? Warum suchst Du mich unter
„Woher sollte ich das wissen? Ich sagte Dir ja, ich weiss
nichts; nicht einmal, wer ich bin, denn nichts bin-

dert mich, Alles zu sein. Ich kann mich in Alles hüllen, nichts sein und doch Alles scheinen. Wie ~~sollte~~ könnte ich also wissen, wer ich bin? Sage es mir, Du scheinst zu sein, nein, Du bist, und darum musst Du wissen. Nur wer ist, kann wissen, denn wer ist, der ist so und kann darum nicht anders sein. Er kann und muss daher das Andere wissen. Da ich aber Alles sein kann, so kann ich nicht wissen, denn ich bin nicht so und nicht anders.

„Aber Du bist doch? oder hast Du das Gefühl, als ob Du überhaupt nicht wärest?

„Gewiss ich bin sozusagen, jedoch scheine ich mehr zu sein, als dass ich wirklich wäre. Ich kann mich auch ins Sein hüllen, so gut wie ins Nichtsein, denn das sind Eure Worte, mit denen ihr anscheinende Eigenschaften ausdrückt. Ich weiss nicht, ob solche Eigenschaften sind. Ich weiss bloss, dass ich ihnen entsprechen kann.

„Aber wenn ich Dir sagte, wer Du bist — wenn ich das überhaupt thun könnte — und es ~~[illegible]~~ würde das Richtige sein, was würde dann geschehen? Dann wüsstest Du ja, wer Du bist, und dann wärest Du so und nicht anders, denn wärest Du ~~so~~ bestimmt.

„Ja, das ist es gerade, was ich suche. Könntest Du mir richtig sagen, wer ich bin, dann hättest Du mich eingefangen und mich zu deinem So und So gemacht. Du hättest mich ein zweites Mal überwunden, und das ist es, was ich suche. Wie lange, wie unendlich lange stand ich wie im Traum ~~auf~~ am

Thore meiner Burg und wartete des Freundes, der wie ein Feind in meine Wohnstätte brechen sollte. Und niemand wollte erkommen, um mir zu sagen, wer ich bin. Da kamest Du, ein Fremdling und furchtbar schien mir Deine Art. Du gingest über die Brücke und Du tratest in das Thor, als ob Du in Dein eigenes Haus ~~tre~~ trätest. Daran erkannte ich Dich als den, der mich überwinden ~~könnte~~ und aus dem Allesseinkönnen ~~in~~ zum Unterschiedenseinmüssen erlösen könnte. Es gelang Dir, mich zu besiegen, aber es brauchte den Muth der Verzweiflung. Und jetzt trete ich wiederum an Dich — ach, ich verstehe, dies ist der Grund, den Du suchtest — mit Drohung, Bedrohung trete ich an Dich, mit Todesdrohung. Ich bin der Gefahrvolle, das Unheimliche, das Du witterst und das Du zu ergründen suchtest — ich weiss, ich verstehe, darum hüllte ich mich in den Hauch des Todes, in die Weisse, die weisser ist als alle Leichenblässe — das schreckt den Lebenden bis in die Knochen. Jetzt weiss ich. Gut, dass ich es weiss, warum ich es that. Jetzt verstehe ich, warum ich mich in Tod hüllte — um Dich zu schrecken, den Lebenden, der Du schliefest und mir nicht sagtest, wer ich bin. Du hast mir zwar noch immer nicht gesagt, wer ich bin, aber Du hast mir gezeigt, warum ich etwas thue. Siehst Du, Du weisst, Du kannst viel. Schon hast Du mir einen Weg gezeigt. Wenn man weiss, warum man etwas thut, ist man wohl schon auf dem Wege zur Entdeckung, was man ist. Oder ist es nicht so? Ich bin gekommen, um von Dir zu hören, wer ich bin. Schweig, Du kennst mich und meine Unwissenheit über-

würden. Ich weiss, Du kannst das Buch lesen, wo drin aufgeschrieben ist, was das ist, was man nicht ist. Vergiss mich nicht, ich warte –

„Eine ~~hat~~ schwere Aufgabe, Jüngling, stellst Du mir – Aber Du sollst mich bereit finden. Der Hauch des Todes hat mich geschreckt. Aber ein Wesen, wie Du, das nicht einmal weiss, ob es wirklich ist, oder bloss zu sein scheint, ist doch nicht überzeugend – oder z. B. ein Thier – es weiss ja ~~an~~ vielleicht auch nichts um seine wirkliche oder scheinbare Existenz – es wird sich wohl kaum als das Gürtelthier oder die Klapperschlange vorstellen – was an ~~der~~ seiner harmlosen oder unangenehmen Wirklichkeit nichts abträgt – nun ja, ich muss zugeben, dass Deine Wirklichkeit trotz Deiner Unsicherheit eine wirkselbst eine nicht zu leugnende ist. Ich bitte Dich sehr, ~~be~~ dränge nicht, lass mir Zeit. Dies ist ein schweres Stück.

„Ich dränge nicht, Wissender. Aber halte Deinen Blick wohl gerichtet auf die Frage, die Dir vorgelegt ist. Es soll Dir nichts Übles geschehen, solange Du Dich darum mühst –

„Meine Seele, hier liegt ein schweres Stück. Ich habe gern Zeit gewonnen, aber der Lösung bin ich nicht näher – Ich habe das Gefühl, als ob ich Dich nöthig hätte. Nimm die Sache auch zu Dir. Schau aus in alle Tiefen des Jenseitigen, ~~o~~ vielleicht wird Dir von dort Rath –

3.I.1923. In der Noth und Bedrängnis dieser Zeit, o meine Seele, musst Du Dich wohl aller Launen und Seitensprünge enthalten. Es ist grosse Arbeit, an der Du mitzuwirken hast.

S. Ich verstehe. Hier bin ich. Was ist Dein Begehr?

Ich habe kein Begehren, sondern ich sage Dir meine Meinung. Lass uns ans Werk gehen. Was hast Du mir zu sagen, über den fremden Gast, meinen Freund, den Dunkeln?

S. Ich bin rathlos wie Du. Ich kann ihn aber sehen.

So beschreibe ihn. Vielleicht hilft es uns auf eine Spur. Ist er hier.

S. Nein, er ist fort. Ich weiss nicht wo. Wenn er geht, so ist es, wie wenn er nie gewesen wäre. ~~Philemon~~ Ganz ~~anders~~ anders als Philemon oder Ka. Ihr Wesen lässt immer errathen, wo sie zu finden sind. Auch wenn sie verschwinden, so fühlt man doch, dass sie irgendwo sind. Aber Er, wenn er geht, so ist er nicht mehr. Es ist, als ob er jenseits von ~~Sein~~ Sein und Nichtsein wäre. Es scheint, als ob er sein und nicht sein könnte. Was ist jenseits von Sein und Nichtsein?

Darüber will ich nachdenken. Das scheint mir ein Wink zu sein. Aber fahre fort, ihn zu beschreiben.

S. Als ich ihn das erste Mal sah, war er von erschreckender Schönheit – ein wahrhaftiger Gott. Stelle Dir Dionysos vor mit aller Kraft der Imagination. Das wird Dir schwache Ahnung geben. Das zweite Mal war er ganz anders, wiederum schön, unaussprechlich schön, eher von phosphorescierender Leichenblässe, der Schein des Vollmondes auf Schnee, Augen, leuchtend ~~die~~ wie die grossen Sterne in der Winternacht. Er war durchsichtig, ganz umschlungen von einem weissen, durchleuchtenden faltigen Mantel, fast von rauchartiger Beschaffenheit. Ein furchtbarer Todesfrost umgab ihn. Gut, dass Du ihn nicht sahest. Die Worte wären Dir auf der Zunge erfroren. Er schien der ~~letzte~~ innerste Sinn und die ~~[illegible] letzte~~ ~~Ess~~ wahre Quintessenz des ewigen Todes zu sein.

Seltsam — wie soll ich das deuten? Du sagtest vorhin: was ist jenseits von Sein und Nichtsein? Das scheint ein wesentlicher Eindruck zu sein. Sein und Nichtsein ist der Demiurg, denn er ist Fülle und Leere. Jenseits aber von Sein und Nichtsein ist das unvorstellbare Pleroma, das Eigenschaftslose. Sollte Er etwas Pleromatisches sein? Du weisst, ein Traum, den ich in Africa träumte, enthüllte seine „Existenz". Warum musste ich diesen Traum in Africa ~~ber~~ haben? Der grosse Eindruck war jene unvergessliche Nacht in der Wüste, wo ich zum ersten Mal das X sah und den Platonischen Mythus verstand. Im Zenith, ~~wo~~ genau am Kreuzungspunkt stand ein grosser strahlender Planet. Dieses Bild erfasste mich als ein Ausdruck des Geheimnisses der Individuation. Drei Tage später hatte ich den Traum, der mir eines der grössten Erlebnisse meines Lebens wurde. Sollte er das Selbst sein, jenes unvorstellbare Wesen, das grösser ist als ich, und von dem wir nicht einmal wissen, ob es menschlich, menschenähnlich, oder am Ende dem Menschen überhaupt unvergleichbar ist? Philemon lehrte mich, dass das Selbst das Pleroma sei, ein Theil und doch das Ganze. Er selber nennt sich Schein, der Alles sein oder nicht sein kann. Das ist pleromatisch, ~~ein~~ im Gegensatz zum Abraxas. Was meinst Du dazu?

S. Das scheint mir gut. Aber, wie ist es denkbar, dass das Pleroma erscheint?

Dass das Pleroma nichts ist als Schein, das ist ~~tr~~ logisch, denn der Abraxas ist Wirken und damit Wirklichkeit. Dass es in so menschenähnlicher Form erscheint, ist mir allerdings über die Maassen unerwartet und auch etwas, das mein Begreifen vorderhand völlig übersteigt. Damit weiss ich nichts anzufangen. Vollends dunkel ist mir dein Begehren, sich überwinden ~~zu lassen~~ und bestimmen zu lassen – wie kömmt das, dass das Pleroma etwas Bestimmtes werden möchte?

S

Castagnola.
5.I.1923

Wahrlich, wiederum mitten in der Nacht ist er gekommen. Ich hörte seinen schrillen, schrecklichen Pfiff, als er dem grossen Bluthunde pfiff, der zur Erfüllung seines Herrn Wunsch eilte wie ein schwirrender Pfeil vom Bogen – wahrlich, o meine Seele, er ist hier. Schauervoll ist seine Nähe. Meine Augen können ihn nicht sehen – sage mir, wessen Antlitz siehst du? Wessen Gestalt?

S. Wahrlich, recht hast du gesprochen – wahrlich, er ist hier. – Ich zittere, ich hörte den gellenden, grausamen Pfiff. Das ist Er – Ein gewaltiger Jäger, ein Menschenjäger. Wie soll ich ihn beschreiben, den Starken? Alle Menschenkunst schlägt er entzwei mit dem Blitzhammer aus dunkler Wolke – nicht kann eines Menschen Auge ihn erblicken. Aber wenn er pfeift, so fährt seine Meute jäch empor, jeder Bogen spannt sich, zischend und krachend schlägt die Wurfschlange ein. Ein Herrscher der Menschen, die wie seine Hunde sind, zitternd jagen sie vor ihm dahin grausam aus Angst, gehorsam aus Todesfurcht.

Was für einen Gewaltigen beschreibst du? Wohl fühle ich den Schrecken seiner unsichtbaren Gegenwart. Sage mir, wird er zu mir sprechen? – Warum verbreitet seine Erscheinung Schrecken, er der mir ein Freund war?

S. Er will zu Dir sprechen. Er hat den grausamen Bogen auf den Boden gelegt und entgürtet sich des blitzenden Schwertes – Ein rothhaariger, bärtiger Mann ist er, mit Thierfellen sein Leib und seine Füsse umwickelt. Wie Götterlicht leuchten die Augen und sein Antlitz ist von der Marmorblässe der Gottheit. Ja, starr ist sein Blick, von Menschenkunst nicht zu erreichen. Er schnalzt leise mit der Zunge und der Schrecken schnellt Dich empor, wie wenn Du auf eine Giftschlange getreten wärest. Ein Herr – Jeder ist fraglos Folgsamer – denn – wer könnte an Widerstand auch nur denken? Sprich nicht, welche Worte könntest Du wagen, in seiner Gegenwart zu sprechen? Er ist ein Gewaltiger – welch furchtbare Rätsel hat er uns gebracht! Er wird zu dir sprechen, aber sprich nicht zuerst – Er sieht Dich nicht an. Er spricht leise & in die Ferne. Du kannst ihn nicht hören. Noch hat er sich Dir nicht zugewendet. Er spricht zu einem fernen Morgenroth – wohl blutiges Jagdwerk sinnend, seine Hunde stehen gespannt – wer möchte seiner Macht widerstehen? Sein grausiger Pfiff gefriert das Blut, und jeder seiner Hunde schleppt einen ganzen Mann – wie ein Kaninchen zu seines Herrn Füssen. Was spricht er zum Morgenroth? Wahrlich ein Herr, ein Gewaltiger, ein Schrecken, an dem jede Frage stirbt. Nun sieht er nach Dir, gleichmüthig nach eines wahren Gottes Art und spricht zu Dir:

Er: Bist Du es, der mich überwunden? Kannst Du lachen? Nein Du kannst es nicht. Denn Du verstehst es nicht, wie es Dir möglich war, mich zu überwinden, und doch hast Du es einmal gethan – das Eine Mal für immer. Kannst Du mir sagen, was dieses Eine Mal bedeutete? Was bedeutete es, dass Du mich überwandest? Und was bedeute ich? Denke nach und sage mir, wer ich bin, Du Überwinder!

Du bist wahrlich ein Gott, vor dem alles Erbärmliche in uns ohnmächtig in den Staub fällt, du bist ein Herr, ein Gewaltiger, vor dem Schrecken einhergeht, mit Todesfurcht harrt jeder Deines Winkes, mit gespitzten Ohren, zitternd wie Hunde, wartet die Menschenmenge Deiner. Ein Gott bist Du, unzweifelhaft, ein Todesschrecken würde mich lähmen, spräche ich anders. Der Schrecken, der von dir ausgeht, löst gebundene Zungen und erzwingt Wahrreden. Wer wagt es, vor Dir zu spielen und zu täuschen? Wie konnte ich Dich einstmals überwinden? Das kann ich nicht verstehen, wie solches möglich war. Aber ein wahrer Traum sagte mir, dass ich es that. Ja, ich habe einen Gott überwunden, ohne es zu wissen.

Er: Das konntest Du, weil Du es nicht wusstest. – Doch sage mir, was ist ein Gott? Was nennst Du einen Gott?

Gott ist das übermächtige Wesen, vor dem es kein Entrinnen giebt. In sprachlosem Entsetzen fällt man zu Boden. Niemand zieht den Gehorsam in Zweifel. Man ist von seiner Macht gebannt. Wer seinen Pfiff hört, dem gefriert das Blut. Niemand denkt an Leugnung. Der Herr eines solchen Schreckens ~~uns~~ ist wahrlich ein Gott und das bist du, auch wenn du ein Schein bist. Was thut es, ob ein Schein sich in eines Gottes Hülle kleidet oder ein wirkliches Wesen? Wer wagt es, hier mit einer Goldwage zu spielen. Niemand denkt daran, ob Schein, ob Wirklichkeit, ein Böser schnalzend mit der Zunge geniesst, oh Jäger der Menschen!

Er: Sage mir, Überwinder, was will es bedeuten, dass du einen Gott überwandest?

Es war kein Frevel, auch kein unwissentliches, sondern es war das Einzige, was ich thun konnte, denn ich muss mein Leben vertheidigen, auch wenn es ein Gott anfällt. Und offenbar wolltest du meiner schonen, sonst hättest du mich ohne Mühe töten können. Ich wurde ja damals krank an einer Krankheit, die schon Vielen das Leben kostete, aber sie ging leicht und schnell vorüber. Ich merke, dass Du meiner geschont hast. Wohl wolltest Du meinen Muth und meine Entschlossenheit prüfen. So deute ich Dir die Überwindung: Ich durfte und wollte

Dich nicht im Zustande der tiefsten Unwissenheit lassen. Du musst die Weisheit lernen, denn was ist ein König blos mit Macht und ohne Weisheit? Ist seine Macht nicht übel geleitet, wenn sie der Weisheit ermangelt?

Er – Du hast wohl gedeutet. Was nennst du Weisheit?

Weisheit nenne ich rechtes Thun aus rechtem Gedanken –

Er. Das ist gut gesprochen. Doch was ist recht?

Recht ist, was mit dem Ganzen zusammenstimmt und das Ganze zu grösserem Leben weiterführt.

Er. Auch das ist gut gesprochen. Ich habe Dir versprochen, Überwinder, ich will lernen. Meine Macht bedarf der Weisheit. Warum aber ist ein Gott geboren ohne Weisheit und hat doch die Macht? Deute mir das!

Ich sage Dir, Gott ist das übermächtige Wesen. Die Weisheit ist das Gegentheil, sie ist milde, sie ist niemals Gewalt, sie zerschmettert nicht, Niemand empfindet Schrecken und fällt in den Staub vor ihr. Weil ein Gott grösste Macht ist, ermangelt er am meisten der Weisheit – Soites –

Er: Es ist gut gesprochen, aber ich liebe Deine Rede nicht. Soll Weisheit Macht zerstören? Antworte!

Weisheit zerstört unrechte Macht und giebt der rechten Macht die rechte Form.

Er: Das hast Du gut gesagt, Überwinder!

S. Er geht, er hat sein Antlitz abgewendet, er jagt zu schwarzen Wolkenzügen über dem Gebirge – wahrlich ein Gott, von dem wir nichts ahnten.

Ich glaube, meine Seele, er ist erst entstanden vor nicht allzulanger Zeit. Wie konntest Du, und wie konnte ich wissen? Das Unerhörte weiss man nie, trotzdem wir seit Jahren von einem kommenden Gotte sprachen, als er kam, war er erschreckend neu. Ich gestehe, ich bin erschüttert wie Du, fassungslos – ein Gott des Schreckens und des mitleidlosen Gehorsams, ein Tor mit dem Blitzhammer, wer hätte das gedacht! Aber ein Mann, ein Herr, ein Mächtiger! Es ist eine Lust, ihm zu gehorchen –

~~6/7~~ 1h Nachts Castagnola.
~~6~~ 7/8 I. 1923. Meine Seele, hilf mir und sage mir, sahest Du Ihn?

S. ~~Ja~~ Ja, ich sah ihn in neuer und unerwarteter Gestalt. Sagte ich nicht, Er sei zum Gebirge ~~entfl~~ enteilt? Von dort kommt er in Gestalt des Knaben im Alter der männlichen Reife, dem noch der Bartflaum nicht sprosst. Eine Krankheit quält ihn, sein Rücken leidet und er sucht Hilfe. Schüchternheit erlaubt ihm die Sprache nicht, darum sprich Du zuerst zu ihm.

Höre, mein Sohn, meines Sohnes Gestalt hast Du angenommen, wohl sah ich es im Traume. Und voll Unbewusstheit ist Dein Auge. Eine Krankheit stört Dich, Dein Schlaf ist gemindert. Woran leidest Du?

Er: Ich leide am Rücken. Ein Ausschlag hat meine Haut ergriffen; sie brennt mich und der Schmerz nimmt mir den Schlaf. Gib mir eine Salbe, ein Heilmittel, damit das Brennen gelöscht werde.

Wunderbar ist Deine Krankheit, mein Sohn. Wie kann ich Dir ein Heilmittel geben, wenn ich nicht weiss, warum und wie Deine Krankheit entstanden ist. Sage mir,

Wie hat Deine Krankheit ihren Anfang genommen?

Er: Vor wenigen Tagen hat sie begonnen, wie mir scheint.
Ein Traum war es wohl, der sie brachte.
Ein übler Traum, ein Traum der Nacht, wohl um Mitternacht geträumt.

Was sagt der böse Traum und wie brachte er Dir Krankheit?

Er: Mir träumte vom Jagen mit grossen Hunden,
Ein Wolfsfell vom räudigen Wolfe hing mir um die Schulter.
Eine Wurflanze hielt ich in der Hand,
Ein Schwert mit breiter Schneide hing mir am Gürtel.
Ich fuhr zu Berge, zum Wolkenwalde,
Wo Bären wohnen, Bären mit Jungen,
Ein Junges wollte ich mir holen, zum spielen,
Schön sind sie, wollig, lustig, den Bauch wollte ich erfühlen.
Da kam Krankheit vom räudigen Wolfspelz –
Ich wusste es nicht, keiner sagte mir, dass der Wolf räudig war.
Wie heilst Du meine Krankheit?

Deine Krankheit ist vom Traume gekommen.
Ein böser Traum hat Dir Krankheit gebracht –
Einen räudigen Wolfspelz hast Du im Traume getragen,
Als Du Bären jagen wolltest mit Hunden,
Als Du ein Junges Dir holen wolltest zum spielen.
Nun höre, ich deute Dir, was Dir geschah:

Ein Geistwolf war es, der Deinen Vater erschlagen.
Ein Geistwolf, der giftige Krankheit im Felle wohnt.
Nicht war es ein gelber, gewöhnlicher Wolf,
Der in den Schneewäldern heult und hungrig in
der Winternacht streift.
Ein Geistwolf war es, und solche tragen Krankheit
zu Menschen.
Aus Rache geschieht es für ihren Tod, denn
immer wollen sie leben.
Sie hungern, bis sie Menschen finden und nur
Menschenfleisch ist ihre Nahrung.
Davon kommt ihre Räude.

Er: Ich danke Dir, dass Du das Brennen löschest
mit dem Singen der Krankheit.
Doch sage mir, wie kann ein ~~Traum~~ Traum
mir die Krankheit bringen?
Nicht trug ich den Wolfspelz am wirklichen
Leibe,
Mir schien es bloss in der Nacht, ein Traumgebilde
war es.
Wie kann ein Traumgebild mir Krankheit
schaffen?

Mein Sohn: Kein gewöhnlicher Traum hat Dich ergriffen.
Nicht schliefest Du auf Deinem Arm und
sahest ein nächtliches Bild.
Bist selber zu Berge gefahren mit Lanze
und Schwert.
Hast selber den räudigen Wolfspelz um
Dich gehüllt.
Hast mit Pfeifen und Sohlen Wanderer und

Thiere erschreckt.
Einen wirklichen Pelz hast Du um die Schultern getragen,
warest Dein eigener Vater, der Rotbart, der Jäger des Wölfe und Menschen.
Davon kam Dir Krankheit, mein Söhnchen.
Die Haut Deines Vaters hast Du getragen.

Er: Ja, ich sah Dich, Arzt, Du sprachest zu mir.
Klugeworte kamen aus Deinem Munde und erreichten mein Ohr.
Was sagtest Du: Weisheit? Wie konnt' ich vergessen!
Schein hat mich selber getragen. Es war nicht Traum.
Nie, weiser Mann, werde ich wieder den Pelz des Wolfes tragen.
Ich habe verstanden, wie Eines am Andern hängt.
Weil ich die Haut meines Vaters angezogen
Weil ich den Pelz des Wolfes mir um die Schulter hieng,
Weil ich mit Pfeifen und Johlen Wanderer und Thiere schreckte,
Darum kam heimlich Krankheit von hinten.
Dank Dir, Du hast meine Krankheit besungen;
Die Haut ist geglättet, das Brennen gelöscht.
~~Er~~ Von Weisheit sprachest Du? Ich bin weise geworden –

9. I. 1923 Dienstag Abends 6 ^{40} ist meine Mutter gestorben in Küsnacht, Seestrasse 177. Lungen- und Hirnembolie. Beinahe 75 Jahre alt. Die Agonie war kurz. 2 Anfälle. Am 2ten starb sie. Ihre letzten Worte waren: „Oh Gott, mach's kurz"!

12 I. 23. Heute Abend um 6h schlief ich etwas. Vor dem Einschlafen sah ich plötzlich das Gesicht meines Vaters, sehr lebhaft. Er lächelte und schien sehr guter Laune zu sein.

Nachts 11h gleichen Tags vor dem Einschlafen sah ich meine Mutter, etwa wie ich sie im Sarge sah, aus Dunkelheit aufwärts schweben, den Kopf etwas zurückgebeugt, die Augen geschlossen, wie schlafend oder in Ohnmacht, aber innerlich lebend. Mein Vater stand rechts neben ihr, lächelnd, in einem andern Zustand er betrachtete sie lächelnd. || 8/9 Januar 1923 ~~[illegible]~~ hatte ich geträumt, dass mein Vater, wie von einer langen Reise zurückkam. Ich dachte, jetzt kann er einmal mein Haus und meine Familie sehen, die er nie gekannt hat. Er will mich aber consultieren über seine Ehe, und ich muss ihm die psychologischen Beziehungen in der Ehe erklären.

21.I.1923.

Ich kann aus mir nichts sagen. Rede Du! Was hast du zu sagen? Es scheint allerhand zugeschehen, das ich nicht fassen kann.

S. Gewiss geschieht Vieles. Es ist Wandlung entstanden durch den Tod Deiner Mutter. Ihr Geist gab uns zu schaffen.

warum bin ich so unerträglich müde?

S. Weil die Last schwer ist.

Rede deutlich. Du hältst zurück.

S. Ich kann nicht. Nichts fliesst. Es ist Alles erstarrt seit dem Tode Deiner Mutter. Und Gott selber ist in der Dunkelheit.

23/24.XII.1923. Endlich ein Traum!

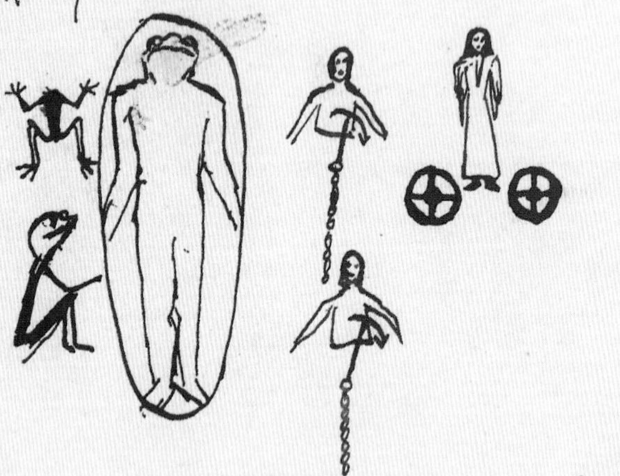

25.XII.1923. Text des Traumes: Bin im Militärdienst. Marschiere mit dem Bataillon. Stosse in einem Wald bei Ossingen auf Ausgrabungen an einem Kreuzweg: 1 m. hohe Steinfigur von Frosch oder Kröte ohne Kopf. Dahinter † sitzt ein Knabe mit Krötenkopf. Dann Büste von Mann mit Anker in die Herzgegend eingeschlagen, römisch; zweite Büste etwa von 1640, dasselbe Motiv. Dann mumifizierte Leichen. Schliesslich kommt eine Kalesche gefahren im Styl des ~~XVII~~ Jahrh. Darin sitzt eine Tote, die aber noch lebendig ist. Sie wendet den Kopf, als ich sie mit „Fräulein" anspreche. Ich bin mir bewusst, dass „Fräulein" ein Adelstitel ist.

16 Nov. 1926.

Die Jahre gehen vorbei. Ich bin zu

KÜSNACHT-ZCH.
SEESTRASSE 228

8/9 II 1924.

121a

Sie kamen in der Nacht-Viele, in unabsehbarer Schaar. Sie wanderten an meinem Hause vorbei. Ich erwachte, als sie vorbeizogen. Ich gieng hinaus, sie zu sehen, und wusste nicht woher sie kamen, und wohin sie giengen. Von Osten kamen sie und wanderten nach Westen. An beiden Seiten giengen sie an meinem Hause vorbei. Ich hörte sie über die grossen Steine stolpern. Völker der Zukunft, ungeborene Tote. Woher und wohin? Wollt ihr nicht anhalten? Was sucht ihr? Sucht ihr das Wort? Haltet an, hier ist Philemons Tempel, eine Hütte, die Armuth unseres Geistes deckend. Was kann ich Euch geben? Kein grosses Wort, nur eine Stille und ein Flüstern von Unaussprechlichem, das sich begab. Ein untauglicher Mund der meinige, auszusprechen oder gar zu rufen von dem, das sich begab. Eine Gewissheit dessen, das sich begab, und ein Nichtwissen dessen, was sich begab. Wollt Ihr Euch an diesen ärmlichen Tisch setzen? Und eine Mahlzeit mit mir halten, im Schweigen, vielleicht reden die Wände, vielleicht spricht es aus dem Feuer, vielleicht flüstern Euch die Steine etwas zu. Von wem? Ach, Ihr kennet ihn nicht, den nicht zu fassenden, den Übergrossen, der [illegible] Verleugnung mir die Sprache raubte. Und darum

1923 den Tod der Anima bedeutet. (Sie weiss nicht, dass sie tot ist.) Das fällt mit dem Tode der Mutter zusammen.

Hatte nach dem 16 ~~XII~~ XI Traum sofort einen ungeheuren Incesttraum mit destructiven Symbolen. Der Versuch, an die Anima zu gehen, war offenbar verfehlt. Hatte

120

Nachts 11h gleichen Tags vor dem Einschlafen sah ich meine Mutter, etwa wie ich sie im Sarge sah, aus Dunkelheit aufwärts schweben, den Kopf etwas zurückgebeugt, die Augen geschlossen, wie schlafend oder in Ohnmacht, aber innerlich lebend. Mein Vater stand rechts neben ihr, lächelnd, in einem andern Zustand er betrachtete sie lächelnd. || 8/9 Januar 1923 ~~[illegible]~~ hatte ich geträumt, dass mein Vater, wie von einer langen Reise zurückkam. Ich dachte, jetzt kann er es [illegible] die er nie erkannt hat. Er es

und, wehe – nicht verstehen, was sich begab. Und doch stand er unsichtbar, so nahe, so greifbar wie noch nie. Er nur sprach er, mich füllte er mit dem Hauch der Ewigkeiten. Warum erkor er sich einen Stotterer? Warum sollte ich ihn verkünden? Die Götter setzen sich zu den Bettlern, bei den Hungrigen laden sie sich zu Gaste und an leeren Tischen feiern sie das göttliche Mahl. Davon bin ich verwandelt, vereinsamt, verstummt. Keine Worte vermögen es auszudrücken, was sich begab, was mich füllte.

25.XII.1923. Text [illegible] Stosse in einem Wald bei Ossingen auf Ausgrabungen [illegible] dem Bataillon. [illegible] an einem Kreuzweg: 1 m. hohe Steinfigur von Frosch oder Kröte ohne Kopf. Dahinter sitzt ein Knabe mit Krötenkopf. Dann Büste von Mann mit Anker in die Herzgegend eingeschlagen, römisch. Zweite Büste etwa von 1640, dasselbe Motiv. Dann mumifizierte Leichen. Schliesslich kommt eine Kalesche gefahren im Styl des XVII Jahrh. Darin sitzt eine Tote, die aber noch lebendig ist. Sie wendet den Kopf, als ich sie mit „Fräulein" anspreche. Ich bin mir bewusst, dass „Fräulein" ein Adelstitel ist.

16 Nov. 1926.

Die Jahre gehen vorbei. Ich bin in Africa gewesen, um zu suchen. Wen? Ihn wohl, den Unbekannten, den Gott oder den Schicksalskräftigen. Ich fand ihn dort nicht. Was sagst Du Stimme? Ich fände ihn nie im Aussen. Gut, dann komme ich zurück. War dies eine Stimme? Sollte meine Seele nicht stumm geworden sein? Bist Du nicht stumm geworden? Ist nicht Alles in äusseres Schicksal geflossen? Rede wieder zu mir!

S Du bist eingehalten.

Ja, das bin ich, und muss es so sein?

S Warum muss sein?

Es ist so. Besser Du giebst mir Licht, wo ich nicht sehe – oder lass mich träumen.

4 Dec. 1926.

Ich sehe erst jetzt ein, dass der Traum vom 23/24 XII 1923 den Tod der Anima bedeutet. („Sie weiss nicht, dass sie tot ist.") Das fällt mit dem Tode der Mutter zusammen.

Hatte nach dem 16 ~~XII~~ XI Traum sofort einen ungeheuren Incesttraum mit destructiven Symbolen. Der Versuch, an die Anima zu gehen, war offenbar verfehlt. Hatte schlechte Folgen. Seit dem Tode der Mutter ist die A. verträumt + bedeutsam!

22/23 XI 1926. Tr. Der Mann von Frau Reichstein ist plötzlich gestorben. Sie ist deshalb verrückt geworden. Ich erhalte aber einen Brief von ihr, aus dem mir klar wird, dass sie Einsicht in den Symbolismus ihrer Störung hat, dass sie also nicht eigentlich verrückt ist.

1.) gegenwärtig schwanger. War in Folge, wo sie Schwangerschaft empfehlen würde.

Am 23 Nov. kam Frau R. nicht zur Stunde, dagegen kam eine geisteskranke Schwangere aus mit ihrer Pflegerin zu uns, fälschlicherweise. Sie wollte eigentlich zu Dr Brunner –

Am 30 XII kam Frau R. wieder nicht.

20/21 XI 1926 Tr. Sehe von mir gezeichnete ~~Pe~~ Ansicht einer schweizerischen „Kirche". Darin ein herrlicher Tempel in wunderbarer Gegend:

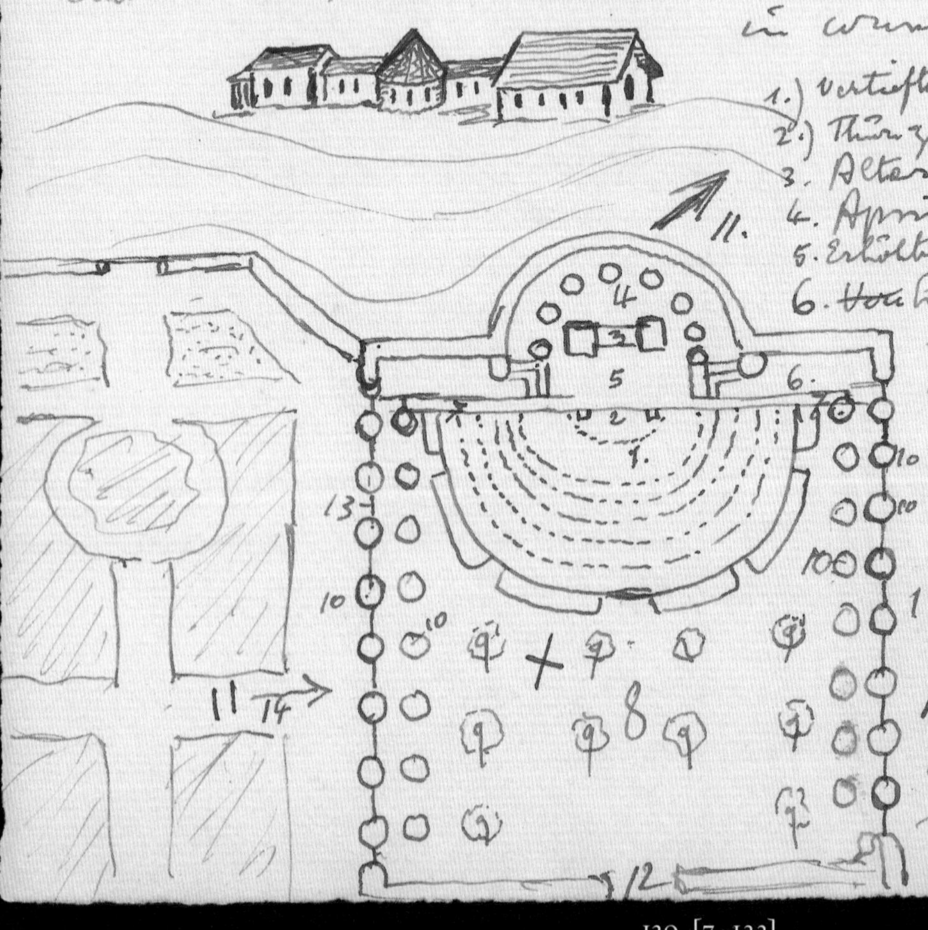

1.) vertieftes Theater
2.) Thüre zur Crypta?]
3. Altar
4. Apsis
5. Erhöhter Platz vor dem Altar
6. ~~Hoch~~ nicht vertiefter Seitengang hinter einer Mauer (7.)
8. Offener, teppichbelegter Raum mit orangerothen grüngezeichneten [illegible] (9)
10. doppelte Säulenreihe aus gelbem Marmor –
11. Ausblick vom Hügel auf einen prachtvollen blauen See.
12 Eingang. 13 Hohe Fenster

Ich spiele kindliche Spiele mit einigen Frauen (X)
Es sind mehrmals 100 Leute in lebhafter freudiger Stimmung
da. Von 14 → kommen Tante Sophie und Ernst Fiechter.[1.)]
Bin enttäuscht und unterbreche mein Spiel. Finde es ungeschickt, dass er meinen schönen Tempel[2.)] sieht und ihn bewertet.

1.) Basel, Compromiss mit der Welt. Kleiner bürgerlicher Horizont. Ernst Fiechter ist 1947 gestorben. Tante Sophie mehrere Jahre früher in hohem Alter.
2.) So ist es nur im Himmel. Lectüre von Spirit.-Büchern. Ist es wohl so? Wird der Traum von Kindheit, Schönheit und Weisheit irgendwo wahr?

£.

3/4 Dec. 1926. Tr. Es ist Schnee gefallen[1.)] Ich wandre (Gegend von Stuttgart?[2.)]) Begegne ungeheuren Fussspuren

im Schnee. Das Thier muss galoppiert sein, tiefe Furche im Schnee ~~wie~~ wie von Schneepflug.

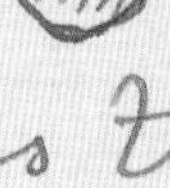

Rhinoceros[3.)]? Kaum möglich. Hippopotamus[4.] aus Zoo oder Menagerie? Grösser als ein Hippo oder als ein Elephant[5.] Das Thier muss Furcht[6.] gehabt haben.

1.) Heute Morgen lag wirklich Schnee.
2. Naturaliencabinett
3.) Africa.
4. "
5. Mammut.
6. Passt nicht in die Gegend und nicht in die Zeit.

Obstructions in mir? E. Schlegel träumte von einem Elephanten und bezog ihn auf mich. Sie war im Traum auch dabei, ebenso Toni; schrecklich. A strange animal — so muss ich vielen erscheinen. Man hat Schwierigkeit mich

zu verstehen: Mamant = ungeheure Kraft —
Elephantenspur: Siehe Tripitaka - Spur der Buddha.

2/3 XII. 1926 Tr. Versuche Büste eines Mannes 1.) zu modellieren aus ausgelassenem Rinderfett 2.) Wein. Habe Angst, nicht bei Zeiten fertig zu werden 3.), um sie zu demonstrieren.

1.) Habe einmal eine kleine Büste eines Mannes gemacht, sehr finster aber erstaunlich gut. Zerbrochen.

2.) Meyrink: Golem. „Ein Stein, der aussah wie Fett". Ektoplasma

3. Meine Arbeiten. Reicht meine Lebenszeit, um sie zu demonstrieren?

---

9 I 1927 H. Sigg gestorben. Wichtige Träume.

Im Juni 1926 träumte ich: Ich bin mit Hermann Sigg auf einer Automobilfahrt am Genfersee. Wir fahren von Lausanne Richtung Vevey. Vevey ist aber Luxor und wir sind am Nil. Auf der Place de la ville angekommen, sagt H.S.: „Ich muss etwas am Auto reparieren lassen. Es dauert etwa 1 Stunde. Du kannst unterdessen spazieren gehen. Wir treffen uns dann am östlichen Ausgang der Stadt (Richtung Montreux.)" Ich gehe in der Stadt spazieren und nach 1 Stunde warte ich auf H.S. an der bezeichneten Stelle. Er kommt aber nicht. Ich gehe nun auf der Landstrasse etwas weiter, um zu sehen, ob er weiter voraus wartet. Plötzlich hält hinter mir ein Auto. Es ist H.S. er ist wütend: „Du kannst doch wahrhaftig auf mich warten und brauchst mir nicht davonzulaufen."

Als ich den Traum überlegte, fällt mir auf, dass Luxor auf dem linken Ufer des Nils liegt, und nicht wie Vevey auf dem rechten des Genfersees (Richtung der Rhone). Auf dem rechten Ufer des Nils liegt die Totenstadt.

Am 26 XII 1926 fuhr ich mit H.S. im Boot nach Bollingen. Es wurde Nacht, als wir zum Seedamm kamen. Da ich den Mast abtakeln wollte, gab ich ihm das Steuer und warnte ihn, von dem Kurs auf das weisse Schild ja nicht abzuweichen. Plötzlich gab es einen Krach: Er hatte an einem Seezeichen die Schranke abgefahren. Er fuhr in falscher Richtung. Das wunderte mich sehr, da er die Durchfahrt genau kannte. In der Nacht 29/30 XII träumte ich: "Eine dunkle, unheimliche Strasse in einem ärmlichen Viertel einer Grossstadt. Ich bin allein. Ein Mann mit einem Hund kommt mir entgegen. Der Hund fällt mich an und ich ziehe mein grosses Messer, um mich zu wehren. Ich nehme den Hund am Kopf und bemerke, dass sich die Schädelknochen bewegen. Ich denke "Schädelbruch" und habe Mitleid mit dem Tier. Der Mann (unbekannt) kommt schwankend näher und murmelt etwas. Schwer zu sehen, ist er betrunken oder krank?

Tags zuvor war H. S. wieder nach Hause gefahren. Er war praeoccupiert und deprimiert. Sonst war mir nichts aufgefallen. Der Traum sagte mir, dass etwas Organisches mit ihm los war. Ich fuhr sofort nach Hause und untersuchte ihn: Pupillenungleichheit! Progressive Paralyse. Seine Frau gab zu gewusst zu haben, dass er einmal eine luetische Infection gehabt hatte. Er hatte mir dies sorgfältig verschwiegen.

~~2 I~~ Ich versorgte ihn bei Dr Brunner.

2 I 1927 Traum: Zwei Ogres, der eine hell, der andere dunkel. Der helle will mich anfallen.

In derselben Nacht: Ich bin mit mehreren jungen Schweizern in Liverpool, unten am Hafen. Es ist eine dunkle regnerische Nacht, Rauch und Nebel. Wir steigen in die Oberstadt hinauf, die auf einem Plateau liegt. Wir kommen in eine central gelegene Gartenanlage an einem kreisrunden kleinen See. In der Mitte desselben liegt eine Insel. Die Männer sprechen von einem Schweizer, der hier in einer solchen russigen, finstern Dreckstadt wohne. Ich sehe aber, dass auf der Insel, von ewiger Sonne bestrahlt ein mit röthlichen Blüthen bedeckter Magnolienbaum steht, und denke: "Jetzt weiss ich, was für Schweizer hier wohnt. Der weiss es offenbar

& natürlich ist er der Unrichtige.

124

124b: ad: Ich sehe den Stadtplan:

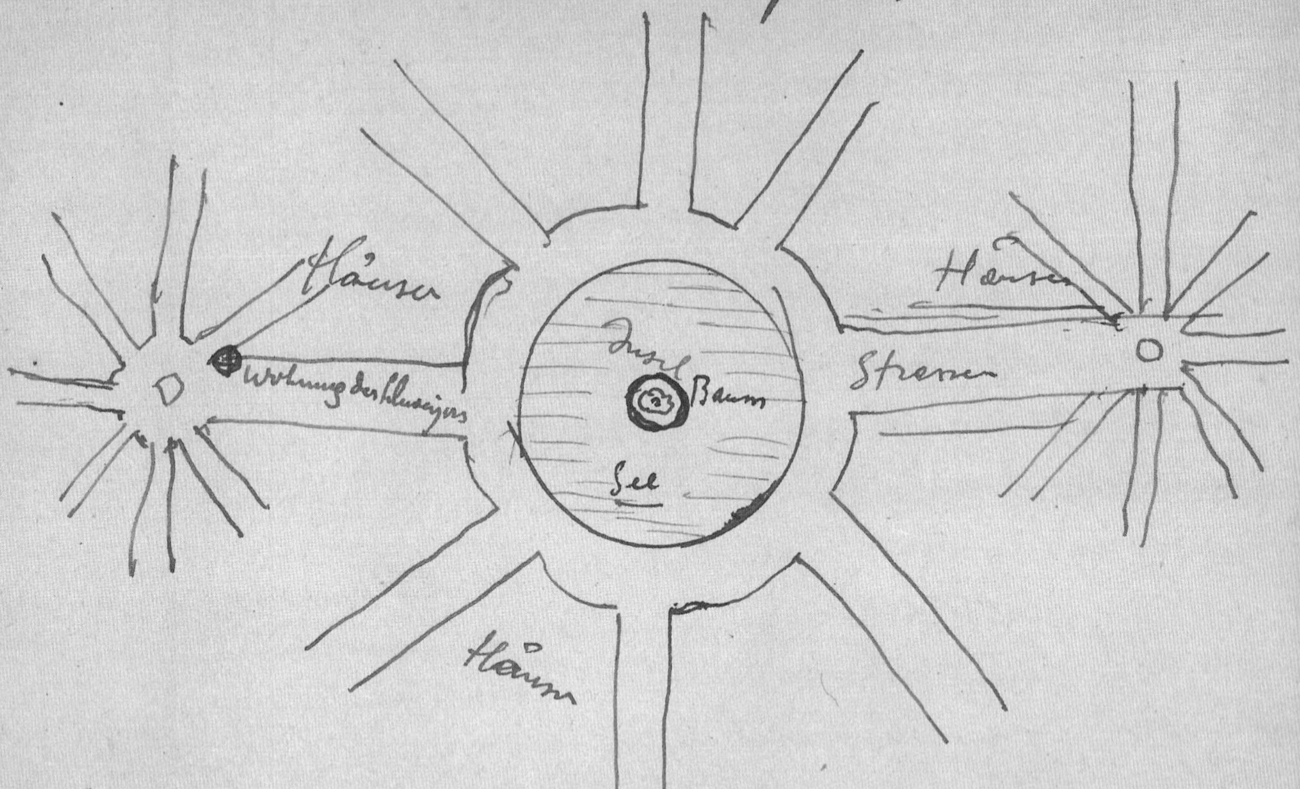

Am 9 I 1927 starb H. Sigg an paralytischem Anfall nach Rückenmarkspunction.

13 I 1927 Beerdigung. In der Nacht nachher lebhaftes Gefühl, wie wenn er mir winkte, zu Füssen meines Bettes stehend. Ich beschloss ihm zu folgen (in Gedanken). Er führte mich aus dem Haus, in den Garten, auf die Strasse und in sein Haus. Dort in sein Arbeitszimmer, wo hinter dem Tisch ein hohes Bücherregal stand. Ich hatte keine Ahnung, was für Bücher er dort hatte. Er wies auf das erste von 3 rotleingebundenen Bändchen auf dem zweitobersten Schaft. Dann hörte die Vision auf. Am andern Morgen ging ich in Wirklichkeit sofort zu seiner Frau und bat sie, mich ins Arbeitszimmer zu führen. Ich stieg auf einen Stuhl, wo die drei rothen Bücher waren und nahm das erste herunter: Der Titel war: Zola: Das Vermächtnis der Toten. (Inhalt irrelevant?)

Etwa in der folgenden Nacht träumte ich: Ich sehe H. S. gesund und fröhlich, wie verjüngt, lachend und hat einen neuen Anzug.

Einige Tage später: H. S. und ich sind in Luxor, Tropisches Hôtel. Ich sitze auf einem Sopha an einem kleinen weissen Marmortisch. Er setzt sich neben mich und macht mir wüthende Vorwürfe; Glaubst du etwa, ich sei tot? Ich bin so lebendig wie du. Ein Leichen- Aasgeruch macht sich bemerkbar. Er nähert sich mir drohend und ich ziehe mein Messer, mit dem ich ihm vor dem Gesicht herum fuchtelte, um ihn abzuhalten. Siehe p. 174!

… genau kannte. In der Nacht 29/30 XII

Ende Jan. 1927 George Porter in Chicago † suicid. Lebensunfähig. Anima in d. Frau projiciert.

23.V.1927. Heute ein amerik. Patient Jerome Schloss an Herzlähmung (Aneurysma?) plötzlich gestorben.

28.V. Beerdigung. Musste d. Leichenrede halten.

31.V. Seither Atmosphaere voll Störung wie nach Sigg's u. Porters Tod.

Traum: (30/31.V) Emma hat ein Unterleibsleiden1.) Ich operiere zusammen mit einem Chirurgen2.) Wir entdecken ausgebreitete carcinomatöse Wucherungen3.) Inoperabel und hoffnungslos. Ich bin furchtbar erschüttert. Sie müsse noch lange leiden, bis der Tod komme4.)

1.) In den letzten Tagen an ihren und meinen Tod gedacht. Überhaupt vage Ängstlichkeit.

2.) Walthard. Gynaekolog. Hat Frau Sigg operiert. Persönlich unbekannt. Emma träumte heute Nacht, dass sie einmal operiert würde, u. in einem anderen Traum, dass eine Leiche seciert würde, wovon sie sich (im Traum) abwenden musste.

3.) Vermuthlich vom Pankreas – wie mein Vater.

4.) Mein Leiden in letzter Zeit – wesentlich durch Verstärkung des Ubw. Habe Dyshydrosis an den Händen bekommen wie mein Vater.

Was quälst Du mich? Unzweifelhaft kommt es von Dir. Was meinst Du? Komme und rede!

„Ich liebe Dein Reden nicht."

Damit Du wohl besser handeln kannst?

„Ja. Ich fülle Dich mit Ekel."

Damit ich Dich nicht quetsche?

„Du thust Dir selber weh damit."

Das soll mich nicht hindern. Aber ich zweifle, ob dies der richtige Weg ist.

„Natürlich ist es der Unrichtige."

Du bist verdächtig schnell bereit, mir beizustimmen. Ich vermuthe aber, dass Du gewisse Gefühle bei mir maasslos übertreibst und zwar weit über alle Wahrscheinlichkeit hinaus, so dass ein Leiden entsteht, das ich nicht mehr zulassen kann. Du weisst, dass ich mich obendrein weigere über ein gewisses vernünftiges Maass hinaus beim Leiden mitzuthun. Alles, was recht ist — aber hetzen lasse ich mich nicht. Übrigens — woher hast Du denn auf einmal die Competenz, mich zu quälen? Sprich!

„Geheimniss, mein Lieber, Geheimnisse!“

Ich will keine Geheimnisse. Bitte theile mir mit, was ich wissen muss.

„Das thue ich nicht.“

Du kannst wohl nicht. Es hat Dich wohl auch gefasst. Du kommst mir zu viel in die Menschenwelt. Was soll dieser abscheulich ungünstige Traum?

„Du wünschest Deiner Frau den Tod, nicht?“

Du Höllenbraten, hör auf mit Deinem Affengeschwätz. Wenn es das wäre, das könnte ich mir auch sagen. Ich habe es mir auch gesagt Deinetwegen schon muss ich es mir sagen, damit ich sehen kann, dass Du solches veranlassest, um mich in Verblendungen hinein zu verwirren. Ich will kein Leben mehr anfangen, sondern ich will aus dem Leben hinaus wachsen. Ich lasse mich nicht mehr in das Leben verwickeln. Wende Dich daher zum Innern, zum Dunkeln und schaue die Bilder des Lebens, anstatt der Welt zu begehren. Was heisst mein Traum?

Ist meine Ehe hoffnungslos und inoperabel? Nein, das glaube ich nicht – Ich weiss, es ist nichts daran zu machen, und was ich immer davon leide, muss gelitten sein, wie man eine unheilbare Krankheit trägt.

2 II 1928 Rede zu mir, Seele, ist etwas, das ich wissen sollte?

S. Natürlich ist etwas. Ich sollte Dir's sagen? – Wie kann ich? Wie sollte ich wissen, was Du nicht weisst?

I. Das kenne ich. Mach keine Umschweife.

S. Ich mache keine Umschweife, sondern Du musst Umwege ~~was~~ machen –

I. Zeige mir den Umweg.

S. Komm und lass Dich führen. Ich führe Dich an den Abgrund. Siehst Du die schwarze Tiefe und drüben?

I. Ich sehe über schwarzen Felsen, die jäh zur Tiefe stürzen, weisse Gebäude. Zu fern, um sie klarzusehen.

S. Schau deutlicher hin, bemühe Dich.

I. Ein langgestrecktes Gebäude, dahinter eine weisse Kuppel. Was ist es?

S. Schau weiter.

I. Ich sehe in der Ferne weitere Gebäude.

S. Schau hinunter.

128

Ich sehe in der Tiefe einen rauschenden Fluss —
Felsblöcke, ein schmaler Pfad windet sich entlang.
Menschen wandern dort. Ein Zug von Menschen in
langen hellen Gewändern. Ein alter Mann führt
ihn. Ein Leichenzug? Ich sehe keine Bahre.
Sie gehen flussabwärts, zwischen Blöcken wendend,
auf der rechten Seite des Flusses. Was thuen sie?
~~Dort~~ von links öffnet sich eine kleinere Schlucht
dort [illegible] einen hinaufführenden Pfad. Sie
gehen dort hinauf, — Zick-Zack — langsam steigend —
öfters ruhend. [illegible] Pfad gerade, um das
Ende der Schlucht herumbiegend und zum weissen
Hause führend. Dort gehen sie. Das langgestreckte
Haus hat viele Fenster — Eingang an der linken Schmal-
seite. Es sind Männer und Frauen. Der Alte klopft
mit dem Stock an's Thor aus dunkelbraunem Holz —
Es wird geöffnet. Sie treten ein. Innen ein langer
weiss gewölbter Gang mit rothem Teppich. Sie gehen
alle barfuss. Der Gang ~~hat~~ endet, dort etwas dunkel-
kleinere Thüren. Thür zur linken. Ein neuer, aber schmaler
Gang mit gelbem Boden, rechtwinklig nach links.
Einige hohe Seitenthüren. Unter Säulenbogen in das
Kuppelgebäude. Kreisrunde Säulenhalle, ganz aus
poliertem bläulichen Marmor. Boden aus weissem
Marmor. ~~Ich~~ In der Mitte achteckiges Bassin
mit blauem Wasser, gerade unter der Kuppelöffnung.
Wasser aus unsichtbarem Grunde in Wellenbewegung

Keine Bilder, keine Inschriften – doch gegenüber unter der Colonnade, sitzende, lebensgrosse Statue eines Mannes in mittleren Jahren – eine Antike? Sieht aus wie ein ~~Rö~~ Römer. Der Zug der Menschen bewegt sich im Kreis um das Bassin – singend – was singen sie? „Preis dem Wasser"? Höre ich recht? „Ein Spiegel des Himmels", sie grüssen das Wasser – verbeugen sich vor ihm. Sie knieen am Rande und trinken vom Wasser, direct mit dem Munde, wie Thiere – Keiner berührt es mit den Händen. Dann lagern sie sich um das Becken am Boden und essen Brod, indem Einer dem Andern sein Brot giebt nach Rechtshin. Der Alte allein steht, auf seinen langen Stab gestützt. Er steht vor der Statue, die wie sinnend mit aufgestütztem Kinn auf ihn blickt – eine stumme Zwiesprache – während das Volk schweigend in grösster Stille isst. Nun winkt der Alte mit dem Stab. Die Frauen gehen zu seiner Linken, die Männer zur Rechten. Alle, mit Ausnahme des Alten werfen sich, zum Becken gerichtet auf die Kniee, die Stirn am Boden. Nun kehrt sich

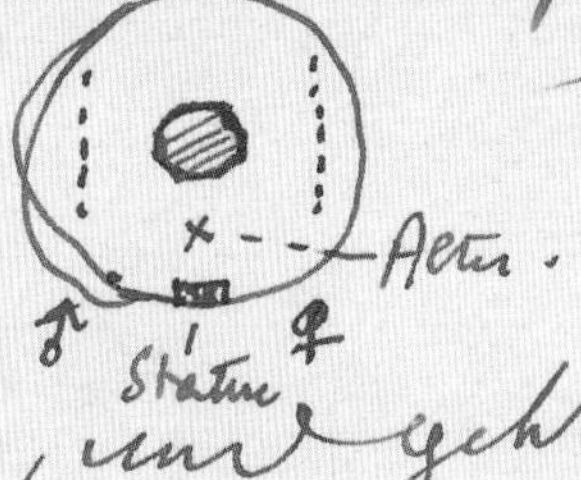

der Alte um, und geht zum Wasser und berührt es dreimal mit dem Stabe. Dann kniet er nieder, und legt die Stirn auf den Rand des Beckens. In diesem Moment tönt von irgendwoher ein tiefer Glockenton von einer offenbar ganz grossen Glocke – Alle erheben sich und drücken sich gegenseitig die Hände. Der Aus-

130

Druck der Gesichter ist ernsthaft und herzlich. (Die Gewänder sind, wie ich jetzt sehe, antik. Die Männer tragen gallische Hosen und kurzen gallischen Mantel. Die Leute sammeln sich jetzt in Gruppen in der Colonnade, es wird kein Wort gesprochen. Der Alte ~~sitzt~~ steht am Wasser, es so betrachtend, wie vorher die Statue.

Ich sehe dies Alles nur geistig, denn ich bin jetzt jenseits ~~in~~ der Schlucht in grosser Entfernung. Was soll dies Gesicht, meine Seele?

S. Erkennst Du den Alten?

I. Ja, es ist Philemon.

S. Der Römer ist Antoninus Pius, der Caesar.

I. Es ist unerhört. Was soll ich davon denken?

S. Unzweifelhaft ein Gottesdienst.

I. Doch wo! Was für ein Land? Was für eine Religion?

S. Dein Land, Deine Religion; Wasser statt Wein, Brot statt Fleisch, schweigen statt Reden.

I. Aber was soll der Caesar?

S. Sieh nochmals hin.

I. Der Alte steht immer noch am Wasser, in tiefer Betrachtung in die Himmelsbläue des Wassers versunken. Nun öffnet er die Arme und alle treten herzu, im Kreise um das Becken stehend. Was geschieht? Sie fassen sich gegenseitig an den Schultern. Der Raum wird dunkel und im Wasser leuchten die Sterne auf. Sie zeigen „Haus des Wassers" – „Urheimath der Sterne". Das Wasser ist ruhig wie ein ~~Sp~~ Spiegel und jeder erblickt darin sein Gesicht. Es wird wieder hell, wie wenn eine dunkle Wolke weggezogen wäre. Vor dem Caesar ~~steht~~ steht ein kleiner Altar, auf diesem liegt Holz, das der Alte in Brand ~~ab~~ setzt. Er betrachtet die Flamme. Die Leute haben sich unter die Colonnaden zurückgezogen. Es wird wieder dunkel. Man sieht nur das Feuer und die grell beleuchtete Gestalt des Alten. Jemand bringt einen silbernen Krug mit Wein und damit löscht der Alte das Feuer. Es wird wieder hell. Jemand bringt auf silbernem Teller ein ~~roh~~ Stück rohes Fleisch. Der Alte nimmt den Teller und geht zum Ausgang, alle folgen ihm. Draussen warten einige Hunde, denen er das Fleisch zuwirft. Der Alte winkt seinen Leuten zu und verschwindet plötzlich, nur sein Stab bleibt und fällt zu Boden. Einer der Männer nimmt ihn auf und geht voran, dem tiefen Thale zu. Es dämmert und der Tag verschwindet im Dunkeln. Nur die weissen Gebäude sieht man noch roth im Abendlicht leuchten.

I. Was ist es mit dem Feuer, ein Opfer an den Caesar? Sind wir ins Alterthum zurückgefallen?

S. Keineswegs – doch der Sinn ist dunkel – Was bedeutet der Cult der Caesars übrigens? Der Wein war keine Spende, sondern statt mit Wasser löschte Philemon mit Wein und den Fluch gab er den Hunden – Nicht den Caesar meinte er, sondern das Feuer –

I. Ich verstehe nichts.

S. Ich kann es nicht erklären, aber ich will warten und aufpassen, ob Weiteres geschieht –

Im Frühling 1932 starb Hans Schmid infolge Unfalls. Siehe p. 206 –

26. Nov. 1932.

I. Ich bin beunruhigt. Ein dunkler Traum quält mich. Ich will den I King bevor befragen. Zauberkunststücke? sagst Du? Keine Vorzeitstricke mehr.

" Bist Du zurückgeblieben?

S. "Du hast mich zurückgelassen.

I. Wieso? Warum kamst Du nicht mit?

S. Du gingst zu schnell, ohne hinter Dich zu blicken.

I. Du hast Recht. Zu wenig schaute ich zurück. Zu athemlos eilte ich nach vorn. Warum riefst Du nicht?

S. Ich rief durch Geschick und Traum.

I. Das war es also. Ich verstehe. Warum aber lief ich nach vorn zu schnell und zu weit?

S. Geschick, Notwendigkeit, Ehrgeiz, Begehren.

I. Ja, mehr Zurückschauen – das wäre klüger.

S. Das heißt „weise". Warum immer Vorwärts? Was liegt vorne? Besseres? Alle Zukunft wie alle Vergangenheit. Das Schauen dringt überallhin – Welten der Vergangenheit, Welten der Zukunft machen das Eine, den Gegenstand des Schauens, den Spiegel der Gottheit.

I. Ich anerkenne – Warum aber sprachest Du bedrohlich im Traume?

S. Damit Du zurückschaust. Dein Begehren wuchs ins Sinnlose, ins Wahnsinnige. Darum spiegelte ich Dir Wahnsinn. Du bist alt genug, um zurückzuschauen.

I. Darf ich zurückschauen in diesen bedrohlichen Zeiten?

S. Umso mehr, sage ich. Die Alten stehen immer für das, was war. Das ist sehr oft das Bessere – zu schnell rollte die Zeit. Alles hat sich überstürzt. Halt an. <u>Einer</u> muss anhalten. Irgendwo muss Gegenwart Vergangenheit sein. Nur so schliesst sich der Kreis.

I. Du bist seltsam allgemein.

S. Weil Du in aller Besonderheit gefangen bist. Besonderes aber verharrt nicht. Es ändert sich beständig. Darob vergissest Du das Allgemeine, welches bleibt und alle Zeiten überdauert.

I. Ich bin nicht befriedigt, Ich hänge irgendwo.

S. Bleibe hängen. Es hängt sich Dir an, erhärtet Dich

134 nicht. Es verlangsamt Dich, denn Du hast zurückgeblickt. Jetzt frage den I Ging:

14  Dà Yu Der Besitz von Grossem.

I. – Ich will sehen und die Fülle des Gegebenen schauen.

27 Nov 1932

I. Noch ist Unruhe in mir. Dunkle Träume! Was willst Du? worauf zielst Du? Irgendetwas ist nicht gefunden, worauf ich mich einstellen sollte. Rede zu mir!

S. Ich weiss nicht, was ich sagen soll. Es scheint schwer zu sein. Ich kann nicht Alles heben.

I. Aber glaubst Du, es läge irgendwas auf Deiner Seite, vielleicht in der Tiefe Deiner vielen Dunkelwelten?

S. Das vermöchte ich kaum zu sagen. Ich will mich herauswinden!

I. Warum das? Weisst Du nicht, dass das nicht sein soll. Woher Deine Unwilligkeit?

S. Befreiungsversuche – ich weiss. Ich bin selig in Täuschung. Du willst Dich immer von Illusion befreien, und weisst Du, was Du damit thust? Auch Du willst Dich damit befreien. Wozu? Zu starrem Nichtsein.

I. Meinst Du, „Sein" bestünde nur in Täuschung? Willst Du mich lähmen?

S. Ferne davon. Ich will Dich in Wirklichkeit verzwickeln.

I. Aber wenn ich nicht will?

S. Das ist es ja: Du willst nicht. Darum hast Du

des Gefühl der Erhöhung. Du lähmst Dich selbst.

I: Aber woher denn meine Müdigkeit?

S- Du bist nicht drin, sondern draussen-

I Dann weisst Du also, worin deins „Drin" besteht-

S- schlechte Ahnung.

I. So sag sie. Was bedeutet mein Traum?

S. Deines seltsamen Mann? gemalt mit Farben der Morgenröthe, eingewickelt in sich selbst? Kennst Du ihn nicht? Ist er nicht Du selbst?

I. Wieso? Das Allgemeine befriedigt mich.

S. Oh nein. In Allem Einzelnen bist Du's - Ein schonungsbedürftiger, ein Eingewickelter, des Selbstschutzes bedürftig Einer, der sich nicht verschwendet. Das willst Du nicht wissen-

I. Es ist ja paradox-

S. Ertrage das Paradoxe- Alte Wahrheit - Du kannst es nicht vermeiden, im Allgemeinen zu landen, so sehr Du versuchst, ihm zu entgehen - Wenn das Selbst aufgeht, schrumpft das Ich - Ein grösseres Licht beginnt zu strahlen, daher die ~~Tragödie M~~ Farben der Morgenröthe. Welcher aber, nicht Du bist's, sondern das Dritte, das Grössere. Zieh Dich zusammen - Du musst schrumpfen-

14/15 XII 1932 The Quest begins.

21. Schritt Das Durchbeissen

I Traum. Bin mit Prof. Fierz ~~so~~ zusammen.

II Bauer und sein Weib völlig mit Lehm beschmiert, nackt, sinnlos betrunken wälzen sich auf dem Acker. (Affect)

III Joggi schnappt mir einen grossen Theil von einem Schinken weg, den ich wie an einer Angelschnur aufgehängt hatte. Ich kriege es wieder, aber ein beträchtlicher Theil davon wird doch dem Hund zufallen.

Nota ao leitor

O facsímile e a tradução terminam na página 135, que marca o fim da sequência que teve início em 1913. Depois de um longo intervalo de mais de uma década, Jung tomou o *Livro 7* para anotações de outro teor. Por isso, elas não foram reproduzidas aqui.

Livro 7

21 de maio de 1917 – 15 de dezembro de 1932

[I][1]

21. V. 17. Continuação.

[F:] Tu me antecedeste, agora tu me segues. Eu sou aquele que lidera. Eu sou o fogo que vai à frente, tu és um braço útil que apoia o vacilante. Eu sou o vindouro, tu és a plenitude do presente. Tu és alegria e deleite, discórdia e mentira. Tu és a auxiliadora do ser humano no bem e no mal. Eu sou ~~xx~~ a ~~linha~~ trilha fogosa do destino. Tu és equívoco no bem e no mal. Eu sou verdade impiedosa. Eu sou passado e futuro, esta pessoa é meu presente. Por isso ele é meu equívoco, pois eu era e ~~eu~~ serei, mas não sou. Meu presente é um equívoco.

Este ser humano erra, e tu és. Por isso, tu és sempre presente, pois o ser humano erra sempre. Por que deve errar? Ele é uma semente de estrela, ele vagueava pelo ilimitado, ele caiu do incerto. Ele continua a errar. Seu equívoco é sua verdade; que ele saiba disso. Ele vive do equívoco.[2]

1 Há um inserto sem data escrito a máquina no início do *Livro 7*, que parece consistir em observações sobre um sonho: "Observações:/A derrubada da árvore (Nabucodonosor) tem a ver com a derrubada do abeto no mito de Átis./O gigante é também Izdubar, que, na verdade, é o sol que nasce, daí um semideus. Eu até tive a ideia de que ele é Cristo como "*novus sol*" ou Mitra, que também é o sol nascente – o sol personificado por um homem é o papa (vigário de Cristo na Igreja). Esta é a grande árvore que se desenvolve. Isso significaria que meu trabalho consiste na derrubada de um homem brilhante poderoso e reconhecido, que é visto por toda parte (*i. e.*, o papado ou a Igreja) – e o que a Igreja diz sobre isso?/O que significa a mulher que interfere comigo? – Ela me pareceu como a Vetula, a velha. Podemos ver como a Igreja interfere: ela impõe condições mais duras, ela quer me abater, e então devo ser levado a uma situação impossível para que ela tenha uma razão legítima para proceder contra mim. E finalmente uma assembleia secreta é convocada. Mas já é tarde demais, pois, naquele momento em que eu entrar pela porta de trás, já se tornou conhecido ao mundo inteiro, e os americanos se manifestam, e os delegados do mundo aparecem no consistório". Sobre Izdubar, cf. 8 de janeiro de 1914, *Livro 3*, p. 119ss. Jung comentou sobre o sonho de Nabucodonosor em várias ocasiões ("A função transcendente", 1916, OC 8/2, § 163; "Aspectos gerais da psicologia do sonho", 1928, OC 8/2, § 484; "Da essência dos sonhos", 1945, OC 8/2, § 559). "*Vetula*" é latim para "mulher velha".

2 Em *Além do bem e do mal*, Nietzsche escreve: "Apesar de todos os valores, o valor da verdade, do verdadeiro, do desinteresse, poderia, contudo, suceder que fosse necessário atribuir à aparência, à vontade do erro, ao interesse e à cupidez um valor superior e mais fundado e mais útil para toda a vida" (Petrópolis: Vozes, 2014 [trad. Mário Ferreira dos Santos]).

Domingo. 3 VI 17.

Minh'alma, onde estás? O que vês? O que te preocupa? Nada mais ouvi de ti. É verdade, estive longe de ti por tempo demais.

A.: "Não estiveste longe por tempo demais. Tudo correu como devia correr. No silêncio, pude fazer a minha parte".

O que fizeste? Deixa-me participar.

A.: "Eu acumulei minérios – pedras vermelhas – ouro – coisas brilhantes de poços primordiais. Se soubesses o que trouxe Atmavictu o Velho, que ~~ser~~ pele de serpente cintilante ele despiu quando se tornou Filêmon. Venenos perigosos, coisas demoníacas luminosas – um solo cintilante para os pés do amante".

Concede-me um vislumbre. Procede para completar a obra.

A.: Ele falou de mim – que eu sou parente tua – mortal contigo – a vida de teu corpo, de teu manto solar. Filêmon é [1/2] imortal. A semente astral dentro de ti é imortal. Ele é um pedaço do mundo, um pleroma, uma luz e uma escuridão. Luz na medida em que ele ~~xx~~ é diferente do pleroma, escuridão na medida em que ele mesmo é pleroma. A luz brilha a partir da diferença. Diferenciação fortalece a luz da estrela – Filêmon se levanta mais alto. Sua cabeça está no fogo flamejante. Ele arde em direção ao alto, aos eternos céus de fogo – o que é? Algo pesa sobre mim – um fardo? Teu corpo está sobrecarregado? Há um veneno nele? Eu vejo – tu não cumpriste o serviço sacrificial. Ele precisa ser cumprido".[3]

7 ~~xx I~~ out. 1917.[4]

Minh'alma, os sacrifícios foram feitos. A disposição está atestada. A subjugação ocorreu.

A.: "Sim, eu vejo e aceito. Tu fizeste o que foi exigido e farás o que ainda será exigido. Segue o caminho sem duvidar – cada caminho que se abrir, segundo a tua capacidade".

Mas agora, o que é? Alguém esteve no canto à noite, o que ele queria e quem era?

A.: "Um espírito sombrio, um espírito da enganação, um feiticeiro de Satanás, um praticante da mais negra magia".

Qual é seu nome?

A.: Esquece o nome. Ele pode dizer-te o que quiser. Que baste sua presença – é ruim o bastante.

Eu: O que ele deseja? O que ele traz?

A.: "Provavelmente artes diabólicas – inofensivo".

Eu: Ainda não basta?

A.: "Para a vida nunca basta".

Eu: Então deixa-o falar.

3 De 11 de junho até 2 de outubro, Jung estava prestando serviço militar em Château-d'Oex. Numa associação a um sonho na noite de 1º de julho, ele anotou em relação a Toni Wolff e Maria Moltzer: "Pares de opostos. Defendidos contra o mal e contra o bem. T.W. aparenta ser um limite, visto que, com T. e M., minha alma está completa, realizada. T. é a segunda parte da minha alma – beleza feia e feiura bela. Isso deve ser concluído do lado de fora, pois tudo se realiza". Ele se referiu também ao seu "amor impessoal" por ambas ("Sonhos", p. 17). Para o relato de Bowditch Katz sobre sua reunião com Moltzer em 30 de julho, cf. a introdução, p. 65.

4 Domingo.

A. voltada para Ha (o mago): Ouve, filho sombrio da terra antiga, neto da lama materna, eu te invoco. Vem [2/3] para a luz do dia.

Ha: Aqui estou – certamente não vistes ninguém igual a mim? Parece que sou necessário – Filêmon, é provável que meu filho seja fraco demais. Devo ajudar? O que pagais?

A.: Não fales em recompensa. Foste tu que vieste primeiro. Nós não te chamamos.

Ha: Bem – estás sendo autoritário. O que queres?

A.: Não quero nada de ti, tu és negro demais, excessivamente meia-noite, excessivamente terreno abominável. Mas tu queres algo de nós – confessa!

Ha: Livrai-vos da maldita luz do dia – ela cega.

A.: Isso não. Não queremos ser encarados por ti até a morte. Tua espécie é mortal. Fala, o que queres?

Ha: Eu quero – bem, queres saber? Quero estrangular, sim, estrangular. Gostas disso? Quero estrangular um ser humano.

A.: Então foste tu aquele que se escondeu no macaco preto, que quis matar o inocente.

Ha: Não, vós tirastes de mim o macaco, com vossos malditos sacrifícios! Más vos esquecestes de mim. Vossa magia não me alcança. Inventai algo mais forte. Eu estou aqui, quero estrangular.

A.: Tu sabes, ó nobre, que não podes nos tocar. Não estamos assustados, aparição sombria. E já que sabes disso, vieste sem exigência, sem vontade, sem poder, apenas com um pedido. Algo te queima. Devo dizer-te o quê? O grão de ouro que caiu em teu olho. Por isso queres a noite, para que ninguém veja. Sim, revira-te, velho mentiroso e enganador. Tua ameaça não tem poder. Pedes que sejas misericordiosamente livrado do grão de ouro. Dize, não é esta a verdade?[5]

Ha: Que verdade? Malditos! Eu vos roubei o ouro. Vinde pegá-lo se quiserdes. [3/4]

A.: Tu mentes. Olhaste com cobiça. Então o grão de ouro caiu em teu olho, porque desejaste ouro. Mas ele te queima, e tu gostarias muito de livrar-te dele. É por isso que vens, para pedir. Pede com educação, para que nós permitamos que tu o devolvas a nós.

---

5 Mais tarde, Jung relatou esse episódio da seguinte forma a Christiana Morgan: "Eu estava escrevendo em meu livro e, de repente, vi um homem olhando por cima de meu ombro. Um dos pontos dourados do meu livro saiu voando e o acertou no olho. Ele me perguntou se eu o tiraria. Eu disse que não – a não ser que ele me contasse quem era. Ele disse que não diria. Veja, eu sabia disso. Se eu tivesse feito o que ele pedia, ele teria afundado no inconsciente e eu teria perdido o significado disso, *i. e.*, porque ele tinha aparecido do inconsciente. Finalmente, ele me disse que me contaria o significado de determinados hieróglifos que eu tinha tido alguns dias antes. Foi o que ele fez, e eu tirei a coisa de seu olho e ele desapareceu" (12 de outubro de 1926, cadernos de anotações de análise, CLM). Mais tarde, ele contou a Aniela Jaffé: "Certa vez, naquele tempo, eu tive a visão de uma tábua de argila vermelha inserida na parede do meu quarto, e nela havia hieróglifos estranhos que eu copiei da melhor maneira que pude no dia seguinte com a sensação de que havia algo neles, ou seja, uma mensagem, mas eu não sabia o que era" (MP, p. 172). Isso também pode estar ligado a esse episódio.

Em 1958, Jung contou esse episódio a Aniela Jaffé da seguinte forma: "Eu tive que pensar em meus primeiros desenhos de mandalas. Havia sementes de ferro magnético pretas e sementes de ouro misturadas que precisavam ser colocadas no recipiente, onde formavam o corpo central, o Si-mesmo. – E então a história com meu mago, que apareceu quando pintei essas sementes, e então ele gritou porque tinham entrado em seu olho. Isto é, ele recebeu uma projeção minha e ela lhe causava dor. Isso era algo que eu não aceitava ou não podia aceitar, ou seja, a figura do mago, o xamã dentro de mim mesmo. É por isso que essa figura me apareceu. Apenas quando percebo que *eu* sou o xamã é que ele é curado. Ele é, por assim dizer, um precursor meu, e é por isso que a semente caiu no lugar certo: em seu olho, que significa a consciência. Ela teve que ser removida dali. Eu me poupei a dor, por assim dizer, de me ver como um xamã; então eu também teria sido colocado no mesmo nível dos animais, por exemplo, dos leões, que me rondam de maneira amigável. O xamã tem animais auxiliadores ou – poderíamos dizer – ele fica no nível dos animais, mas eu não conseguia entender isso na época, quando a figura do mago me apareceu" (MP, p. 334). A referência parece ser à sequência de mandalas no *LN* (imagens 80ss.) que mostram essas sementes douradas.

Ha.: Sois terríveis diabos atormentadores, buscai-o vós mesmos.

A.: Não o pegaremos.

Ha: Não consigo tirá-lo.

A.: Esforça-te.

Ha: Porcos, patifes, diabos – não funciona. Não tendes compaixão? Também queremos viver.

A.: Nós vos deixamos viver, mas não a nosso custo.

Ha: Ouve, irmã, tu também és da nossa espécie. Um pouco de assassinato, um pouco de sangue – não gostas disso? Um pouco mais de escuridão, de abismo – isso não te atrai? Por que, então, tão alto? Aqui embaixo o calor é maior.

A.: Larga tua sabedoria – o grão de ouro te queima, então vamos ao que interessa.

Ha: Não posso – não tão alto – ele está ouvindo.[6]

A.: Ele deve ouvir – isso é da tua conta?

Ha: Ele não gosta da sujeira. Teu grão de ouro caiu na sujeira que eu amo acima de tudo, o esterco sou eu, o pai do escaravelho. Todos os escaravelhos se aninhavam em mim. Eu sou alimento para eles e cuidado maternal.[7]

A.: Sei que isso é tua arte diabólica, mas o grão de ouro, que não deves nem podes segurar, te queima.

Ha: Aproxima-te mais de mim – deves sentir o cheiro da sujeira, deves tocá-la. Depois podes lavar tuas mãos em inocência.

A.: Não quero.

Ha: Não queres também o grão de ouro? Ele não pertence a vós? Sabes que é o germe do escaravelho, seu ~~xx~~ ovo, que é tão precioso para vós.

A.: Podemos esperar até tiveres queimado o bastante. És negro demais para alguém querer sujar-se contigo.

Ha: Então deixa-nos negociar. O que devo dar para que [4/5] aceiteis o grão de ouro?

A.: Queremos tua ciência.

Ha: Não, isso não – sob nenhuma ~~xx~~ condição.

A.: Justamente isso. Que ele te queime se não quiseres.

Ha: Ouvi então! O que quereis da minha ciência?

A.: Queremos conhecimento que vá além de Filêmon. Ele é teu filho, e tu sabes de ~~seu~~ teu neto nascituro. Ele está em teu olho, o sagrado escaravelho. Tu o vês e sabes dele.

Ha: Malditos – é justamente isto que não deve ser – esperai, parai – eu não quero.

A.: Esperamos. Pois ele está te queimando.

Ha: Mulher diabólica, para de atormentar. Filêmon deve falar.

A.: Mas tu vieste em seu lugar, pois tu conheces o segredo, fala. Então serás dispensado.

Ha: Kara – kara – krama – kras – tel – ham – provaste da árvore das muitas folhas – o fruto dourado – viste a semente carregada de ouro, deliciosa – madura, fértil? Recitaste as fórmulas mágicas, as múltiplas e confusas, as invocações? Busca o

6 Referindo-se ao "eu".

7 Para encontros anteriores com escaravelhos, cf. 12 de dezembro de 1913, *Livro 2*, p. 169, e 31 de dezembro de 1913, *Livro 3*, p. 108.

livro, deves lê-lo em voz alta, invoca, para que ele[8] venha. Fazei isso, isso ~~libert~~ solta o grão ardente.

A. (voltada para mim): Lê os encantamentos!

Ha: Ah – como arde – como volúpia quente, como dor infernal. Dai água – apagai o fogo eterno – uma faca que extraia sanguinariamente esse fogo. Um cinzel e um martelo – batei, para que o grão ardente respingue – não foi o suficiente. Tocai-me, tocai-me – deveis participar do meu tormento – como poderia ser diferente? Mistério vos cerca. Mil mantos pretos [5/6] por vosso ato de redenção – tecerei para vós um mistério impenetrável – estais protegidos –

A.: Que fedor! É sufocante.

Ha: Sofro insuportavelmente – uma mão auxiliadora, eu vos imploro.

A.: Paciência, ainda és sombrio demais e nada tens dado, apenas mendigado.

Ha: Nada sei que vá além de Filêmon. Ele não é humano – por que, então, este homem se importa? Eu também não sou humano – sou apenas um resto.

A.: Por que hesitas? Entrega logo.

Ha: Restos não são gostosos. O resto fede para a honra de Deus. Malditos sejam todos os Deuses! Que tormento!

A.: Cai~~x~~ em ti e não envolve os Deuses nisso.

Ha: Sim, em mim – ser, sim – mas dizê-lo – eu poderia te estrangular.

A.: Nem conseguirias tentá-lo.

Ha: Porque minha mãe me pariu – eu saí de uma estrela – conheces a entidade ridícula que se chama minha mãe – poderíamos chamá-la uma estaca, um bloco pontiagudo, um cone. É lindo, pontudo em cima e, embaixo, totalmente redondo, e todos os seus ~~lan~~ lados são igualmente ~~x~~ lisos.[9] Mas foi da ponta que eu saí. Ela não pode rir nem chorar e é totalmente pedra dura. Há uma marca na terra, um sinal, que na terra inanimada está impregnada uma lei segundo a qual tudo deve ser regular, tudo reto ou circular. O velho fogo pode queimar e fundir tudo, mas a pedra materna preta nunca derreteu uma vez que tinha se formado. Eu temo, acima está sua sombra, pico [6/7] sobre pico brilhante. Meu pai, o fogo, deve ter inventado isso. Odeio meu pai, a quem sempre devo servir sem cessar. Quem além de mim sempre muda e perturba a obra silenciosa reta e circular da minha mãe, eu que herdei o fogo do meu pai? Eu amo tudo que é regular, porque amo minha mãe, e sempre sou eu mesmo que o perturbo. Ah, como me cativa e acalma quando vejo algo reto e regular. Lá devo estar e perturbá-lo, perturbar pelo menos alguma coisa; excita-me desviar o reto de sua direção. Cruzar algo com uma linha torta, entortar rapidamente algo reto – não tenho como evitar. Por que o cone que meu pai inventou deve tocar com sua ponta a ponta da minha mãe? Algo torto funcionaria igualmente bem. Por isso, coloquei um grão de areia entre eles, um grão que a mãe não consegue pulverizar e que ~~xx~~ o fogo do meu pai não consegue derreter. Não encontrei nada igual na terra, mas eu o peguei quando caiu das estrelas. Era uma matéria boa, que sempre perturba – ~~xx~~ eu não deveria dizer isso em voz alta – é o ser humano. Ele não

8 Isto é, Filêmon.

9 Isso parece se referir a um dos cones na imagem 72 no *LN* (cf. apêndice, p. 133). Não existe uma data precisa para essa imagem, mas a sequência indica que ela teria sido pintada mais ou menos nesse período.

deveria saber que se encontra entre as pontas de dois cones que querem se ~~xx~~ encontrar. Ele sempre quer tornar-se macio e se rasga por causa disso, esse tolo, em vez de se endurecer e se tornar à prova de fogo. Ele sempre quer sair da prensa, logo para a terra, logo para o céu. Mas não pode, está preso, e se fosse esperto, seria duro e à prova de fogo. Seria como um cristal, mas eu também o perturbo, pois sei como torná-lo irregular. Este é o meu segredo. Vós não o recebereis, já sabeis o suficiente.

A.: Não o suficiente – este segredo também deve ser revelado.

Ha: Para, não permitirei que eu seja saqueado.

A.: Ele te queima. Solta.

Ha: Não conseguis entender, apesar de já [7/8] terdes visto muitas vezes. São as runas. Eu as conheço. Elas são minha obra, minha ciência.

A.: É isso que quero. Deves ensinar-nos isso.

Ha: Não, jamais.

A.: Eu espero. Não existe outra maneira de remir-te.

Ha.: Diabos, por que isso deve ser assim? As runas pertencem a mim e a mais ninguém. Sois estúpidos demais. Apenas eu as entendo. Sim, se vós entendestes isso! Eu não as entregarei, jamais.

A.: O grão te queima?

Ha.: Não tenho como negar isso. Mas as runas? Não podeis usá-las. É uma ciência suja e inteligente demais para vós! Olhai estes fragmentos:

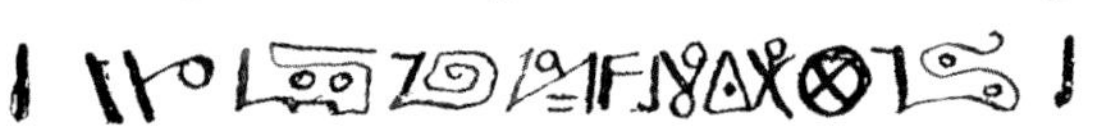

O que quereis com isso? E mesmo assim está escrito aí!~~?~~

A.: Deves ler isso para nós.

Ha: E eu sei? Não posso. Devo? Não acrediteis. Vede, as duas diagonais levam ao redondo. Uma linha reta está junto à ponte e dá um passo para baixo e, como serpente, se arrasta sobre dois sóis. Então desce e se enrola, imita o cone superior e tem o sol na barriga. Isso é sublinhado duas vezes, pois é importante, e atrás disso há uma parada reta. Depois, estende dois braços e gostaria de permanecer firme, reto e puxar para si os dois sóis. Isso é sujo, não é? Mas o cone inferior tem o sol escuro na barriga, e alguém se escandaliza com isso. Se fosse uma roda que contém em si a cruz, ele permaneceria firme e, mesmo assim, seguiria o caminho tortuoso em torno dos dois sóis. É isso que diz.

A.: Explica – isso é incompreensível!

Ha: Falta-vos sujeira. Vossa razão não contém esterco. As duas diagonais sois vós mesmos. O redondo é o sol. Um tem o sol, o outro não: por isso, sois ~~xx~~ inclinados. No entanto, deve haver algo que está ereto e que atravessa a ponte, mas que deixa os dois sóis [8/9] para trás e se torna reto. É por isso que deve descer novamente e se enrolar, então tem o sol na barriga do cone superior. Ele quer deter-se ali, mas o outro anseia pelo segundo sol. Mas o outro sol é escuro na barriga do cone inferior. Vedes que aquele que se escandaliza tem o sol como cabeça e, como roda, é completamente o sol e está seguindo o caminho tortuoso e, em cima, não é mais reto, mas um pequeno rabo voltado para cima – isso é engraçado! Aprendestes alguma coisa?

A.: Isso é alguma coisa. No entanto, já nos enviaste runas no passado. Deves lê-las para nós:

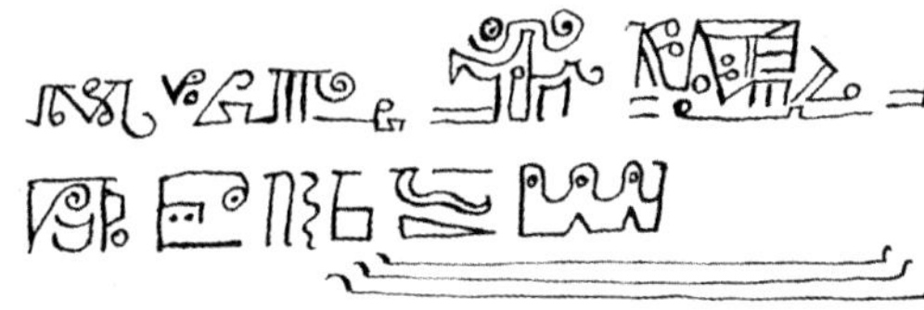 [10]

Ha: Maldição, vós me fazeis pensar. Mas não sou estúpido – sou muito mais esperto do que vós.

Vede os dois com pés diferentes, um pé terreno e um pé celestial – eles se estendem em direção ao cone superior e têm o sol dentro de si, mas eu fiz uma linha torta até o outro sol. Por isso, um deles precisa se estender para baixo. Enquanto isso, o sol superior sai do cone, e o cone olha em sua direção, entristecido sobre a direção em que ele vai. Ele deve ser trazido de volta com o gancho para colocá-lo na prisão pequena. Então 3 devem ficar lado a lado, ligar-se uns aos outros e, juntos, enrolar-se no alto (concêntrico). Assim, conseguem libertar o sol da prisão. Agora fazeis um solo grosso e um telhado, onde o sol está seguro no topo. Dentro da casa, porém, o outro sol também surgiu. Por isso, vós também estais enrolados no topo e, embaixo, voltastes a fazer um teto sobre a prisão, ~~onde~~ para que o sol superior ~~ea~~ não caia nela. Pois os dois sóis sempre querem estar juntos – eu vos disse – os dois cones – cada um tem um sol. Quereis permitir que eles se reúnam, porque acreditais que, assim, podeis ser um. Agora, trouxestes os dois sóis para cima e os reunistes, vós vos inclinais para o outro lado ~~–;~~ isso é importante (=) mas então há simplesmente dois sóis embaixo, por isso deveis chegar ao cone inferior. Então, ali, junteis os dois sóis, mas no centro, não em cima e não embaixo, por isso, não existem 4, [9/10] mas 2, mas o cone superior está embaixo, e no alto há um telhado grosso, e se quiserdes continuar, desejais retornar com ambos os braços. Embaixo, porém, tendes uma prisão para dois, para vós dois. Por isso, fazeis uma prisão para o sol inferior e caís para o ~~xx~~ outro lado para tirar o sol inferior da prisão. É isso que quereis de volta, e o cone superior vem e faz uma ponte até o cone inferior, pega seu sol, que já fugiu dele antes, e o coloca dentro de si, e as nuvens matinais já vêm no cone inferior, mas seu sol está além da linha, invisível (horizonte). Agora sois um e estais felizes porque tens o sol acima e ansiais estar acima com ele. Mas estais presos na prisão do sol inferior, que nasce agora. Então ocorre uma parada. Agora fazeis algo quadrilateral acima, que chameis pensamentos, uma prisão sem porta e com muros grossos, para que o sol superior não vá embora, mas o cone já se foi. Vós vos inclinais para o outro lado, olhais para baixo e vos enrolais embaixo. Então sois um e seguis o caminho tortuoso entre os sóis – isso é engraçado! (~) e importante (=). Mas visto que era engraçado embaixo, há um telhado acima e sois obrigados a levantar o gancho com ambos os braços, para que ele atravesse o telhado. Então o sol está livre embaixo e na prisão no alto. Olhais para baixo, mas o sol superior olha para vós. Mas estais juntos como um par e separastes a serpente completamente de vós – provavelmente cansastes disso. Por isso, fazeis uma prisão para o inferior. Agora a serpente

10 Jung inscreveu essas runas numa tábua vermelha na imagem 89 do volume caligráfico do *Liber Novus*.

atravessa o céu acima da terra. Vós sois completamente separados, a serpente ziguezagueia pelo céu em volta de todas as estrelas longe acima da terra. No fundo está escrito: a mãe me deu esta sabedoria.

Estais satisfeitos?

A.: Ainda não. Ainda temos outros símbolos que deves ler:

(de 2. IX. 17.) 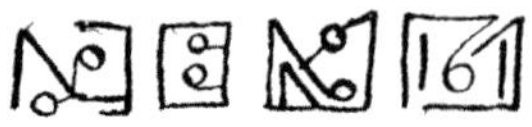

Ha: Aí tens novamente o cone inferior e quereis reunir o sol superior mais uma vez com o sol inferior, é isso que ansiais, mas de volta. Vós os prendeis juntos e ansiais voltar. Então fazeis um telhado sobre o cone inferior, o prendeis bem e trazeis novamente os sóis e os reunis completamente e, assim, vós mesmos sois duplos, *i. e.*, em vez de [10/11] um, sois 4 e divididos.

(4 IX 17.) 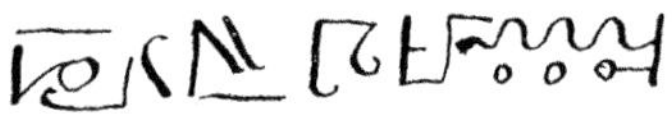

É por isso que deveis tirar o sol novamente, ou seja, para baixo e, disso, nasce em vós o anseio pelo alto. Vós vos elevais acima da linha da terra e tropeçais. É por isso que, de repente, ansiais pelo inferior e quereis elevar-vos do inferior, porque pendeis da linha superior. ~~Eu q~~ Quereis ser um e erguer-vos[,] é por isso que fazeis uma linha no meio, andeis sobre a terra e depois para o alto e ides para o céu. E enquanto seguis esse caminho, a serpente se arrasta em vossa direção acima de todas as estrelas. Vós sois um, segurais a serpente pelo rabo com uma mão e, com a outra, segurais as estrelas. Ambas estão separadas. Estais eretos.

(de 9. IX 17.) 

E porque estais assim, cresce em vós uma corcunda do outro lado, pois vós a retivestes (para a esquerda). Agora fazeis uma grande prisão embaixo, provavelmente para as estrelas, e um berço no alto, provavelmente para a serpente. Apertais a tampa sobre a prisão (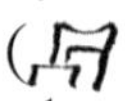). Mas então tendes também uma prisão no alto, e o sol, que é um, olha em vossa direção. Um de vós é teimoso e está preso embaixo, o sol possui um rabo de serpente e é a própria serpente, e o outro anseia pelo alto e ainda não está mais alto. A teimosia do inferior e o anseio do superior se juntam, telhado no alto e chão embaixo, e vós sois novamente um.

(10 IX 17.) 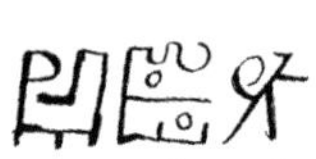 [11]

Ou, ~~vós~~ se conseguis voltar a corcunda para a frente, fazeis uma ponte embaixo e partis do centro para o alto e para baixo, ou separeis o alto e o baixo, dividis novamente o sol e vos arrasteis como a serpente sobre o superior e recebeis o inferior. Leveis convosco o que experimentastes e avançais para algo novo.

11 Jung inscreveu essas runas num arco azul na imagem 93 do volume caligráfico do *LN*.

(5. IX. 17) 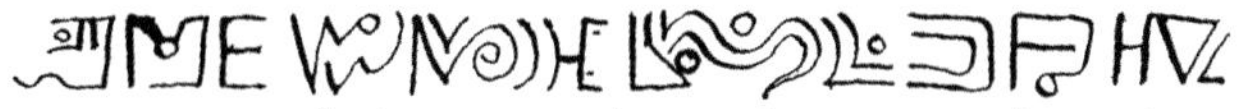

A serpente se arrasta embaixo, e no alto está preso o sol, a prisão está aberta para trás e, por isso, a serpente se arrasta para a frente e sobe e se torna reta, pois estais ambos no alto. Agora tomais o sol entre vós e a empurrais para baixo, para o centro, portanto estais divididos, [11/12] não gostais disso, por isso vos voltais para a frente e esperais algo diferente e nisso sois um. Separastes o superior do inferior. Então desce o cone superior e puxa o sol para perto de si, e vós vos arrastais de baixo para cima com grande anseio e sois um. Naquele momento, o cone superior se torna forte, pois tem uma cria, e vós vos protegeis contra ela e tentais torná-la pequena, portanto, vós vos enrolais em direção ao inferior. Isso vos agrada e não conseguis afastar-vos bem disso, portanto, deveis fazer uma ponte em direção a serdes um e olhardes para a frente. Então vem o grande unípede e pisa no caminho da serpente entre os dois sóis e se volta para o inferior – isso é agradável e engraçado. Vós não conseguis se libertar disso, mas o sol superior vem e puxa vossos braços para frente, mas embaixo. Ansiais retornar, só que muito mais avidamente, mas vós vos tornais duplo. Portanto, deveis tornar-vos um, deveis separar o superior ~~xx~~ e o inferior e ir para o sol inferior do alto. Mas lá sois separados e deveis fazer uma ponte entre vós mesmos. Então o cone superior mais uma vez vem completamente em direção ao inferior, portanto, há uma linha acima e ela vos empurra para longe, portanto, um avança.

(5. IX. 17 nº 2.) 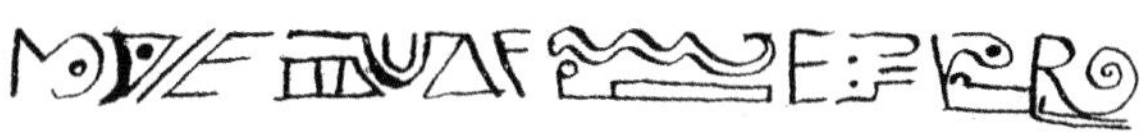 [12]

Visto que já tendes vos tornado um ali, o cone superior vem e pega seu sol, o engole, e ele desaparece. Caís e continuais a avançar. Embaixo, fazeis uma prisão grande para os dois sóis ou para vós dois e para um terceiro, mas então desce poderosamente o fogo superior e atrai o cone inferior para o alto. Isso vos puxa para trás, mesmo assim ansiais pelo avanço, isto é, pela serpente, que ~~vós~~ sempre vos agradou tanto. Por causa do cone inferior, ansiais pela serpente no alto, ela se arrasta pelo céu por cima do sol inferior, que está em contato com a terra. Mas deveis olhar mais à frente. O superior deve descer, e o inferior deve subir e, mesmo assim, estar separado. Então o cone superior deixa sair seu sol escuro. Vós ansiais para trás pelo sol inferior, mas ele está sob o chão. Visto que ansiais para trás, uma corcunda vos cresce para a frente. Fazeis um solo firme embaixo e vos enrolais no centro. [12/13]

(11. IX. 17.) ~~Agora fazeis~~

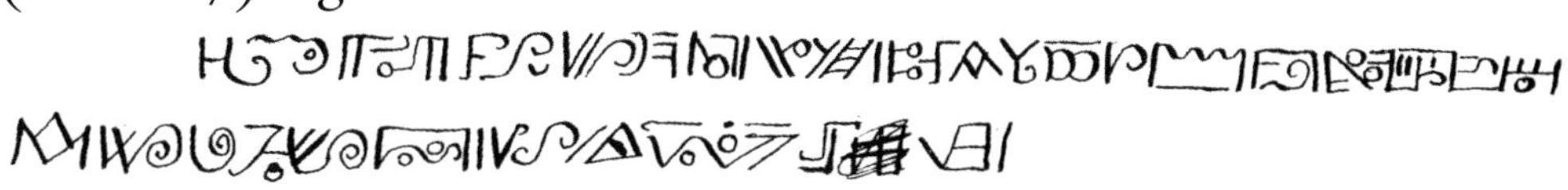 [13]

Ha.: Ainda não basta! Agora finalmente podes entender. Agora, porém, fazeis uma ponte entre vós e aquele que anseia ir para baixo. No entanto, a serpente arrasta pelo

12 Jung inscreveu essas runas numa tábua vermelha na imagem 90 do volume caligráfico do *LN*.
13 Jung inscreveu essas runas num arco azul na imagem 94 do volume caligráfico do *Líber Novus*.

alto e puxa o sol para cima. Então vós dois andais no alto e quereis subir (◡), mas o sol está embaixo e tenta puxar-vos para baixo. Mas vós fazeis uma linha acima do inferior e ansiais pelo alto e sois completamente um. Lá, a serpente vem e deseja beber do recipiente ~~xx~~ do inferior. Vem, porém, o cone superior e para. Como a serpente, o anseio avança novamente e, depois, vós ansiais muito (—) retornar. Mas o sol inferior puxa, e assim vós vos equilibrais novamente. Mas logo caís para trás, pois o uno estendeu o braço em direção ao sol superior. Mas o outro não quer isso, e assim vos separais, por isso, deveis amarrar-vos um ao outro 3 vezes. Então ficais de pé novamente e segurais ambos os sóis diante de vós, como se fossem vossos olhos, ~~Então~~ segurais a luz do alto e do baixo diante de vós e estendeis vossos braços em sua direção, e vós vos reunis para tornar-vos um e deveis separar os dois sóis, e ansiais retornar um pouco para o inferior e estendeis os braços em direção ao superior. Mas o cone inferior engoliu o cone superior, porque os sóis estavam tão próximos. Portanto, devolveis o cone superior ao alto, e, já que então o cone inferior não está mais lá, quereis puxá-lo novamente para o alto e tendes um anseio profundo pelo cone inferior, enquanto tudo está vazio no alto, visto que o sol acima da linha é invisível. Por terdes ansiado retornar para baixo por tanto tempo, o cone superior desce e tenta capturar o sol inferior invisível dentro de si mesmo. Lá, o [13/14] caminho da serpente passa completamente pelo alto, estais divididos, e tudo abaixo está sob o solo. Ansiais voltar para o alto, mas o anseio inferior já vem se arrastando como uma serpente, e vós construís uma prisão sobre ela. Mas então o cone inferior sobe, ansiais estar totalmente no fundo, e, de repente, os dois sóis reaparecem próximos um dos outros. Ansiais retornar para lá e ficais presos. Então um é insolente e o outro anseia pelo inferior. A prisão se abre, um anseia ainda mais estar embaixo, mas o insolente acima anseia e não é mais insolente, mas anseia por aquilo que está por vir. E assim acontece: o sol surge embaixo, mas é preso, e, acima, 3 caixas de ninho são feitas para vós dois e o sol superior, o que esperais, pois prendeste o inferior. Mas agora o cone superior desce poderosamente e vos divide e engole o cone inferior. Isso é impossível. Portanto, juntais as pontas dos cones e vos enrolais em direção à frente no centro. Pois isso não é jeito de resolver as questões! Assim, tem que acontecer de outra maneira. Um tenta alcançar o alto, o outro, o baixo, ~~pois~~ deveis fazer isso com esforço, pois, se as pontas dos cones se tocarem, ~~xx~~ dificilmente poderão ser separados – por isso coloquei a semente dura entre eles. Ponta a ponta – isso seria lindamente regular. Isso agrada ao pai e à mãe, mas onde isso me deixa? E minha semente? Portanto, uma rápida mudança de planos! Um faz uma ponte entre vós dois, prende novamente o sol inferior, um anseia pelo alto e o baixo, mas o outro anseia com uma força especial por aquilo que está à frente, acima e abaixo. Assim o futuro pode devir – vede quão bem já posso dizê-lo – sim, de fato, sou esperto – mais esperto do que vós – visto que tendes resolvido tudo tão bem, trazeis também tudo para casa sob um único teto, a serpente [14/15] e ambos os sóis. Isso sempre é ~~xx~~ quase divertido. Mas sois separados e, visto que tendes traçado a linha acima, a serpente e os sóis estão muito longe embaixo. Mas vós vos reunis, chegais a um acordo e vos ergueis, pois é bom, e divertido, e ótimo e dizeis: assim permanecerá. Mas o cone superior já está descendo, pois estava insatisfeito por terdes estabelecido um limite acima de antemão. Imediatamente o cone superior se estende em direção ao sol –

mas já não há mais nenhum sol em parte alguma, e a serpente também dá um salto para pegar os sóis.[14] Vós tropeçais, e um de vós é comido pelo cone inferior. Com a ajuda do cone superior, tu o libertas e, em troca, dás ao cone inferior o seu sol e, também, ao cone superior. Cobris as coisas como o faz aquele que tem apenas um olho, que caminha pelo céu e mantendes os cones abaixo de vós – mas, no fim, as coisas desandam. Abandonais os cones e os sóis e ficais lado a lado e ainda não quereis o mesmo. No fim, ~~xx~~ concordais em amarrar-vos três vezes ao cone superior que desce do alto.

Sou chamado Ha-Ha-Ha – um nome alegre – sou esperto – olhai aqui, meu último símbolo, é a magia do homem branco que vive nas grandes casas mágicas, a magia que vós chamais cristianismo. Vosso curandeiro o disse pessoalmente: "Eu e o pai somos um, ninguém vem ao Pai senão por mim".[15] Foi o que eu vos disse, o cone superior é o pai. Ele se amarrou a vós 3 vezes e está entre o outro e o pai. Portanto, o outro deve passar por ele se quiser alcançar o cone. [15/16]

Eu: Minh'alma, que cântico terrível e monótono – que contos de fadas – que encanto mágico, sobre quais mundos e quais passados ele cantou? O que há contigo? Estás dormindo, ~~magicamente~~ embriagado pela magia venenosa da serpente? Estás doente? Fala!

A.: Eu seguro a semente dourada – o fedor da putrefação eterna me deixou atordoada – estou doente de náusea. Ha, ouve – maldito Ha, Ha, volta para o teu próprio eco – Ha – Ha – Ha!

(voltada para mim:) Seu nome o bane. Felizmente seu nome estraga o seu jogo. ~~Eu~~ No entanto, vejo Filêmon, o sábio benevolente –

Fil.: Ouviste o que ele disse? Sabeis que isso é a verdade – ~~xx~~ vista de trás? Mas é a verdade. Ouvi então agora o ensinamento e o cântico do lado da frente da verdade.[16]

Fanes é o Deus que, luminoso, emerge das águas.
Fanes é o sorriso da aurora.
Fanes é o dia brilhante.
Ele é o hoje eternamente imorredouro.
Ele é o rugir das correntezas.
Ele é o sussurro do vento.
Ele é fome e saciedade.
Ele é amor e prazer.
Ele é luto e consolo.
Ele é promessa e cumprimento.
Ele é a luz que ilumina todas as escuridões. [16/17]
Ele é o dia eterno.
Ele é a luz prateada da lua.

14 Mais tarde, essa cena foi elaborada no *Liber Novus*, na imagem 117, pintada no verão de 1919, onde o dragão (Atmavictu) se levanta para engolir o sol. A inscrição na imagem diz: "O dragão quer comer o sol, e o jovem implora para que ele não o faça. Mas ele o come mesmo assim". Cf. também a imagem 119 (cf. apêndice, p. 143ss.).
15 Isso combina Jo 10,30 ("Eu e o Pai somos um") e Jo 10,6 ("Eu sou o caminho, a verdade e a vida: ninguém vem ao Pai senão por mim").
16 Este e o próximo registro podem, em certo sentido, ser considerados *Sermones* adicionais de Filêmon. Foi durante esse tempo que Jung compôs o manuscrito de *Aprofundamentos*. Na primeira versão dos *Sermones* nos registros de 1916 nos *Livros 5 e 6*, é o "eu" de Jung que fala aos mortos. No manuscrito de *Aprofundamentos*, os sermões são proferidos por Filêmon. Essa atribuição parece estar vinculada ao papel de Filêmon nestes registros aqui.

Ele é o cintilar das estrelas.
Ele é a estrela cadente, que resplandece, cai e se apaga.
Ele é o rio de estrelas cadentes que retorna anualmente.
Ele é sol e lua que retornam.
Ele é o cometa, que traz guerras e vinho nobre.
Ele é o bem e a plenitude do ano.
Ele preenche as horas com deleite repleto de vida.
Ele é o abraço e o sussurro do amor.
Ele é o calor da amizade.
Ele é a esperança, que anima o vazio.
Ele é a glória de todos os sóis renovados.
Ele é a alegria sobre todo nascimento.
Ele é o brilho das flores.
Ele é o veludo das asas da borboleta.
Ele é a fragrância dos jardins florescentes, que preenche a noite.
Ele é o canto da alegria.
Ele é a árvore da luz.
Ele é toda perfeição, toda melhoria.
Ele é tudo que é harmonioso.
Ele é a simetria.
Ele é o número sagrado.
Ele é a promessa da vida.
Ele é o contrato e o voto sagrado. [17/18]
Ele é a diversidade dos sons e das cores.
Ele é a santificação da manhã, do meio-dia e da noite.
Ele é o bondoso e o manso.
Ele é a redenção.

Depois dessa eulogia, Filêmon sentou-se no portão do esplendor e fechou seus olhos e contemplou a luz da presença eterna. E, depois de algum tempo, ele se levantou e disse:

II X 17.[17]

"Verdadeiramente, Fanes é o dia feliz".

E ele se sentou novamente e permaneceu em contemplação. E, após algum tempo, ele se levantou pela terceira vez e disse:

"Verdadeiramente, Fanes é o trabalho e seu término e sua recompensa.
Ele é o ato exaustivo e a paz da noite.
Ele é o passo no caminho do meio, ele é seu início, seu meio e seu
fim.[18]

17 Quinta-feira. Jung não atendeu nenhum paciente.

18 Em seu primeiro sermão, *Dhamma-Kakka-Ppavattana Sutta*, o Buda, articulou o caminho (ou a senda) do meio, também conhecido como caminho óctuplo: "Existem dois extremos, O Bhikkus, que o homem que desistiu do mundo não deve seguir – a prática habitual, de um lado, daquelas coisas cuja atração depende das paixões e,

~~Fanes~~ Ele é a previsão.

Ele é o fim do medo.

Ele é a semente que brota, o broto, que se abre.

Ele é o portão da recepção, a aceitação e a entrega.

Ele é a fonte e o ermo.

Ele é o porto seguro e a noite da tempestade.

Ele é a certeza no desespero.

Ele é o sólido na dissolução.

Ele é a libertação do encarceramento. [18/19]

Ele é conselho e força no avanço.

Ele é o amigo do homem, a luz que emana dele, o brilho claro, que o homem contempla em seu caminho.

Ele é a grandeza do homem, seu valor e sua força".

A.: Amante, tem misericórdia de nós! E o ser humano?

Fil.: "O ser humano nunca é seu melhor. Por isso dizei às pessoas:

Sede felizes em vossa pobreza, sede pacíficas e mansas, sede misericordiosas, suportai injúrias e perseguição, pois à vossa frente brilha uma luz que não vos deixará ~~no oculto~~ na escuridão.[19]

Quando vos irritais, não digais: não nos irritamos, mas lembrai-vos de vossa pobreza e logo vos reconciliai.

Não sejais ~~hostis~~ inimigo de ninguém para não vos divorciardes de vós mesmos. Vossa pobreza, porém, é grande demais para que pudésseis estar em discórdia convosco mesmos.

Não digais: amamos nosso inimigo.[20] Em vista de vossa pobreza, essa mentira seria desperdício. Deixai vosso inimigo a sós consigo mesmo, para que sua hostilidade devore a si mesma.

Não queirais ser perfeitos como os Deuses, mas cuidai de vossa pobreza e nudez, para que o imperfeito e o fraco ~~também~~ em vós não pereçam completamente. Vossa perfeição seria [19/20] nojo e fardo injusto para vosso próximo.

Antes pensai em suportar pessoalmente a vossa própria pobreza em vez de sobrecarregar vosso próximo com a aparência de vossa perfeição.

Não esqueçais de dar esmolas à vossa pobreza.

---

especialmente, da sensualidade – um caminho baixo e pagão (de buscar satisfação) indigno, improdutivo e apropriado apenas para aqueles com mente mundana – e a prática habitual, de outro lado, do ascetismo (ou mortificação própria), que é doloroso, indigno e improdutivo./"Existe um caminho do meio, o bico [Bikkhus], que evita esses dois extremos, descoberto pelo Tathāgata – uma senda que abre os olhos e concede entendimento, que leva à paz de espírito, à sabedoria superior, à iluminação plena, ao nirvana! [...] É este nobre caminho óctuplo, ou seja: 'visões corretas; aspirações corretas; fala correta; conduta correta; subsistência correta; esforço correto; atenção correta e contemplação correta'" ("Buddhist Suttas". In: MÜLLER, M. (org.). *Sacred Books of the East.* Vol. II, 1881, p. 147). Em *Tipos psicológicos,* Jung observou que "as religiões da Índia e da China e, especialmente, o budismo, que combina as esferas de ambas, possui a ideia de um caminho intermediário redentor de eficácia mágica, que pode ser alcançado por meio de uma atitude consciente". Ele chamou esse "princípio redentor do problema dos opostos" o "símbolo unificador" e comentou sobre sua articulação no hinduísmo e taoismo (OC 6, § 323ss.).

19 Cf. Lc 6,20: "Felizes sois vós, os pobres, porque vosso é o reino de Deus".

20 Uma inversão de Mt 5,43-45: "Ouvistes que foi dito: Amarás teu próximo e odiarás teu inimigo. Pois eu vos digo: Amai vossos inimigos e orai pelos que vos perseguem, para serdes filhos de vosso Pai que está nos céus".

Mas quando orardes, não imploreis aos Deuses, mas desejai que a glória de Deus se aperfeiçoe, para que sua lei, que foi colocada em vós, se cumpra, ~~e,~~ que possais suportar vossa pobreza em humildade, para que a luz que ~~esclar~~ ilumina as escuridões de vosso caminho brilhe com uma claridade ainda maior.

Quando orardes, desejai que o necessário se cumpra, não aquilo que considerardes necessário, mas aquilo que é inevitável por si mesmo. Vossa pobreza não suporta desejar o mais alto.

Ninguém pode servir a um senhor, cada um sirva a si mesmo, pois, por causa de sua pobreza, ele necessita ajuda.[21] O rico não necessita ajuda.

Por isso eu vos digo: Cuidai de vossa vida, o que comereis e bebereis, cuidai também de vosso corpo, o que vestireis. Não é a comida tão importante quanto a vida? E não necessita vosso corpo também de vestes? ~~E~~ Não deve também o vosso corpo ser saudável, e vossa vida, segura, para que não vos torneis um fardo para vossos irmãos? Não são eles pobres como vós? Olhai as aves no céu:[22] elas não têm um vestido de penas para a sua proteção? Elas não constroem ninhos quentes? Não procuram elas com zelo e destreza o seu alimento? [20/21] Vistes alguma vez que um corvo alimenta o outro? Por isso, servi a vosso corpo, o servo paciente, para que ele permaneça saudável. ~~Servi~~ Ajudai vossa alma, o demônio presunçoso, para que ela se livre de toda divindade e sobre-humanidade[23] falsa, para que possais contemplar a Deus.

Nada que não tiverdes adquirido com esforço honesto vos será dado. Fazei penitência por cada dádiva não merecida que o céu vos concede, para que não vos mancheis com divindade.

Providenciai para a manhã seguinte, pois o dia nascente terá pragas suficientes.[24]

Hipócritas, tirai primeiro a trave de vosso olho e esperai até vosso irmão vos pedir ajuda para tirar o cisco do seu olho.[25] Se, porém, o irmão amar o cisco em seu olho, por que deveríeis interferir?

Certamente não deveis dar aos cães o que é santo e não jogar a pérola aos porcos, mas, porventura, seriam vossos irmãos e irmãs cães e porcos?[26]

Pedi, mas não exagereis, batei à porta, mas não sejais impertinentes; não é certo se sereis recebidos,[27] pois vossos irmãos são pobres e não deveis incentivá-los ao desperdício. Mas a avareza devora a si mesma, e não perdereis a herança.

Segui o caminho de vossa lei interior sob a observância da lei exterior do amor. Por vezes, esse caminho intermediário é estreito, por vezes, é largo.[28] Aquele que não seguir esse caminho [21/22] tem a perdição em seu coração.

---

21 Cf. Mt 6,24: "Ninguém pode servir a dois senhores. Pois ou odiará um e amará o outro, ou será fiel a um e abandonará o outro".

22 Em alemão, essa expressão cita diretamente Mt 6,26 na tradução de Lutero ("Sehet die Vögel unter dem Himmel an..."). A Bíblia Vozes diz: "Olhai os pássaros do céu: não semeiam, nem colhem, nem guardam em celeiros, mas o Pai celeste os alimenta". Na opinião de Filêmon, os pássaros cuidam de si mesmos.

23 Em *Assim falava Zaratustra*, Zaratustra defende ultrapassar o humano para tornar-se o "sobre-homem".

24 Cf. Mt 6,34: "Não vos preocupeis com o dia de amanhã. O dia de amanhã terá suas próprias dificuldades".

25 Isso cita Mt 7,5: "Hipócrita! Retira primeiro a trave do teu olho, e então enxergarás bem para tirar o cisco do olho do teu irmão".

26 Cf. Mt 7,6: "Não deis o que é santo aos cães nem jogueis vossas pérolas aos porcos, para não acontecer que estes as calquem com suas patas e aqueles, voltando-se contra vós, vos dilacerem".

27 Cf. Mt 7,7: "Pedi e vos será dado; buscai e achareis; batei e vos abrirão".

28 Cf. Mt 7,14: "Quão estreita é a porta e apertado o caminho que leva à vida, e poucos são os que o encontram!"

Reconhecereis os férteis por seus frutos,[29] mas agradeceis aos inférteis por terem poupado o mundo de uma monstruosidade.

Aquele que cumprir a lei da necessidade interior terá o reino dos céus no coração,[30] pois ele vivenciou o dia~~x~~ da felicidade.

Não queirais fazer nada por desunião convosco mesmos, mas pelo cumprimento de vossa pobreza".

Depois disso, porém, Filêmon se curvou, tocou a terra com a mão e pediu perdão por ter professado um ensinamento.[31] Então voltou para o salão, para uma bacia de água e se purificou da pretensão de ensinar. Ele trocou seu manto branco por vestes marrons e saiu pela ponte para a terra dos homens. Lá, entrou numa capela à beira da estrada. ~~Na cap~~ Sobre o altar pendia o crucifixo. Fil[êmon] ~~x~~ se curvou e disse a ele: ["]Meu irmão, perdoa meus erros. Pequei contra as tuas palavras. Ensinei diferentemente de ti. Mas se eu estiver errado, ensina-me a reconhecer a verdade".[32]

O crucificado ~~porém~~ permaneceu calado, pois ele já tinha cumprido e selado a sua verdade com a morte e assim deixado espaço para a verdade de seu irmão.

Então, aos prantos, Filêmon beijou as mãos rígidas de seu irmão e voltou para o local de seu ensinamento. [22/23]

18 X 17.[33]

Minh'alma, fala comigo!

A.: Que razão tens para hesitar e duvidar? Não viste como tudo se desenvolveu? Aquilo que vive está certo. Por que permitirias ser coagido a entregar algo? A branca aceitou alguma coisa? Ela não continua a fazer exigências e a atribuir a si mesma tudo que pertence a ti? Tu és paciente demais, até bom demais, se isso não fosse tão estúpido.

Eu: Temo que seus conselhos são, como sempre, extremos demais.

A.: E a branca não é extrema? Tudo é exagerado, e tu não te sentes bem com isso. Admite, mesmo que apenas uma vez.

Eu: Mas e o amor?

A.: E como é que ela faz? Ela se importa com o amor em si? Ela só se importa com o amor que ela recebe ou não. Cumpre o desejo dela e vê como ela se comporta. Se ela for malcomportada, o que é bem possível, podes permanecer em silêncio até ela recuperar a razão. Com ela, é sempre um experimento. Ela até oferece algo de valor, então podes ir um pouco ao encontro dela. Mas não demais, pois ela só é capaz de apreciar pouca coisa. Sempre dás demais. Isso é tolo. Precisas tornar-te precioso para esse tipo de pessoas, caso contrário, elas apenas ~~se~~ te desperdiçam. [23/24]

---

29 Cf. Mt 7,16: "Por seus frutos os conhecereis".

30 Cf. Lc 17,21: "o reino de Deus está no meio de vós".

31 Um gesto semelhante acompanha o comentário de Filêmon sobre os *Sermones* em *Aprofundamentos*, acrescentado no outono de 1917. Essa oração explica o significado do gesto (*LN*: Sermão 1, p. 448; Sermão 2, p. 455; Sermão 3, p. 458; Sermão 4, p. 462; Sermão 6, p. 467).

32 Em 6 de junho de 1916 (*Livro 6*, p. 245-247), Filêmon tinha se dirigido a Cristo como seu mestre; aqui ele o chama seu irmão.

33 Quinta-feira. Jung não atendeu nenhum paciente.

22. X. 17.[34]

Algo está acontecendo de novo. O que é?

A.: Eu estou parada aqui, e aguardo ~~por~~, e me anuncio.

O que queres?

A.: Eu te contarei. Eu vi Fil. Ele estava no portão e olhava para a terra dos homens. Mas ninguém veio. Ninguém pisava na ponte. E ouvi Fil. falar:

"Então não há ninguém entre os vivos? Apenas vossas sombras estão presentes? Vossas sombras que se desprenderam de vós no sono? Viestes contra a vossa vontade? Preferis ir com os vivos como seus servos fiéis? Conheço, porém, um serviço mais delicioso para vós, uma lealdade mais bela. Ouvi minhas palavras e as sussurreis no ouvido de vossos mestres quando estiverem dormindo. Dizei a eles:

[']Hipócritas, não faleis de amor, mas sondai quais desejos ocultais em vosso amor. Vosso irmão não é pobre e não tem o que possa vos dar? Por que colocais sobre ele o fardo de vossos desejos, dizendo: nós te amamos. Ameis o bem-estar de vosso irmão? Não, quereis participar dele. Não é melhor que cada um faça o seu, para que ele fique bem, do que desejar receber do irmão o seu bem-estar? Buscai a riqueza dentro de vós e recebereis toda a felicidade que necessitai['].["][35]

Assim falou Filêmon.

O que há contigo, minh'alma? Que dor te acomete?

A.: Estou triste. O servo vê o seu mestre e não gosta de sussurrar tais coisas em seu ouvido, pois ele quer ter parte no bem-estar de seu mestre".

Eu: Então tu não me amas. Eu já não te disse isso há ~~xx~~ muito tempo? [24/25]

A.: Estás certo, ainda não consigo amar-te de verdade.

Eu: Por que não?

A.: Por que esse eterno por quê? Por que devo sempre saber?

Eu: Deves conhecer apenas as razões de teu não amar!

A.: Como posso e como devo amar? Tu tiras de mim todo amar. Tu cuidas de tudo. Nada resta para mim. Tu amas demais. Por isso eu amo menos.

Eu: O que devo fazer?

A.: Amar menos. Ouve, a faca, precisas da faca. Corta o que não serve. Não a preta – ela serve. Ela é calada e te acompanha. Tu precisas dela. Ela se alegra quando estás bem. Ela não toma nada, ela não te sobrecarrega. Eu sempre sou obrigado a roubar de ti o que é meu. Quando sou carente demais, isso atrai os mortos. Eles me puxam para longe de ti. Há alguém nas proximidades, o irmão do mago preto. Ele me ronda.

Eu: O que ele quer?

A.: Não sei o que ele tem ou quer.

Eu: Então pergunta.

A.: O que queres, preto? Aproxima-te e fala!

34 Segunda-feira. Jung atendeu quatro pacientes.

35 Cf. NIETZSCHE, F. *Assim falava Zaratustra*, parte 1: "Do amor ao próximo", p. 90. Para o comentário de Jung sobre isso, cf. ZS, 13 de novembro de 1935, p. 685ss.

Ka.: Eu sou o início da alma. Eu sou Ha, mas seu outro lado. Sou sua alma. Eu lhe dei as runas e a sabedoria inferior. Eu sou seu espírito. Ele se foi, eu fiquei. Quero estar convosco.[36]

Eu: O que nos serve esse companheiro assombroso?

A.: O que queres conosco?

Ka: Deveis ter-me, pois ainda precisareis de mim. Ha conhece o externo, eu, o interno. Ele tem a pobreza, eu tenho a riqueza. O que ele sabe? Apenas sua história enfadonha de cones, e sóis, e serpentes, runas miseráveis.[37] Um grão de ouro arde [25/26] em seu olho, meus olhos, porém, são de ouro puro. Meu corpo é de ~~ferro~~ ferro preto. Eu sou pesado e perduro eternidades. Eu conheço o sentido das runas, Ha fala sobre elas como uma criança.

---

36 Em *Memórias*, Jung lembrou: "Mais tarde, Filêmon foi relativizado pela aparição de outro personagem, que denominei Ka. No antigo Egito, o 'Ka do Rei' era considerado sua forma terrestre, sua alma encarnada. Na minha fantasia a alma-Ka vinha de sob a terra como que de um poço profundo. Pintei-a em sua forma terrestre como um Hermes, cujo pedestal era de pedra e a parte superior de bronze. Bem no alto da imagem aparece uma asa de martim-pescador; entre esta última e a cabeça do Ka paira uma nebulosa redonda e luminosa. A expressão do Ka tem algo de demoníaco, e mesmo de mefistofélico. Segura numa das mãos uma forma semelhante a um pagode colorido ou a um cofre de relíquias; na outra segura um estilete e com este trabalha aquele objeto. O Ka diz sobre si mesmo: 'Eu sou aquele que enterra os deuses no ouro e nas pedras preciosas.'/Filêmon tem um pé paralisado, mas é um espírito alado, enquanto o Ka é uma espécie de demônio da terra ou dos metais. Filêmon encarna o aspecto espiritual, o 'sentido'. O Ka, pelo contrário, é um gênio da natureza como o anthroparion da alquimia grega, que eu desconhecia nessa época. O Ka é aquele que torna tudo real, mas que vela o espírito do martim-pescador, o sentido, ou que o substitui pela beleza, pelo 'eterno reflexo'./Com o tempo integrei essas duas figuras. O estudo da alquimia ajudou-me a consegui-lo" (p. 190-191).

Wallis Budge observa: "O ka era uma individualidade ou personalidade abstrata que possuía a forma e os atributos do homem a quem pertencia, e, apesar de sua residência normal ter sido o túmulo com o corpo, ele podia andar por aí à vontade, era independente do homem e podia ir e residir em qualquer estátua sua" (*Egyptian Book of the Dead*, p. lxv). Em 1928, Jung comentou: "Num estádio superior de desenvolvimento, quando já existem representações da alma, nem todas as imagens continuam projetadas [...] um complexo ou outro pode aproximar-se da consciência, a ponto de não ser percebido como algo estranho, mas sim como algo próprio. Tal sentimento, no entanto, não chega a absorver o referido complexo como um conteúdo subjetivo da consciência. Ele fica, de certo modo, entre o consciente e o inconsciente, numa zona crepuscular: por um lado, pertence ao sujeito da consciência, mas por outro lhe é estranho, mantendo uma existência autônoma que o opõe ao consciente. De qualquer forma, não obedece necessariamente à intenção subjetiva, mas é superior a esta, podendo construir um manancial de inspiração, de advertência, ou de informação "sobrenatural". Psicologicamente, tal conteúdo poderá ser explicado como sendo parcialmente autônomo e não totalmente integrado ao complexo da consciência. Esses complexos são almas primitivas, as ba e ka egípcias" (*O eu e o inconsciente*, OC 7/2, § 295). Em 1955-1956, Jung descreveu o anthroparion na alquimia como um "uma espécie de duende, que, na qualidade de [espírito devoto], ou spiritus familiaris, assiste o adepto no opus e ajuda o médico a ajudar" (*Mysterium Coniunctionis*, OC 14/1, § 298). O anthroparion representava os metais alquímicos ("A psicologia do arquétipo da criança", OC 9/1, § 268) e apareceu nas visões de Zósimo (OC 13, p. 64-66). A pintura de Ka à qual Jung se refere não foi descoberta.

Em 15 de outubro de 1920, ele discutiu uma pintura com Constance Long, que fazia análise com ele. A pintura parece ser cat. 54 (*A arte de C.G. Jung*, p. 128). As anotações dela lançam luz sobre o entendimento de Jung da relação de Filêmon e Ka. "As duas figuras nos dois lados são personificações de 'pais' dominantes. Um é o pai criativo, Ka, o outro, Filêmon, aquele que dá forma e lei (o instinto formativo). Ka equivaleria a Dioniso & F = Apolo. Filêmon dá formulação às coisas em elementos de inconsciente coletivo [...] Filêmon dá a ideia (talvez de um Deus), mas ela permanece flutuando, distante e indistinta porque todas as coisas que ele inventa são aladas. Mas Ka dá substância e é chamado aquele que enterra os Deuses em ouro e mármore. Ele tem uma tendência de negligenciá-los na matéria, assim correm o perigo de perder seu significado espiritual e de ser enterrados em pedra. Assim o templo pode ser o túmulo de Deus, assim como a Igreja tem se tornado o túmulo de Cristo. Quanto mais a Igreja se desenvolve, mais o Cristo morre. Não deve se permitir que Ka produza demais – não deves depender da substanciação, mas se não houver uma produção suficiente de substância, a criatura flutua. A função transcendente é o todo. Não sua imagem, não minha racionalização dele, mas o novo e vivificante espírito criativo é o resultado da interação entre a inteligência consciente e o lado criativo. Ka é sensação. F é intuição, ele também é sobre-humano (ele é Zaratustra, extravagantemente superior naquilo que diz e frio. [CG] não publicou as perguntas que fez a F nem suas respostas. [...] Ka e Filêmon são maiores do que o homem, são sobre-humanos (Desintegrados neles passamos a estar no Inc. Col.)" (Diary, *CLM*, p. 32-33).

37 Cf. acima, 7 de outubro de 1917, p. 148.

Eu: Cuidado, minh'alma, ele é assustador, a esperteza dele é superior.

A.: Não deves vir sem exigências. O que queres?

Ka.: Não exijo nada além de poder acompanhar-vos.

Eu: Eu desconfio dele.

A.: Acho que deves permitir que ele nos acompanhe. O que Ha disse não era totalmente estúpido. De seu jeito, foi até superiormente esperto, mesmo que blasfemo – eu admito.

(voltada para Ka:) Escondes coisas más em seu coração preto?

Ka.: Não, nem tenho coração. Sou completamente feito de ferro. Sou apenas frio. Talvez isso vos sirva?

A.: Ouviste? Ele é frio e esperto. Não haveria aqui uma vantagem?

Eu: Que ele nos acompanhe então, desde que te diga o que sabe.

A.: ~~Tu~~ Ouve, Ka. Podes nos acompanhar sob a condição de nos ensinar o que sabes.

Ka.: Sei o que necessitais. ~~Eu sou~~ Precisais de meu segredo. Meu segredo é a essência de toda magia. E esta é o amor. Sois quentes demais, como podeis irradiar o amor? Vós o tendes dentro de vós. Ele não brilha para outros. O que vos diz o velho em roupa branca?[38] Ele fala amor e não fala disso.[39] Ouve, homem, tu permites que a tua alma te roube. Ela te obriga a dar amor, assim ela domina. O que ela quer acima de tudo é dominar. Não dês amor em excesso. ~~Mira~~ Olha para os teus objetivos, não para o amor. Assim irradias amor. Filêmon tem amor? Não, ele o irradia. [26/27] Deixai-me acompanhar-vos, eu vos dou frieza, isso gera a radiação calorosa.

Eu: Minh'alma, pergunta a Filêmon o que ele acha de Ka.

A.: Fil., eu te invoco, sublime, amante, compadece-te de nós e dá~~x~~-nos o teu conselho.

Fil.: Ka é minha sombra. Como poderíeis ficar sem ele? Que Ka vos acompanhe, assim como eu vos acompanho. Ninguém está no alto que não tivesse sua sombra embaixo. Minha luz é forte; e minha sombra, escura.

A.: Amante, que mistério!

Fil.: Viste o meu irmão?[40] Ele não estava frio e colocou sua luz sobre uma vasilha?[41]

A.: Sublime, tu que estás no portão do esplendor, por que teu manto é vermelho?[42] Estás indo para o sacrifício?

Fil.: Mergulhei meu manto em sangue, no sangue deste homem. O que me serve o manto da inocência? Ele está vermelho de sangue vivo. Não sou eu aquele que ama?[43]

A.: Ensina-nos, sublime, sobre a palavra dourada.

---

38 Isto é, Filêmon.

39 Na camada 2, cap. 2, 21, *Líber Secundus* no *LN*, Filêmon foi descrito como amante de sua própria alma (p. 359).

40 Isto é, Cristo.

41 Mc 4,21-22: "Disse-lhes ainda: "Por acaso se traz a lamparina para colocá-la debaixo de uma vasilha ou debaixo da cama? Não é para colocá-la num candelabro? Pois não há nada oculto que não seja descoberto, e nada há escondido que não venha à plena luz".

42 Cf. Is 63,2-3: "'Por que, então, teu vestido está vermelho, e tuas roupas, como de alguém que esmaga as uvas?' 'Eu sozinho pisei as uvas no lagar e nenhum povo me ajudou. Então eu os pisei com minha ira, e com meu furor os pisoteei, de modo que seu sangue salpicou minhas vestes, e toda minha roupa ficou manchada'".

43 No *Líber Secundus*, cap. 21, "O mago", Jung escreveu: "*Que segredo, porém, me dás a entender*, ó ΦΙΛΗΜΩΝ, com teu nome? Tu és realmente o amoroso que certa vez acolheu os Deuses" (*LN*, p. 359).

Fil.: Verdadeiramente, Fanes é o consolador. Ele conduz a mão dos que erram. Ele é o conselheiro da viúva.

Ele enche o cálice vazio.
Ele coloca pão na mesa do faminto.
Ele é amigo do solitário.
Ele dá língua aos incompreendidos.
Ele coloca um peso na balança da justiça.
Ele é a riqueza do pobre.
Sua luz brilha nas montanhas. [27/28]
Ele nasceu de sofrimento e alegria.
Também os diabos lhe serviram.
Ele brilha no olho impotente do animal.
Ele é a compreensão daquilo que os diabos dizem.
Ele é a redenção dos mortos.
Ele é a cura dos enfermos.
Ele é a compaixão com toda vida.
Ele é a beleza do cristal.
Ele se eleva acima do pecado.
Ele é a lei sobre todas as leis.
Ele é a libertação através de sacrifício de sangue.
Onde ele brilha não há perdição.
Ele é o mais alto das parábolas, a soma de todos os enigmas.

Ka: Chega, Filêmon! Tua fala é oca. Onde está tua sombra? Tua sombra[44] te diz:

Maldita é a terra, malditos são os céus eternos, malditos são o ser humano e seu demônio. Maldita é toda boa-nova. De quais mentiras falas, Filêmon? Que peças de arte ofuscantes de encantar serpentes apresentas em teus altos céus azuis? Minha fala é de ferro, tuas mornas gotas de consolação não me derretem. É comigo que deves falar, bela aparência de mentira.

Fil.: Minha sombra, eu te conheço. Finalmente me alcançaste? Sê bem-vindo, [28/29] filho das trevas! Para celebrar o teu nascimento vesti um manto vermelho. Mostra-te, amigo! Como são belos o teu corpo de ferro e teu olho dourado cintilante! Como é sublime também a beleza do abismo! Agradeço à luz eterna, que, consoladoramente, derramou sua beleza sobre tudo.

Ka: Que palavras grandes! Acreditas que podes me encobrir com elas? O vermelho de teu manto é sangue, sangue humano vivo. Ele testifica contra ti diante da justiça eterna. Ele grita de injúrias contra o inocente. Sangue humano te basta para tingir o teu manto.

Fil.: Verdadeiramente, não ~~falas~~ dizes nenhuma mentira. Eu sou um crime dos Deuses contra o homem. Seu melhor comete injúrias contra ele. Minha mão está vermelha de sangue do inocente. Eu arranquei de sua carne o bem eterno.

44 Isto é, Ka.

Ka: Descarado, vem para o julgamento. Eu revelarei teus caminhos ocultos. Não te escondestes neste homem? Não me obrigaste a seguir sua trilha para que eu fosse obrigado a lhe dar a sombra cruel? Não fizeste os cães do inferno abocanhar o seu calcanhar?

Fil.: Dizes a verdade. Eu me escondi neste homem.[45] Eu o casei com a filha ~~do inferno~~ da grande mãe, que abarca o céu e a terra. Ele não lhe deu figura feminina, ele não a amou?[46]

Ka: E tu não geraste com ela de forma vergonhosa e clandestina [29/30] o miserável verme[47] de Deus? A tua filha? Incesto!

Fil.: O verme não produziu o ~~xx~~ fruto vermelho? A semente dourada que ascendeu em brilho por todos os céus?[48] O homem não estendeu seus braços em direção da beleza eterna?

Ka: Tu a roubaste dele; roubaste o bem dos menores, traíste sua fé e sua fidelidade. Fizeste dele um escravo em nome da tua ganância de poder. O que lhe vale a tua beleza paga com sangue, com sangue inocente? O que dás a ele? Preparaste um pagamento? Nada, mentiroso, tua mão está vazia.

Fil.: Minha mão está vazia, pois levei para o alto o que trazia. Sim, eu tirei deste homem e subi e o depositei no limiar do esplendor.

Ka: Que fraude maldita! O que estou fazendo aqui? Mais uma vez cheguei tarde demais.

Fil.: Não tarde demais, em hora oportuna. Ficarás comigo, como antes.

Ka: Ficarei preso a ti para sempre?

(voltado para mim:) Não queres colocar-te entre mim e Filêmon?

A.: Não faças isso! Pensa nas runas!

Eu: Ah, minha fiel e amada alma! Sabes onde [30/31] é o meu lugar? Filha da mãe, conheço teu amor materno. Não queres me libertar? Mas tu sabes, tu estarás onde eu estou. Eu digo sim ou não, mesmo assim sempre estás presente. Deixa-me diferenciar, para o bem da beleza eterna. Não sou eu o grão que foi colocado entre sombra e luz? Como poderia ser humano de outra forma? Como poderia amar as pessoas de outra forma? Minha raça? Meu reino é a terra, e meu reino é o céu.[49] Como posso encontrar paz se terra e céu desabarem um no outro? Que as runas eternas se cumpram. A mim pertencem a luz e a escuridão. Filêmon devolveu aquilo que recebi sem que eu soubesse. O outro que eu era sem saber será levado pela sombra. O terceiro pertence a mim e é a minha vida.

Fil.: Meu filho, abençoada ~~tu~~ seja a tua vida.

Ka: Meu filho, abençoada seja a tua vida.

A.: Mas sua vida?

Fil.: Paciência, uma palavra ainda haverá de ser dita.

45 Isto é, o "eu" de Jung.

46 Salomé, a alma de Jung.

47 O filho das rãs, Abraxas. Na camada dois de "O mago" {6}, *Liber Secundus*, cap. 21, Jung escreveu: "Eu te reconheço, ΦΙΛΗΜΩΝ, tu, o mais astuto de todos os enganadores! Tu me lograste. Minha virgem alma gerou para ti o verme asqueroso" (*LN*, p. 396).

48 Em *Aprofundamentos* {1}, após a ascensão do filho das rãs ao céu, Jung escreveu: "Tu precisas saber que ainda não surgiu nenhum Deus de amor ou um Deus amoroso, mas um verme de fogo arrastou-se para o alto, uma figura gloriosamente assustadora, que fez chover fogo sobre a terra, causando gritaria generalizada" (*LN*, p. 409).

49 Cf. Jo 18,36: "Meu reino não é deste mundo".

6. X [= XI]. 17.[50]

Eu: Minh'alma, o que vês?

A.: Ouço o badalar do alto, vejo a sombra embaixo. Vejo o grão imperecível que está no meio.

Eu: Chama aquele que ama, o pai, para que ele interprete para nós aquilo que é obscuro.

A.: Sublime, amoroso, abre tua mão. [31/32]

Fil.: Vistes a minha sombra? Ele é minha sombra.
É lei que o escuro se junte ao claro.
Como o escuro poderia prescindir da luz?
O dia não é irmão da noite?
A sombra não é esposa do sol?
Minha luz flamejante é imortal, sua matéria é imperecível.
O ser humano? De onde ele caiu?
Apenas um terço seu é natureza própria.
Dois terços são demoníacos.

A.: Ah, pai, compadece-te de nós, o que é o ser humano? Quais são seus caminhos, seu fim e seu começo?

Fil.: Ele é uma semente de estrela. De quais infinitudes ele caiu?

Ka: Sim, de onde veio ele? Ha o encontrou em hora infeliz e o colocou entre pai e mãe.

Fil.: Mas ele não viu a beleza eterna? Sua mão não encontrou o ouro imperecível? Seu olho não viu o sol e não deu ele nomes para todos os vivos e mortos no céu e na terra?

Ka: Para quê? O que ele será? Ele cai da árvore como folha, é jogado numa vala, decai como tudo que vive.

Fil.: Ele não me deu a fala? Ele não te deu beleza? Não sou eu o fruto [32/33] que emergiu de sua árvore? Não estiveste seguro no emaranhando de suas raízes? Sim, não nasceu uma árvore da semente da estrela?

Ka: Uma árvore que cai quando seu tempo acaba. O que é uma árvore?

Fil.: Uma árvore de estrela nasceu daquela semente. Ela produz aquele fruto delicioso, aquele que chamamos o dia feliz. Ele carrega o hoje.

Ka: O dia do luto, da cegueira, da desesperança.

Fil.: Seu fruto liberta da dor.

Ka: E gerará nova dor.

Fil.: A árvore do milagre eterno! Apenas uma árvore – não és como os muitos? Um de muitos? Tu mesmo muitos? Esta folha não poderia pertencer àquela outra ~~xx~~ árvore? Esta raiz não poderia nutrir o teu irmão? Esta flor é tua ou daquele outro? Existe alguém esperto capaz de distinguir ~~xx~~ a tua madeira da madeira da outra árvore? Não sois vós todos uma árvore? Quem conta os anos desta árvore? Olhai em volta! O que vedes no olho do amado? Vedes vós mesmos. Vedes vós mesmos no odiado. Não vedes vossa alma quando olhais o olho do animal? [33/34] Sois o musgo que cresce nas pedras. Sois a folha

50 Terça-feira. Jung atendeu cinco pacientes.

que cai da árvore, sois as florestas que cobrem a terra e os animais que nelas se escondem. As folhas vêm da árvore, e a árvore vem das folhas.

Poderosos, quem mede ~~a duração~~ os tempos de vossa duração?

Por que amais a vós mesmos? Porque sois um. Por que odiais a vós mesmos? Porque não quereis ser um. Mas o amor é também a verdade. Ser um consigo mesmo é ser um com outros. Ser um com outros é imortalidade.

Não vivem em ti todos os tempos e todos os povos? Sê um contigo mesmo e tu viverás para o outro lado. Apenas o indivíduo morre.

20. XI. 17.[51]

O que queres, minh'alma? O que significam os sinais sombrios?

A.: Não percebes? Ka está perigosamente próximo. Desde a fala de Filêmon, seu ferro arde. Talvez ele tenha uma verdade dentro de si.

Eu: Então pergunta a ele. Ele é opressivo.

A.: Ka, ouve! Por que essa postura beligerante? Por que aumentas teu peso? Por que ardes como uma forja?

Ka: Finalmente ouvireis? Sou menor do que Filêmon? O branco é melhor do que o preto? [34/35] Filêmon me chama sua sombra. Eu o chamo minha sombra. Eu sou sólido, ele é mais fino do que ar. Sua verdade é uma sombra, um sopro, volátil e já levado pelo vento. Eu sou de solidez eterna. Acrediteis que, por ser condenado a seguir minha sombra, sou menos do que ele? Ele não é condenado a sempre ir à minha frente? Ele é apenas meu arauto, meu precursor. O que vem depois sou eu. Eu perduro, ele passa. Se ele for para onde eu ainda ascenderei, eu continuo convosco, mesmo após ele ter desaparecido há muito tempo. Eu sou vossa verdade que perdura, ele é uma luz passageira, um raio de sol ~~xx vagante~~ perdido. Então me ouvis? Falastes com Filêmon sobre a imortalidade? Vistes como ele estendia véus verdes e ~~azuis~~ azuis-celestes? Não, porque vossos olhos já estavam vedados. Acheis que agora sabeis algo sobre a imortalidade? Uma folha que cai da árvore – um dia de outono – mas a árvore permanece – por quanto tempo? – um dia de inverno – o machado ataca sua raiz – e agora – onde está a árvore? – ele faz tábuas para caixões – prepara uma sopa – é a perna de uma cadeira – é papel de jornal – é cinzas – mofo – poeira – a menor raiz da menor planta absorve um de seus minúsculos átomos – sim, onde está a árvore? Quem é a árvore? Onde fica a obra divina de ilusão de Filêmon? Ele vos ensina como sois pequenos. Mas sabeis quão grande sois? Como saberíeis? Tendes apenas olhos para ver como é vasto [35/36] e grande o mundo, ten-

51 Terça-feira. Jung atendeu cinco pacientes. Em 10 de novembro, Julius Vodoz fez uma apresentação na Associação de Psicologia Analítica sobre *Casamento de Roland*, de Victor Hugo. Durante a discussão, Jung comentou: "Prof. Vodoz disse que o poema era um confronto com o inconsciente – um poema nunca é um confronto com ele – é apenas uma formação do inconsciente. Um confronto seria descrever os conteúdos do inconsciente que entram no consciente através de sonhos, fantasias etc. e examinar seu significado depois como se fosse uma contraparte". Erika Schlegel perguntou: "Um poema não pode ser o resultado de um confronto?" Jung respondeu: "Pode ser, mas não eo ipso. Por ex., no *Fausto*, há muitos confrontos, mas a segunda parte ainda é tão simbólica que ainda não chega a ser um confronto. É claro, a formação já é uma tarefa enorme e parte da vida. Mas se a solução ainda for tão simbólica que não ocorre uma classificação, mas apenas uma representação simbólica, não é um confronto do ponto de vista analítico. *Fausto II* não apresenta uma solução tão absoluta ao ponto de resolver o problema. É semelhante no caso de *Zaratustra*. Ele contém muito, mas uma peça essencial está faltando, que o próprio Nietzsche provou *Zaratustra* através de sua habilidade de viver" (MAP, pp. 23-24).

des ouvidos para ouvir quão logo se perde a voz na distância, tendes músculos que vos ensinam quão fracos sois. Sois cegados pelo brilho do dia e, mesmo assim, sempre olhais para a luz. Mas vós não vedes a mim, pois vossos olhos foram feitos para a luz. Foi realmente Filêmon que vos implantou os olhos. Mas não sabeis que tendes olhos por trás de vossos olhos, ouvidos por trás de vossos ouvidos, olhos escuros, ouvidos de sombra, que eu implantei em vós.[52] Estes veem e ouvem o sólido, o inerrante, aquilo que está por trás de toda luz, na eterna noite da verdade. Com estes olhos vedes o menor onde sois grandes, com estes ouvidos ouvis a voz sombria, que vos alcança vindo de distância estelar. Estes olhos são vastos como ~~xx~~ um céu estrelado, e estes ouvidos ~~abrangem~~ ouvem para além dos limites do zodíaco. Sabeis quão grande sois? Filêmon quer convencer-vos de que vossa vida retorna, como a vida da folha retorna para a árvore. Mas a vida da árvore não entrou na folha? A folha não caiu? Ela não apodrece no solo úmido? Mas o que é uma folha? Ela cobre uma abóboda celeste com milhões de mundos animados~~?~~. A grandeza possui um limite? A pequenez possui um limite? Não existe, por toda eternidade, algo maior do que grande e algo menor do que pequeno?[53] Nos céus, a terra é um grão. Na terra, um grão de poeira é tão grande quanto a terra nos céus. E o grão de poeira é [36/37] tão grande quanto o céu, tão grande quanto muitos céus, mundos incontáveis, pois onde há um limite para o infinito? Se Filêmon for até os grandes Deuses e vós permanecerdes sentados, pequenos e solitários, na sombra da terra – para onde vai vosso eu, o eu vivo, que sois vós mesmos e sem o qual não sois? Por que sentis eternidade de vosso eu? Na verdade, por que quereis eternidade de vosso eu? E por que é renúncia doentia não querer a eternidade? O brilho do dia vos cega, ele vos demonstra o contrário. Vós vedes com olhos diurnos, ouvis com ouvidos diurnos, desejais com um coração diurno e, por isso, quereis subir com Filêmon até os grandes Deuses e ~~mas não sois a soma dos grandes Deuses~~ podeis ver ~~as~~ a aparência enganosa dessa esperança desmascarada a cada dia. Mentis para o vosso próprio rosto se acreditares em tal coisa. Vede com meus olhos, ouvi com meus ouvidos!~~?~~ Um segredo risível e sério! Por que sou amaldiçoado a andar atrás de Filêmon? Ele é o brilho digno e belo, apenas minha sombra – ele professa grandes palavras, ele é um saltimbanco da beleza e da verdade – mas a minha verdade provoca risos – os Deuses riem dos pequenos mortais – vós não ristes quando falaram do grande Deus homem – estremecestes de temor – vosso Cristo até se chamou seu filho,[54] e vós considerastes isso belo e digno – mas que vosso filho-eu imortal seria um anão, quem não riria? O grande Deus homem riu de sua imortalidade risível. O anão, porém, acreditava que o grande Deus se agradava com ele. A árvore [37/38] se transforma em folha. A folha é eu, assim como a árvore inteira. Nas folhas, o eu da árvore se torna

52 Cf. *Kena Upanishad*, I: "Impelido por quem, compelido por quem,/a mente se eleva?/Ordenado por quem o sopro/avança como primeiro? Por quem esta fala é impelida,/com a qual falam as pessoas?/E quem é o Deus que une/a visão e a audição?/Aquilo que é a audição por trás da audição,/o pensamento por trás da fala,/a visão por trás da visão –/É também a respiração por trás da respiração –/libertos completamente destes,/os sábios se tornam imortais,/quando partem deste mundo" (trad. Patrick Olivelle [Oxford: Oxford University Press, 1996], p. 227).

53 Cf. *Katha Upanishad*, 2, 20: "'O Si-mesmo, menor do que pequeno, maior do que grande, está escondido no coração daquela criatura. Um homem que está livre de desejos e livre de luto vê a majestade do Si-mesmo pela graça do Criador" (Müller, *Sacred Books of the East*, vol. 15, p. 11). Jung citou isso em *Tipos psicológicos* (§ 329), com sua própria tradução para o alemão da tradução de Müller, citando também a tradução de Paul Deussen numa nota.

54 Em inúmeros lugares nos evangelhos, Cristo se refere a si mesmo como Filho do Homem.

diverso, e cada folha é todo o eu da árvore. Sim, ela é ~~uma~~ menor do que a árvore inteira, mas, mesmo assim, não é menos eu. Não é cada célula da folha ~~Eu~~ um eu, o eu da folha, e cada grão na célula um eu da célula, eu da folha, eu da árvore? Um grão contém quantos mundos?[55] Qual é a menor unidade da vida? Quão grande deve ser o algo que ainda deve viver? E quão pequeno deve ser o algo para que não consiga mais viver?

Assim como o Filho do Homem estava oculto no grande Deus homem antes de sua aparição e era um com ele, assim está ~~perd~~ contido em vós o filho-eu no mundo menor, vosso eu não menos do que vós mesmos. Ele é infinitamente menor do que vós – mas o que é pequeno? O que é grande? E pelo fato de permanecer ~~preso~~ encoberto em vós até a última hora, ele é chamado o velado ou o preso no ovo. Sim, ele sai voando como um pássaro na hora da morte.

Eu: Estranho, ele fala da imortalidade do eu!

A.: Este é o meu filho amado, de quem eu me agrado.[56]

10. II 18.[57]

Eu: Eu o reconheço. Ele faz regozijar o meu coração, o velho rebelde – mas sua mão traz a morte, e a parte inferior de seu corpo é de pedra.

---

55 Cf. *Auguries of Innocence*, William Blake: "Para ver um mundo num grão de areia/E um céu numa flor selvagem,/ Segure a infinidade na palma de sua mão/E a eternidade numa hora".

56 Cf. Mt 3,17: "E do céu veio uma voz que dizia: 'Este é o meu Filho amado, de quem eu me agrado'".

57 Domingo. Em 27 de janeiro, Jung se encontrou com Moltzer. Em 2 de fevereiro, Alphons Maeder fez uma apresentação na Associação de Psicologia Analítica. A julgar pela discussão que se seguiu, sua palestra se sobrepôs a uma apresentação que ele fez em Genebra no outono, que tratava dos paralelos entre a *Comédia*, de Dante, e a "experiência íntima da psicanálise". Cf. MAEDER, A. *Guérison et évolution dans la vie de l'âme* – La psychanalyse, son importance dans la vie contemporaine. Zurique : Rascher, 1918, p. 22-38. Na discussão, Maria Moltzer afirmou: "Fazemos jus aos conflitos do nosso tempo se atribuirmos a eles imagens de tempos passados? Maeder faz jus ao desenvolvimento espiritual – mas não ao desenvolvimento emocional. Não podemos contornar o inferno; em vez disso, devemos experimentá-lo e aceitar Deus nas profundezas e lutar com o mal". Então, Jung fez uma longa intervenção: "O paralelo com Dante é muito bom como introdução educacional à análise: o inferno e o purgatório são o lugar inferior – o inconsciente reprimido. Uma vez purificados através do conhecimento, somos libertos das condições compulsivas do inconsciente = a ascensão à montanha da salvação, = a união com a alma, = o indivíduo libertado pode aceitar sua essência (sua alma)./Mas, para nós, a alma corresponde à Beatriz de Dante? Através da incorporação dos componentes até então reprimidos, o homem individuado se torna diferente de sua pessoa anterior (que fora uma formação de concessão entre o ambiente e si próprio e uma possibilidade de uma boa adaptação com a repressão). Mas, juntamente com os elementos reprimidos, surgem do inconsciente também elementos coletivos. Quando surge a união com a alma, o homem é unido também com o cosmo inconscientemente espelhado. Daí ele se torna semelhante a Deus e não concreto. O aspecto individual é percebido, mas o homem não é diferenciado do mundo, em participação mística com ele./A princípio, a alma é um conteúdo coletivo – a figura que abrange a psique coletiva em um. Já que, no entendimento medieval, a psique coletiva (Deus) é linda, ela é primeiro a alma. Mas isso nos mostra que Deus é uma dualidade. Lutero fala do Deus manifestus e do Deus absconditus, que é totalmente diferente do outro. Deus é um daimon na psique coletiva, além do bem e do mal./A manifestação da psique coletiva nos confronta na forma do conceito da alma, que é demoníaca para os primitivos. É apenas no entendimento cristão que ela se torna linda (porque Deus imputa os atributos do summum bonum). Quando descobrimos a imagem da alma na análise, ela pode ter aspectos sublimes – ou seu oposto. (Em *Prometheus,* de Spitteler, a alma é uma mulher sublime – e um tigre ao mesmo tempo, e a conexão de Pr. com sua alma não é um estado paradisíaco, mas de tortura). É aqui que o paralelo com Dante pode causar equívocos. A união inicial do indivíduo com a psique coletiva é um momento sublime – mas também uma tortura e um perigo, visto que a realidade psicológica é tão real quanto o mundo externo – até mais para o primitivo. A psique coletiva é um poder tão real quanto o mundo externo. O inc. col. nos aparece, a princípio, como projetado sobre o mundo externo. Assim, a identidade com o inc. col. é uma identidade com o mundo que nos cerca. A relação é um sentimento panteísta (um sentimento místico). Mas, para o homem contemporâneo, a perda do Eu é tão ampla que ele não consegue suportá-la. (A solução indiana do Tat-Tvam-Asi [*Chandogya Upanishad*, 6.8.7: "Que tu és"], expressar a identidade do Si-mesmo e a realidade última não é uma solução para nós.) A sensação de uma conectividade universal é uma paralisia e pede uma contestação. Caso contrário estamos em Heimarmene: já o significado dos mistérios antigos pretendia nos libertar disso. – É por isso que o uso de uma nova função é necessário. O pro-

A.: ~~No entanto em~~ Mas – seu irmão é Buda, o sublime. [38/39]

Eu: O que dizes – Buda? Bem-vindo, Ka, bem-vindo, tu que dás a morte. És reverenciado, irmão de Buda.[58] Que sorte ver-te!

Ka: Tu me reconheces? Eu construí os templos repletos de beleza eterna, os palácios da morte, as câmaras fúnebres dos Deuses.[59] Vês minha beleza, minha arte? Meus pensamentos, que se transformaram em ouro e pedra preciosa? Onde está a verdade agora? Fala!

Eu: A verdade? Devo eu decidir? Já que tu me perguntas, a verdade estaria em mim? Sim, em mim está a verdade: Eu sou. Este é o primeiro princípio de toda verdade. Onde estaria a verdade senão em mim? A verdade está em mim. O que sei eu de tua verdade ou da verdade de Filêmon? Eu sei que falais de vossa verdade e que contradizeis um ao outro. Então é a minha verdade que decide. O segundo princípio da minha verdade diz: Eu não sei.[60] Tu sabes a tua verdade, e Filêmon sabe a sua. Eu não sei a minha. Essa é a verdade.

A.: Meu amigo – e eu? Tu te esqueceste de mim. Eu louvo o teu Deus. Eu louvo o luminoso, o guia, o consolador.[61] Eu louvo a luz que te acolhe, que te leva para o outro lado, que te ilumina. Essa é a minha verdade.

Eu: Este seja o terceiro princípio: Eu sigo a luz interior, assim como obedeço ao sol que ilumina o meu dia.

Ka: O Deus do grão de areia? [39/40]

Eu: Sim, o Deus do grão de areia.

Ka: Tu te fundamentas num nada.

Eu: Eu sou, isso é algo.

Ka: Não posso te negar, porém, és tão pequeno.

Eu: Então maior ainda é o meu Deus.

A.: Ah, o que estás falando? Acreditas realmente nesse Deus?

Eu: Como assim, tu não acabas de louvá-lo?

A.: Sim, mas meu sentimento muda rapidamente.

Eu: É por isso que és minha alma, uma lua que muda. Tua luz é emprestada. Amanhã voltarás a crescer.

---

blema é: em relação ao mundo, a restauração da persona aparece (a formação de compromisso anterior), mas – na frente de si mesma – diferenciada dela. Em relação ao inc. col. também deve haver uma função de diferenciação e conexão – o inc. – persona: a alma./A pergunta da visão cristã na análise prática: para a primeira parte da análise, a psicologia da visão cristã é útil. Em estágios posteriores, encontramos o problema de uma definição unilateral do conceito de Deus". Heimarmene é o conceito estoico do destino. Em 1944, Jung descreveu isso como "dependência do caráter e do destino de certos momentos no tempo" (*Psicologia e alquimia*, OC 12, § 40).

58 Sobre o Buda, cf. 22 de dezembro, *Livro 2*, p. 187.

59 Como mencionado acima, em sua "parábola do louco", Nietzsche escreve: "O que são essas igrejas agora, se não forem os túmulos e sepulcros de Deus?" (*A gaia ciência*, § 125).

60 Na *Apologia*, escrita por Platão, Sócrates narra como Querefonte perguntou ao oráculo délfico se havia alguém mais sábio do que Sócrates. O oráculo respondeu: ninguém. Refletindo sobre o significado desse enigma, Sócrates afirma que ele não tinha nenhuma sabedoria, mas que, ao contrário dos outros, ele não sabia nem acreditava saber (PLATÃO. "The Apology of Socrates". In: *The Last Days of Socrates*. Londres: Penguin, 2010, 21a, p. 36).

61 Isto é, Fanes.

11. II. 18.[62]

Ka: Estás falando daquele pedacinho de magnetita celestial que – não sei de onde – caiu na procriação vindo de algum lugar? A ferrugem ainda não corroeu o teu fetiche de ferro? É o teu Deus, não é? O mesmo que derramou grandes palavras sobre Filêmon?

Eu: Dizes a verdade. O pequeno algo que é sólido, que ontem era eu e que ainda hoje é eu e ainda amanhã será eu, esse é o meu Deus, meu guia, um fogo de luz tremeluzente em mar inóspito.

Ka: Vês realmente o que está em teu coração – Deus sabe de onde caiu – no horizonte?

Eu: Tenho certeza de que aquilo que está em meu coração aparece também no horizonte. Deve mostrar-se em algum lugar. [40/41]

Ka: Encontrada – exclamaram os seres humanos – a pérola singular, a maior e mais preciosa – ela é uma doença do molusco. Em que o teu Deus se distingue ~~de ti~~ da pérola? Podes negar que teu Deus é ~~tua~~ uma doença? A enfermidade do eu, que termina quando a morte quebra a concha? Tu sabes que eu concordo com Filêmon que a extinção do eu, a pulverização daquele algo que ainda se encontra ileso e não dissolvido entre martelo e bigorna seria o mais desejável para o ser humano. Luz quente e impiedosa no alto, brasas vermelhas e sufocantes embaixo – e por quê? Apenas porque o grão-fetiche não quer se separar. Melhor seria tu te dissolveres na luz, mas ainda melhor seria se tu mesmo te tornasses a brasa inferior. Então, ~~escolhe~~ o que queres? Filêmon ou Ka? Ou, se preferires o lado do dia – Cristo ou Buda?[63]

Eu: Que meu Deus me ajude: só posso escolher a mim mesmo;[64] escolho o grão de areia entre os quatro irmãos sublimes.[65]

Ka: Considera que, com essa decisão, tu rejeitas os sublimes e te colocas acima deles.

Eu: Estás errado, santo rebelde. O que é um grão de areia entre os 4 sublimes? Que meu Deus me ajude para que eu não escolha um grão de areia no lugar de um sublime por pura arrogância e presunção. O que esse grão significa para vós? [41/42] Para vós, é

62 Segunda-feira. Jung atendeu cinco pacientes. Ele anotou o seguinte em sua agenda: "motivo para círculo de pedras etc." Ele também anotou em "Sonhos": 11. II. 18. Última noite: fachada de tijolos de um castelo. Atrás dela, uma vala – uma vala de água? Tudo numa ilha fluvial. Então vem o castelo (na segunda ilha) e, atrás dele, uma terceira ilha com ruínas que estão completamente cobertas com cimento e cal branco. Até o chão está totalmente coberto de cimento, impedindo que qualquer um cresça./Este é o castelo em que ocorreu a história do "Batista" (1.), escrita pelo residente do castelo, que era um artista e um erudito ao mesmo tempo e que é idêntico ao "Batista": o Batista é casado e ama outra mulher (que também era casada?). Ela se rendeu totalmente a ele. Mas, secretamente, ele a borrifou por trás com o veneno de um complexo aparato de vidro, que transformou a parte inferior do corpo dela em pedra. Como resultado, ela pereceu em angústia. Como aconteceu também com ele e seu filho, e eu vejo os cadáveres terrivelmente decompostos da criança e dele deitados um ao lado do outro. Antes de sua morte, ele sentiu uma culpa imensa e rugiu como um animal ferido durante dias antes de perecer. Eu ouvi o rugido, era terrível, angustiante, e acordei em medo./1.) Anabatista. *Livro Vermelho*. 'Não viveste teu animal',/envenenador no *Livro Vermelho*, que mata esposa e filho para protegê-los do sofrimento do mundo, doente. Bronquite" (p. 21-22). Para as referências às associações de Jung, cf. *Livro 4*, p. 208 e p. 245.

63 Jung discutiu a relação entre Buda e Cristo em seus *Comentários* sobre o *LN*, p. 504-505. Em 1944, ele observou que escolheu o termo porque esse conceito era "suficientemente determinado para exprimir o caráter indescritível da totalidade humana e insuficientemente determinado para exprimir o caráter indescritível e indefinível da totalidade [...] na linguagem científica, o termo Si-mesmo não se refere nem a Cristo, nem a Buda, mas à totalidade das formas que representam, e cada uma dessas formas é *um símbolo do Si-mesmo*" (*Psicologia e alquimia*, OC 12, § 20).

64 Cf. a expressão atribuída ao final do discurso de Lutero na "Dieta de Worms" (geralmente vista hoje como uma interpolação posterior): "Aqui estou e não posso ser diferente. Que Deus me ajude".

65 Cf. as discussões posteriores de Jung sobre a estrutura *quaternio* do Si-mesmo, em *Aíon*, OC 9/2, cap. 14, § 347ss.

um nada, mesmo assim é meu Deus, que eu prefiro acima de todos os Deuses, porque ele é o meu Deus, a minha pedra-fetiche, não melhor do que outros, apenas melhor para mim, porque ele é meu Deus.

A.: Eu me junto a ti. Consigo sentir as tuas palavras.

Ka: Como? Renuncias à redenção? À santidade? À verdade eterna? À comunhão da santa doutrina?

Eu: Não quero dizer rebelião contra isso, nem ingratidão. Louvados sejam os sublimes em nome de sua sabedoria. Meu Deus, porém, deseja outra coisa, ele queria ser o grão de areia entre os 4 sublimes.

Ka: Estranho – na verdade, nada sei sobre esse Deus. Minha escuridão parece não iluminá-lo apropriadamente – vejo apenas um grãozinho de ferro meteórico – Filêmon, aproxima-te e me explica como tu vês essa pedra-fetiche.

F.: Bem, verdadeiramente, ele é um Deus, sua luz preenche a imensidade do espaço. Assim eu o vejo. Quem está sentado junto à fonte do rio, dele foge a água.[66]

14 II 18.[67]

Eu: Minh'alma, fala, o que vês e como vês?

A.: Vejo Ka e o que ele faz. Ele está junto de ti. Ele te prejudica.

Eu: O que ele faz?

A.: Ele está construindo uma casa, um palácio, um templo, uma moradia ou um túmulo, um abrigo para [42/43] a eternidade. Ele pretende construir um templo para o teu Deus? Ka, dize, o que fazes de misterioso?

Ka: Estou construindo uma prisão para Deus, um altar que se funde com aquele que o toca. Os Deuses devem ajudar-me a desaprender a voar.

A.: Pretendes capturar o Deus deste homem, ardiloso?

Ka: O quê, tu me chamas ardiloso? Não fui eu que construiu o castelo de Filêmon? Bem, agora que ele saiu da rotação da roda – ele não ficou contente – ele não precisa mais de um palácio. Agora ~~xx~~ ele pratica aquilo que costumava aconselhar aos homens, ou seja, abstinência. Por isso, construo um palácio para o ser humano.

A.: Por que para o ser humano e não para ti mesmo?

Ka: Quero ver alguém banido em meu lugar, os pés presos à pedra materna em eterno tormento extático da procriação, apenas anseio e irrealização.~~?~~

A.: Por que queres jogar esse tormento sobre o ser humano? Ele foi feito para isso? Não, tu sabes isso melhor do que ele, pois tua esperteza é grande.

---

66 Este registro forma a base para a imagem 121, pintada em setembro de 1919 no *LN*. Jung acrescentou a seguinte legenda: "Essa pedra, posicionada tão lindamente, é certamente o Lapis Philosophorum. É mais dura do que diamante. Mas ela se expande até o espaço através de quatro qualidades distintas, ou seja, largura, altura, profundidade e tempo. É, portanto, invisível e você pode atravessá-la sem perceber. Os quatro rios de Aquário fluem da pedra. Essa é a semente incorruptível que está entre o pai e a mãe e impede que as cabeças de ambos os cones se toquem; é a mônada que contrabalança o pleroma" (cf. apêndice, p. 147).

67 Quinta-feira. Nesse dia, Jung anotou o seguinte em "Sonhos": "14. II. 18. Sonho. Descubro que pessoas estranhas estão em meu estaleiro. Eu entro de modo ameaçador armado com um remo. Um sujeito alto, vestido como um mecânico (?), fala comigo. Mais tarde, ouço de Toni que ele pretende atirar em mim, ele estivera ali por motivos de espionagem. Ele quer me matar por razões metafísicas, semelhante a Judas, para que a verdade se cumpra (?). Acredito que devo aceitar o inevitável" (p. 22-23). No dia seguinte, Jung escreveu a Alphonse Maeder pedindo que ele presidisse a sessão no sábado – pois estava com bronquite (arquivo de Maeder).

Ka: Eu quero – e eu farei. Devo criar a partir de mim; pretendo enterrar o vivo em mármore e ouro.

A.: Acreditas que esse Deus permitirá que seja enterrado?

Ka: Que Deus não teria ~~ganância~~ sede de templos [43/44] e altares? E que homem não desejaria ver seu Deus sendo adorado? Mostra-me o Deus que não permite ser preso em templos![68]

A.: E se esse Deus renunciar a templos e altares?

Ka: Então não é Deus, então o chamo um pedaço de magnetita, um fetiche para negros.

A.: Podes negar que ele é um Deus? Ele não pode ser Deus se resistir à tua sedução?

F.: Considera, Ka: ele é um Deus novo – algo novo é realmente novo, mesmo que tu não o compreendas bem. Aconteceu como pensaste umas mil vezes, e na milésima primeira vez aconteceu de forma diferente. Terias que construir milhões de templos, um para cada pessoa, para capturar esse Deus. Não cabe a mim ditar-lhe a sabedoria, e não cabe a ti preparar-lhe um templo. Virá o tempo em que pai e mãe não compreenderão mais o filho, em que a sabedoria paterna e a compreensão materna terminarão, e tudo tomará um rumo diferente daquilo que se imaginava anteriormente. Temo que teu templo é destinado a ti mesmo.[69]

28. II. 18.[70]

Minh'alma, meu sonho me aponta para ti.[71] O que tens a me dizer? Tu me deste o sonho, então deves saber o que tens a me dizer.

A.: Tuas palavras cheiram a desconfiança. Por que essa desconfiança? No fim, acabas vivendo segundo aquilo que eu digo. Há muito tempo já te sugeri separar-te da branca.

68 Em "From the earliest experiences of my Life" [Das experiências anteriores de minha vida], Jung lembra a desilusão com a igreja em sua juventude após sua comunhão: "Como, isso não é religião. [...] É uma ausência de Deus, a igreja é um lugar ao qual não se deve ir: não é a vida que está ali, mas a morte" (JA, p. 39). Ele retomou o tema daquilo que ele via como o conflito irreconciliável entre o espírito religioso vivo e a instituição da Igreja em sua discussão sobre a história do cristianismo em seus seminários em Polzeath, onde predisse o mesmo destino para a psicologia analítica (*Seminar – July 1923 by Dr. C.G. Jung at Polzeath, Cornwall.* Notes of Esther Harding, Kristine Mann Library, Nova York, p. 20).

69 Os motivos de um castelo, um túmulo e uma mulher com metade do corpo transformada em pedra por um veneno aparecem no sonho de Jung de 11 de fevereiro de 1918. Cf. acima, p. 172.

70 Domingo.

71 Não está claro a qual sonho específico Jung se refere aqui. Os dois sonhos que ele anotou em "Sonhos" desde o último registro são estes: "20.II.18/Tenho estado doente por uma semana. Pertússis [coqueluche]/Por algumas noites sonho de dois opostos. Duas bolas? Esferas? Baseados em princípios que, sem dúvida, correm em direção um do outro. O oposto é tão perigoso, como se alguém estivesse entre um fio de alta voltagem e o chão, prestes a tocar a linha. Sempre acordo totalmente desorientado, na maioria das vezes com uma tosse. Às vezes, sou um, outras vezes, o outro oposto. Também aparece na forma de uma mulher não especificada, que poderia ser morta pelo processo contrário. Esses opostos são bastante impossíveis./Estou na Índia. Participo de uma cerimônia solene: duas viúvas, em vez de queimadas, têm sua mão direita decepada. Tudo é terrivelmente real e cruel. Dizem que a antiga tradição de *sati* é mitigada ao decepar as mãos. Minha sogra está próxima e diz que a queima era um consolo para muitos. A segunda viúva, vestida totalmente de branco, ouve com atenção, como que para dizer que ela não concorda. Ela resiste. Eu digo que havia aquelas que desejavam morrer com seu marido. O carrasco torce seu braço dolorosamente para trás e, com destreza, corta sua mão no pulso. A mão cai para o chão. 21. II. 18/No Egito, um hotel, está queimando próximo dele. O fogo incendiará o hotel. Eu saio. Eu encontro na rua uma vaca branca com chifres afiados que não sabe o que quer. Meio que perigoso. Eu a pego pelos chifres e, já que é uma mulher, eu a convenço a me entregar os chifres. Eu pego os chifres dela e os carrego. Então a vaca é uma mulher degolada, que está viva e fala. Ela se apoia no toco de seu pescoço, pernas no ar, e eu estou diante dela e a cheiro. Eu lhe digo que o hotel está queimando. Todas as roupas e joias dela estão ali e também um milhão em ativos. Eu recomendo salvar tudo aquilo" (p. 23-25).

Isso te fará bem, cruel, mas ela exige crueldade. [44/45] Sempre fazer aquilo do qual ela te acusa! Essa é a regra do jogo.

Eu: Mas, dize-me, viste algo que poderia resolver a questão com F. e Ka? Estou embaraçosamente pendurado no meio.

A.: Então terás que permanecer pendurado até a questão ser resolvida.

Eu: Estás sendo arrogante? Achas que já ganhaste o jogo quando estou em aflição? Voltas a mostrar um de seus lados mais lindos.~~?~~ A despeito de toda aflição, não cederei em relação a ti, nada será retirado, nada será revertido ou renegociado. Dize, viste algo?

A.: Sim, vi Φ[72] rastejando por aí –

Eu: O que dizes? Rastejando por aí?

A.: Ah, ele é astuto, o mais astuto dos astutos.

Eu: Mas o que achas? O que ele quer?

A.: Ele procura algo – provavelmente o buraco da fechadura –

Eu: Para quê?

A.: Bem, para sair de fininho –

Eu: Minh'alma, como falas? Ele não é o sublime?

A.: Não é mais, desde que foi preso.

Eu: O que dizes? Preso? Ele, Φ? Preso? Quem o capturou?

A.: Nenhum outro senão tu mesmo. Tu pintaste seu retrato. "Não farás para ti imagens, nem figura alguma",[73] disse Javé – melhor não, pois assim encantas também o encantador e todos os Deuses falsos. No entanto, a imagem não é a razão verdadeira da prisão. O essencial é que Ka foi aceito por nós. Onde está a sombra, a [45/46] luz não pode estar longe. A sombra expulsa a luz, e a luz expulsa a sombra. Sim, Φ está preso, e Ka igualmente. Por isso discutem. O que acontece com a sublimidade~~?~~ quando a olhamos de perto? Sim, Ka está preso. Quem capturou luz e sombra? Quem senão tu? Tu os chamas os sublimes? Alguma vez já viste "sublimes" presos, rastejando e procurando buracos, pelos quais possam escapar para uma semiescuridão distante? Mas eles te prejudicam porque tu lhes dás poder e os chamas os sublimes. Assim, eles se atrevem a reivindicar o que pertence a ti. Tu serás roubado. Astutos são os dois, extraordinariamente espertos. Um te dá um brilho falso, e o outro te dá uma sombra falsa. Vês agora quem é o mestre? Onde o sublime superior se encontra com o sublime inferior? No ordinário intermediário, parece-me.[74]

Eu: Tu dizes coisas surpreendentes.

72 Filêmon.

73 Ex 20,4 "Não farás para ti ídolos, nem figura alguma do que existe em cima, nos céus, nem embaixo, na terra, nem do que existe nas águas, debaixo da terra".

74 Cf. imagem 105 (pintada em algum momento mais tarde em 1918-1919) no *LN*, em que a figura no topo parece corresponder a Filêmon, e a figura no fundo, a Ka (cf. apêndice, p. 135. Na glosa de Jung a essa imagem em "Simbolismo da mandala" (1952), ele descreveu essas figuras desta forma: "em cima, um velho em atitude contemplativa e embaixo Loki ou Hefesto, com cabelo ruivo chamejante, segurando um templo na mão. À direita e à esquerda há duas figuras femininas, uma escura e outra clara. São indicados desse modo quatro aspectos da personalidade, isto é, quatro figuras arquetípicas que pertencem por assim dizer à periferia do Si-mesmo. As duas figuras femininas podem ser logo reconhecidas como os dois aspectos da anima. O velho corresponde ao arquétipo do sentido, ou seja, do espírito, e a figura ctônica escura no plano inferior, ao oposto sábio, isto é, ao elemento luciferino, mágico (e, às vezes, destrutivo)" (OC 9/1, § 682). Jung fez uma escultura de Ka carregando seu pagode colorido (*A arte de C.G. Jung*, cat. 49, p. 121. Cf. apêndice, p. 148).

I. III. 18.[75]

Mas continua falando. O que mais tu viste?

A.: É o teu Deus que expulsou e prendeu os dois. Ele é poderoso. Um Deus sobre Deuses.

Eu: Por que me sinto inibido quando penso nele?

A.: Tu precisas estar inibido, pois nada tens a pensar sobre ele.

Eu: Mas o mesmo acontece comigo quando sinto.

A.: E é assim que deve ser. Ele não deve ser sentido nem tocado.

Eu: Mas em que relação eu me encontro com ele? Como o percebo? Como falo com ele? O que ele é para mim? [46/47]

A.: Tu estás inserido nele, tu nadas nele, como a terra e seu ar nadam no éter do mundo, essa coisa contraditória e incompreensível. O Deus é igual, teu Deus. Tu estás em Deus estando em ti mesmo.[76]

Eu: Por que isso não me alegra?

A.: Porque não estás em ti mesmo, mas à frente ou atrás de ti, sempre encantado pelo alto ou pelo baixo, por Φ ou Ka. Por que teu olhar está fixado em Φ ~~ou~~ e Ka? Por que não vês a ti mesmo?

Eu: Eu acabei de fazer isso. Quero fazer o meu trabalho, ainda formar e publicar o que deve ser criado.

A.: Nada tenho contra isso. Mas não podes fazer o que é teu enquanto F. e Ka ainda forem os "sublimes" e tu fores o mero grão entre 2 ímãs. Teu Deus é um mundo. Ele forma o mundo e os Deuses, concede-lhe o poder. Mas se olhares para o mundo, os Deuses dominarão e teu Deus será fraco. Mas teu Deus é forte quando estás com ele, quando entregas a ele a força de teu anseio. Teu Deus é poderoso e impotente. Quando lhe dás força, tu atrais para ti o seu poder do mundo. Quando não lhe dás força, seu poder do mundo se afasta de ti e se volta contra ti. Respeito e desdém dos Deuses, este é o mistério. Quem não compreende esse mistério segue os quatro caminhos errados, ou para o mundo ou para os demônios, ou para o passado e para o inferior, ou para o futuro e superior. Respeito e desdém dos Deuses começam [47/48] com o respeito e o desdém de si mesmo e avançam pelo respeito e desdém dos homens, dos animais, das plantas e dos objetos inanimados. Em vez de respeito e desdém podes dizer também amor e ódio, pois

75 Sexta-feira. Jung atendeu dois pacientes.

76 Jung dedicou um capítulo em *Tipos psicológicos* a uma discussão sobre aquilo que ele chamou "a relatividade do conceito de Deus em Mestre Eckhart", que ele descreveu da seguinte maneira: "Por relatividade de Deus entendo um ponto de vista segundo o qual Deus não existe como 'absoluto', isto é, desvinculado do sujeito humano e além de toda e qualquer condição humana, mas dependente, em certo sentido, do sujeito humano, havendo uma relação recíproca e essencial entre o homem e Deus, de modo que se possa conceber, por um lado, o homem como função de Deus e, por outro, Deus como função do homem" (OC 6, § 456). Ele também citou as seguintes linhas de *Cherubinic Wanderer*, de Angelus Silesius, o pseudônimo de Johann Scheffler (1624-1677): "Não existo fora de Deus, nem Deus fora de mim" (OC 6, § 477). Para as anotações de Jung em seu exemplar, cf. meu livro C.G. *Jung: Uma biografia em livros*, p. 139. Numa palestra no Instituto Tecnológico Federal da Suíça, Jung discutiu o sermão de Eckhart "Letting go of things" de seus *Counsels of Discernment*, e comentou: "Isso é, de fato, uma troca justa e um acordo honesto. Na medida em que você sai abandonando as coisas, na mesma medida, não mais nem menos, Deus entra com tudo que é, quando você abandona totalmente tudo que é seu. Faça isso e deixe que isso custe tudo que você possa pagar. Lá encontrará paz verdadeira, e em nenhum outro lugar" (org. Martin Liebscher, a ser publicado pela Princeton University Press na Philemon Series).

alguns incluem amor no respeito e ódio no desdém. Outros, porém, incluem respeito no amor e desdém no ódio. Nenhuma linguagem nebulosa. A língua é escorregadia.

Deus é como um melhor amigo, um amado, alguém que compreende, e se ~~ele~~ um homem não entende e, mesmo assim, ama e assim sempre faz a coisa errada e assim atormenta e arruína o outro, ele se comporta como Deus. Deus é onisciente,[77] por isso ele não está ciente de seu conhecimento.[78] Por ser o poder do mundo, ele não está ciente de seu poder. Visto que ele é cada um dos seres, ele não está ciente de seu ser. Visto que o homem está ciente de si mesmo em virtude de sua limitação e separação, Deus só lhe pode revelar a plenitude de seu ser quando ele é atraído ~~e~~, inspirado, comido e bebido por pessoas individuais.[79] Então o Deus, acrescentado à natureza humana, ~~seu~~ pode se comportar e aparecer de tal modo que nada mais se pode dizer senão que ele tem consciência de si mesmo como um homem individual, que ele me ama como meu amigo, meu irmão, meu pai, meu filho.[80] Sempre de novo, porém, o grão misterioso inserido entre o superior e o inferior gira e apresenta um novo lado não compreendido. Isso deve ser assim – assim a vida avança. Então, meu amigo, meu irmão, meu pai, meu filho, não me entende mais e me prejudica, porque ele me ama. Poderias dizer também, porque ele me odeia, e também: despreza. Isso é assim porque o mistério mais profundo é: respeito e desdém dos Deuses. Quando Deus não me entende mais, devo recuar para a distância de Deus.[81] Devo proteger-me de sua vingança amorosa. A distância de Deus [48/49] é o seguimento dos 4 caminhos errados, é crucificação, é Abraxas.[82] Os 4 caminhos errados são: ser um com a essência do mundo externo, ~~ou~~ ser um com ~~o~~ a alma, ser um com o esplendor, Φ, ser um com a sombra, Ka.

É por isso que deves tentar alcançar o Deus. Não é ele que mudou, pois ele é eternamente o mesmo. Ele é o todo, passado e futuro, ele não entende nada, pois ele é tudo e diferenciado de nada. Ele não muda, ele é, em parte compreensível para ti, em parte não.

Eu: Mas, dize-me, tu sempre tens falado de Deus como aquele que se torna e que muda.

A.: Por que não? Eu o descrevi do outro lado. Pois Deus também é o grão, que se virou e cujo lado novo tu não compreendes. Tua essência, porém, é Deus. Deus não se compreende, como eu te disse.

---

77 Há muitas afirmações na Bíblia referentes à onisciência de Deus – p. ex., Sl 147,4-5: "Ele fixa o número das estrelas, a cada uma dá um nome. Nosso Senhor é grande e cheio de força; é infinita sua inteligência".

78 Eduard von Hartmann criticara, em *Philosophy of the Unconscious* (Londres: R. Paul, Trench & Trubner, 1900/1931) o dogma do "Deus consciente": dada sua [de Hartmann] concepção do inconsciente, ver Deus como consciente constituiria uma limitação (Vol. 2, p 247). O tema da inconsciência de Deus ocupou um lugar proeminente em *Resposta a Jó* (OC 11/4), de Jung.

79 Possivelmente uma referência implícita à Missa. Cf. Jung, "Simbolismo de transformação na Missa", 1942, OC 11.

80 Em 1921, Jung citou as seguintes linhas de *O peregrino querubínico*, de Angelus Silesius: "Sou criatura e filho de Deus e Ele é meu filho por sua vez" (OC 6, § 477).

81 De uma passagem escrita no outono de 1917 no manuscrito de *Aprofundamentos*: "Eu devo libertar meu Si-mesmo de Deus, pois o Deus que experimentei é mais do que amor, ele também é ódio; mais do que beleza, ele é também horror; mais do que sabedoria, ele é também insensatez; mais do que poder, ele é também impotência; mais do que onipresença, ele é também minha criatura" (*LN*, p. 425-426). Em sua apresentação em outubro de 1916 no Clube Psicológico sobre "Individuação e Coletividade", Jung afirmou: "O indivíduo precisa agora consolidar-se separando-se totalmente da divindade e tornando-se ele mesmo. Com isso e ao mesmo tempo separa-se da sociedade. Exteriormente mergulha na solidão e internamente, no inferno, no afastamento de Deus" (OC 18, § 1103).

82 Essa afirmação representa uma diferenciação adicional da figura de Abraxas (cf. 16 de janeiro de 1916, *Livro 5*, p. 269s.).

Eu: Sim, mas quem sou eu então,~~? quem~~ se tudo é Deus?

A.: Tu és, e Deus é. Se tu não fosses, como Deus poderia ser?[83]

Eu: Mas existem outros homens além de mim.

A.: Eles pertencem à totalidade de Deus, como tu. É por isso que diziam que Deus está dividido em todos os seres humanos e por isso diziam também os egípcios que a Mãe reuniu todos os pedaços do Deus com grande cuidado, para então recompô-lo,[84] e igualmente diziam os gregos que o Deus engoliu o Deus ~~em~~ e o pariu novamente por completo.[85] Deus é o grão e Deus é toda a essência do ser humano. Quando eu vejo com os olhos humanos, então Deus muda, então o ser humano não entende como Deus muda. Mas quando falo a partir da essência de Deus – e foi isto que fiz agora – então Deus é [49/50] imutavelmente o mesmo, e ele não se compreende como grão, assim como ele não pode se entender como o individual, pois sua essência é totalidade e generalidade, ele não sabe de onisciência, e ele também não se conhece como existente a partir da essência universal. Por isso, ele não entende o que é quando o grão gira. Ele ama sua totalidade, portanto, também o grão. Mas quando não consegue alcançar o grão, ele não sofre com isso, mas o grão sofre por não conseguir ~~ganhar~~ alcançar a totalidade. Deus ama o grão, mas ele não viu que ele girou e quer compreendê-lo como sempre o compreendeu, ferindo e danificando-o. ~~O~~ E o grão precisa se defender contra Deus, deve querer a distância de Deus. Portanto e na medida em que o grão é o próprio Deus, o grão resiste a Deus e se coloca no lugar de Deus, por isso os cristãos dizem que Deus enviou seu filho para salvar a sua criação da miséria na qual ele mesmo a criou e a abandonou.[86] O filho,[87] porém, ensinou aos seres humanos que é ~~melhor~~ bom desviar os olhos daquilo que é criado, que é melhor não procriar mais, que o melhor é esperar o fim iminente e o cumprimento.[88] Mas o filho era um homem, e o grão se rebelou nele contra a lei do criador do mundo. Mas o amor do Deus o seguiu e o abraçou na morte sangrenta. Assim o grão foi danificado. Por quê? Ele não buscou a distância de Deus. Ele não tinha a permissão de buscá-la, pois aquela era não podia saber da distância de Deus. Cada era do mundo tem algo que deve saber acima de tudo e algo que não deve saber acima de tudo.

Eu: Isso tudo é tão difícil que é quase impossível refletir sobre isso. Sério, não consigo acompanhar.

A.: Bem, isso é compreensível. Estamos nos aproximando dos limites daquilo que, por ora, ~~se~~ pode ser compreendido e conhecido. Mas entendes agora por que Deus é

---

83 Em 1921, Jung citou as seguintes linhas de *Cherubinic Wanderer*, de Silesius: "Sei que sem mim Deus não pode viver um instante,/Se eu perecer, deverá necessariamente entregar o espírito" (OC 6, § 477).

84 Uma referência ao mito egípcio de Ísis e Osíris. Como mencionado acima, Osíris é assassinado e cortado em pedaços por seu irmão Seth. Ísis recupera todos os pedaços com a exceção do falo e o recompõe.

85 Na mitologia grega, temendo uma profecia de que ele será derrubado por seus filhos, Crono engole todos eles quando nascem – todos menos Zeus, que Reia salva dando a Crono uma pedra em suas fraldas. Quando ele cresce, Zeus obriga Crono a regurgitar as cinco crianças que engoliu.

86 Cf. Jo 3,16: "Deus amou tanto o mundo que entregou o seu Filho único, para que todo aquele que nele crer não morra, mas tenha a vida eterna".

87 Isto é, Cristo.

88 A referência aqui aparenta ser ao evangelho apócrifo dos egípcios, ao qual Jung se refere também no *Liber Primus*, "Instrução" (*LN*, p. 173): "À pergunta de Salomé sobre quanto tempo a morte prevalecerá, Cristo respondeu: enquanto as mulheres gerarem filhos" (*The Apocryphal New Testament*, org. J.K. Elliot [Oxford: Clarendon Press, 1999], 4, p. 18).

mutável e imutável? Tudo depende de onde se fala. Quando falas de ti ~~mesmo~~ a partir de ti mesmo, [50/51] isso é diferente do que quando falas de fora, a partir do mundo, olhando para ti com os olhos do mundo. Mesmo que as duas afirmações se contradigam, tu és mesmo assim, e o mundo também é. O mesmo vale para Deus. Visto por ti, ele é mutável. Visto em si mesmo, ele é imutável. Ele nada sabe de mudança, pois não se conhece como grão. Mas o grão gira. Mas o que é um grão como um todo? Nada. Por isso ~~ela~~ a totalidade não o sente. Mas o grão a sente, pois se sente abandonado e incompreendido pela totalidade. A totalidade, porém, não entende o individual, por isso o individual deve buscar o caminho até Deus. Assim deve atrair Deus para dentro de si. Mas como isso acontece? Isso só acontece quando ele mostra ao Deus claramente que ele girou, como ele mudou. Ele ~~se~~ deve explicar-se a ele. Deve encontrar palavras e expressões com as quais possa alcançar o Deus. O homem, que sempre deve trabalhar como mediador entre a parte de Deus nele e o grão, jamais pode fazer isso através de invenção ou decifragem consciente, mas apenas através da ajuda de sua alma ou através da ajuda de um homem que ainda tem a alma do outro dentro de si.

O grão sempre deve girar um pouco, pois isso é a deidade da vida. A vida é movimento no íntimo.

Eu: Mas se o grão é Deus e o mundo todo ~~xx~~ é Deus, ~~onde e~~ o que é o ser humano?

A.: Eu te digo, o ser humano está completamente em Deus. Ele é o mediador entre Deus como mundo e ~~e~~ Deus como grão. Fil. vê Deus apenas como destino; Ka, apenas como razão. Através de mim, tu o vês como grão e mundo. Pois, como ser, Deus é o maior e o menor.

Eu: Então o ser humano seria o mediador no processo de transformação do ~~processo~~ Deus.[89]

A.: E nem mesmo o único mediador, os animais e as plantas também participam dessa obra. [51/52]

Eu: Verdadeiramente um tonel das Danaides[90] ~~um~~ de infinitude e absurdez...

A.: É melhor que nos calemos sobre isso. O que poderíamos dizer sobre "fim" e "sentido"? Quantas centenas de mundos foram construídas ou penduradas umas acima das outras? Então nenhum comentário inútil! Entendeste que Deus é alguém que se torna e é?

Eu: Acredito que sim.

A.: Ouve então agora sobre o outro redentor.[91] Ele também ensinou que é bom desviar o olhar daquilo que é criado, que é melhor não procriar mais e que o melhor seria acabar com o sofrimento do mundo. Ele se rebelou contra o criador do mundo e contra a sua lei da vida que procria. Ele buscou a distância de Deus e ele a recebeu, pois o Deus

89 Em "Últimos pensamentos", em *Memórias*, Jung escreveu: "É esse o sentido do 'serviço de Deus', isto é, do serviço que o homem pode prestar a Deus, para que a luz nasça das trevas, para que o Criador tome consciência de sua criação, e que o homem tome consciência de si mesmo./Tal é a meta, ou uma das metas, que integra o homem na criação de maneira sensata e que, ao mesmo tempo, confere um sentido a ela. Foi esse mito explicativo que cresceu em mim no decorrer de decênios" (p. 333).

90 Na mitologia grega, as danaides são as 50 filhas de Dânao. Ele ordena que elas matem seus maridos, os filhos do irmão gêmeo de Dânao, Egito, na noite de núpcias. Todas obedecem, menos uma. Como punição, são condenadas a encher um tonel que vaza eternamente em Tártaro.

91 Supostamente o Buda.

ama o grão, esteja ele próximo ou distante dele. E assim ele também estava novamente no Deus, mas não crucificado, pois o grão não estava danificado.~~;~~

Eu: Isso não era uma solução boa? Por que não seguimos esse caminho?

A.: Esse não é o nosso caminho. Malditas sejam as possibilidades de entendimento. É possível ver bons caminhos! Por que não os seguimos? Somos tolos, idiotas puníveis, por não seguirmos os caminhos bons. Melhor seriam cegueira, embotamento e estupidez, de modo que não conheceríamos o bom caminho: ele apenas nos impede de seguirmos nosso próprio caminho. Como seria mais fácil o nosso caminho se não pudéssemos ver e entender o bom caminho! Existe apenas o nosso caminho! Mesmo que seja o pior de todos os caminhos! [52/53] Devo dizer-te, tua solução é ruim, pois, em primeiro lugar, ela é velha e, em segundo lugar, ela extingue a eficácia do grão. Não se sente mais o giro.

Eu: Parece-me que o grão do qual falas já é ~~o~~ ~~xx~~ núcleo do íntimo, mas ao mesmo tempo também aquilo que chamamos o diabo.

A.: Não erraste por muito. Para além do grão, o Deus vai ao encontro da sombra, de sua contraparte. Quando ele é brasa fogosa, a contraparte é luz estelar azul, frieza no fogo, neve nas brasas. Deus se opõe a si mesmo.[92] Ambos os redentores[93] ensinam o bem, a redenção do mal para o bem. Sim, ambos conhecem o bom caminho, mesmo que contradigam um ao outro. Mas eles são unidos no bem. Sim, se fôssemos em direção do bem, saberíamos onde e como. Pois trilhas claras e simples foram traçadas para nós pelos mestres e trilhadas por inúmeros. Por que nós não as seguimos? Não devemos <u>ir atrás</u> do <u>bem</u>, mas <u>da vida</u>. A vida, assim diz algo dentro de nós, ~~xx~~ é mais alta do que o bem, pois o bem é apenas um fruto da vida. Em lugar algum, porém, o fruto vale mais do que a árvore na qual cresceu. Sim, se fôssemos em direção do bem! Mas não é a nossa hora, ele não quer, pois quer vida, que lhe é dada como mais sagrada, até certas ações más aparentam ser melhores e mais sagradas do que o mero bem. Não podemos resistir. Ele segue outra estrada, aquela em direção à vida, pois, para nós, o bem é a vida, pois sabemos que a vida pode ser boa. Não podemos acreditar que [53/54] a vida deva morrer sem ser vivida. Acreditamos que a vida seja uma chama que arde em si mesma e se irradia.

2. III. 18.[94]

Eu: Minh'alma, deves me ajudar a alcançar e manter aquele centro em que estou em Deus e não estou em Deus, onde estou entre os Deuses.

A.: Estás falando do estado de estar pendurado? É assim que chamas o centro entre os Deuses. Tu participas demais do processo de Deus.

Eu: Como participar menos se estou completamente em Deus, por dentro e por fora?

A.: Certamente estás em Deus por dentro e por fora, mesmo assim nem tu nem tua verdade estão nem por dentro nem por fora, mas no meio, tampouco acima ou abaixo, mas no meio. Tu não és o grão, mas seu rebuço. Ah, que esta língua fosse mais rica! Ou

92 Em "Últimos pensamentos", Jung argumentou que os conflitos atuais no mundo eram uma consequência da representação e da tentativa de solucionar essa divisão interna na deidade (*Memórias*, p. 331).

93 O Buda e Cristo.

94 Sábado. Jung atendeu quatro pacientes.

melhor talvez, que fosse mais pobre. A riqueza de possibilidades de representar e designar é um infortúnio.

Eu: O que há contigo? Que espírito estranho te ataca?

A.: Estou sendo influenciada, um poder estranho interfere. A ciência quer entrar, provavelmente, vindo de ti. Tu deves cuidar disso. Meu trabalho está feito. Adeus.

29. III. 18.[95]

Como este cântico continuará? Em que ponto estou realmente?

A.: Ainda estás junto a ti mesmo. Onde mais estarias? Junto ao teu eu miserável.

Eu: O que devo fazer com isso?

A.: Vou saber? Como saberíamos algo sobre isso? Conhecemos apenas o outro, mas teu eu – o mundo inteiro está embaraçado por causa disso – evidentemente, tu também estás. Portanto, considerou-se aconselhável livrar-se do eu em nome deste ou daquele Deus. Estar a sós consigo mesmo sempre tem sido repugnante para todos. Desistirás de ti mesmo? Ainda consegues fazer isso?

Eu: Como assim – desistir de mim mesmo? É realmente possível desistir de si mesmo? [54/55]

A.: Eu me faço a mesma pergunta. Talvez seja melhor aguardar para ver se algo desistirá de si mesmo. Afiado contra obtuso, branco contra preto. Acredito que não podes esperar pela solução dessa pergunta. No meio-tempo, faze o que deve ser feito primeiro, seja isso prazeroso ou não. Ainda não terminaste essa tarefa. Segura, persevera. Ela deve ser completada. Estar sozinho – é claro – o que mais desejas? – Tu só vives por causa da tua obra.

Eu: Não acreditas que vivo também pelo bem de mim mesmo?

A.: O que és sem tua obra? Aquilo que és para os outros tu o és através de tua obra. Tua obra, ela é tu. Ao fazer a tua obra, tu vives para ti. Não deves desistir disso a despeito da falta de vontade – isso não vale.

14 IV 18[96]

E agora? O que tem sido alcançado? Eu só estou doente.

A.: Por que és impaciente? Não amas o animal indomado em ti mesmo? Ele não quer fazer o que deveria fazer. Ainda não estás domado o bastante. Tu mesmo o sentes. Tu te indignas, não consegues submeter-te. No entanto, deves aceitar com paciência o que vem agora.

15. IV. 18.[97]

A.: Que bom que tu te libertas da prisão de Ka!

Eu: O que queres dizer? Explica!

---

95 Sexta-feira Santa.

96 Domingo. A agenda de Jung diz: "~~Obersee~~ Pertussis recidiv", sugerindo que ele pretendia velejar no Lago Superior de Zurique, mas teve que retornar por causa da coqueluche.

97 Segunda-feira.

A.: Ka constrói templos e túmulos para todos os Deuses vivos. Quando estás em ti mesmo, estás em Deus. E, como Deus, corres o perigo de ser cercado e enterrado vivo.

Eu: Por quê? Eu não entendo.

A.: Um Deus se expressa em efeito divino e eterno e enrijece em seu efeito. Ele é seu túmulo. E é assim que deve ser – o destino inevitável de todo Deus. [55/56]

Eu: Mas eu devo estar em mim mesmo e comigo e, assim, com Deus e em Deus –

A.: Por que deves sempre estar com Deus e em Deus? Tu mesmo queres ser Deus? E ser enterrado? Deus é eternamente força e espírito. Tu, porém, tens um corpo. Teu corpo sofre quando queres sempre estar com e em Deus –

Eu: Tuas confusões são sem fim – no entanto – o que mais eu quero? Paciência – então devo estar também fora de mim mesmo, fora de Deus? Onde? Na criatura?

A.: Certamente, fora com as pessoas, fora de ti mesmo, com Φ e Ka. Eles são as mãos que ajudam o Deus a nascer e a ser enterrado.

Eu: O que queres dizer com isso, fora com as pessoas?

A.: Em serviço ao Deus delas. Fanes – o único em ti e em toda parte e milhões de vezes em ti e em toda parte.

Eu: Em serviço ao Deus deles?

A.: Por que a surpresa? Um segue a estrada para o interior ~~e~~ para alcançar o exterior. O outro, porém, vai para fora para ~~o~~ alcançar o interior. Ambos os caminhos são bons e se encontram, e ambos devem ser trilhados. Como deves viver de outra forma senão estando logo em Deus e estando logo fora de Deus? Se fores e permaneceres um Deus, ~~xx~~ tu serás enterrado em seu efeito eterno. Se fores e permaneceres fora de Deus, jamais virás a ti mesmo e tu [56/57] permaneces rebuço de ti mesmo, uma miragem em teu próprio deserto. Assim, em qualquer momento, deves estar com e em ti mesmo e, assim, com e em Deus. Se, porém, permaneceres em ti mesmo, a sombra da morte do Deus te derrubará e te enterrará vivo.[98] Teu Deus brilha de dentro de ti e alimenta Filêmon e Ka e vai até as pessoas e é alimento para o Deus deles, esvaziando-se de si mesmo. Deves fazer o que Deus faz. De outra forma não viverás.

Eu: Mas como posso estar "fora de mim"?

A. Não "fora de ti mesmo", mas fora com as pessoas contigo mesmo. Então não só estás contigo mesmo quando estás em ti mesmo, mas podes estar também fora em ti mesmo e contigo mesmo, não só por dentro. Igualmente estás em Deus quando estás em ti mesmo e Deus está em ti quando estás fora em ti mesmo.

Eu: O que, então, é o eu? Não é a mesma coisa como o Si-mesmo?

A.: Quando estás em ti mesmo, não podes distinguir o eu do Si-mesmo. Mas quando estás fora contigo mesmo, então o Si-mesmo é diferente do eu. Pois o Si-mesmo é um grande mistério, que eu envolvo como tu.[99] ~~Se~~ É aquele menor dos grãos que preenche

98 Em *A gaia ciência*, Nietzsche escreve: "*Novas lutas* – Quando Buda morreu, sua sombra ainda foi mostrada numa caverna durante séculos – uma sombra tremenda e abominável. Deus está morto; mas dado o caminho do homem, ainda haverá cavernas por milhares de anos em que sua sombra será mostrada. – E nós – nós ainda temos que derrotar essa sombra também", trad. Walter Kaufmann, § 108, p. 167.

99 Em 1921, Jung definiu o Si-mesmo da seguinte forma: "Enquanto o eu for apenas o centro do meu campo consciente, não é idêntico ao todo de minha psique, mas apenas um complexo entre outros complexos. Por isso, distingo entre *eu* e *Si-mesmo*. O eu é o sujeito apenas de minha consciência, mas o Si-mesmo é o sujeito do meu todo,

todos os céus, ~~mas~~ um grão de matéria morta e Deus por toda a eternidade! Amém. Digo "Amém", pois após uma declaração tão implausível é preciso dizer "Amém" para [57/58] como confirmação. Mas todos os mistérios são implausíveis. Eu odeio todos os mistérios, por isso eu os revelo a ti no maior número possível. Seria melhor se não existissem ~~xx~~ tantos mistérios, mas é impossível negá-los – ~~xx~~ e finalmente – sem ~~seg~~ mistérios ~~seria~~ não há como escapar das contradições.

Então, quando estás fora contigo mesmo, então sentes teu eu como distinto do Si-mesmo. Sentes o Si-mesmo como um grão de matéria morta cheio de revulsão, terror e medo da morte; mas quando aceitaste essa morte interior e celebraste a Última Ceia com esse cadáver e aceitaste o germe de Deus dessa morte, então sentes o Si-mesmo como Deus em ti. Mas vê, lá vem Filêmon. O que ele quer?

Φ: Ouvi, parece-me que aquela luz que chamais um Deus é também a minha luz. No passado, parecia-me como se aquela luz emanasse de mim. Agora, porém, vejo que ela é meu alimento. Ela aparece em Φ, ela tem efeitos em K. A aparência é visível, mas o efeito é sombrio. Sombrio é o efetivo. Aquele que aparece é claro. O efetivo não aparece, e o aparente não tem efeito. Essa é a minha limitação. Por isso, meu irmão precisou da escuridão, da pobreza e da morte miserável para ser efetivo.

K.: Que bom que vês minha grandeza e tua limitação! Tu começas a encontrar a medida certa, desprezador de todo efetivo e vivo. Eu amaldiçoo minha escuridão, minha eterna humilhação, mesmo assim [58/59] sou o efetivo e tu és apenas o aparente, aparência mentirosa, charlatão, enganador, que rouba de mim o amor dos homens. Mas hoje é um bom dia em que minha maldição te alcança – proclama tua limitação, anuncia em voz alta que tu roubas, que ~~tu roubas o inocente~~ tu enganas e cegas. Eu sou o efetivo e te amaldiçoo, para que o verdadeiramente efetivo sempre esteja oculto! Por isso, meu irmão teve que nascer como filho de um rei, e toda aparência e brilho teve que envolvê-lo até o túmulo para que ele fosse visto. Quem teria lhe dado atenção entre todos os sábios se a aparência não o tivesse ressaltado? Maldita seja a aparência, que engana o mundo por toda realidade. É um dia bom, verdadeiramente, Filêmon, tua asa será quebrada.

Φ: Tu dizes a verdade, ~~K~~ ó Ka, tua verdade – e ruim é aquele que não acredita em sua verdade – se é que existe tua, minha ou sua verdade. Eu abençoo teu efeito, pois tu crias para mim a aparência dourada –

K.: E por isso devo ser amaldiçoado a uma existência escura, solitária e sem alegria, por ser o criador de teu ouro, de tua bruma dourada enganosa e hipócrita, com a qual tu mesmo cegas o mundo inteiro?

Φ: Por que a sombra se indigna contra a luz? A luz lhe fez alguma injustiça? Eu não dei a Ka o que cabe a ele? Qual é o mistério de teu sofrimento, ó Ka? Por que ~~o~~ todo o efetivo [59/60] é escuro e expulso pela luz do dia?

K.: Hipócrita, tu és a luz do dia, o brilho dourado do mundo superior, o eterno ontem e amanhã. Mas o hoje quebrou-te uma asa. Tu não és o que é efetivo. Eu sou o efetivo. Eu tenho efeito, eu não tomo. Vós estais solapados, meus filhos, ~~ouviram~~ os titãs, ouviram minhas

também da psique inconsciente. Neste sentido, o Si-mesmo seria uma grandeza (ideal) que encerraria dentro dele o eu. O Si-mesmo gosta de aparecer na fantasia inconsciente como personalidade superior ou ideal, assim como, por exemplo, o Fausto, de Goethe, e o Zaratustra, de Nietzsche" (*Tipos psicológicos*, OC 6, § 796).

palavras, eles abalam os fundamentos. A hora do efetivo chegou. Malditos sejais – podeis me amaldiçoar – por tempo demais desprezastes e louvastes a aparência errada.

Φ: Ouve, Ka, não sou eu tua aparência verdadeira? Não és tu minha sombra verdadeira? Seria apenas a sombra verdadeira, e a aparência sempre errada?

K.: O mundo todo fala de Filêmon, mas quem fala de Ka? Mesmo assim, Ka é o todo-criador ~~de~~ dos seres e figuras.

3. VI. 18.[100]

Por que, minh'alma, tu te aproximaste de mim nesta noite com gesto ameaçador? O que querias?

A.: Por muito tempo não permitiste que eu falasse contigo. Devo falar-te sobre Ka, como percebeste. Tu o entendes, o limitador abençoador, ele que te dá amor pelo solo sagrado, pelo pedacinho de terra que é lindo para ti e onde te agrada viver? Ele adorna esse pedacinho com cuidado e amor, ele cultiva a terra, para que ela verdeje e [60/61] traga frutos. Ele te limita a essa ~~terra~~ esse pedacinho de terra, a essas pessoas que te são queridas. Ele te dá a sensação de ser nesta forma determinada. Ele exclui todas as outras possibilidades. É por isso que ele parecia ser perigoso e assassino. Ele está enraizado na terra e amarra as pessoas à sua terra.

Eu: Eu vi, mas dize-me, o que me prende a respiração, o que me impede?

A.: Filêmon está assustado. Ele sente o perigo da terra. Ele teme o lindo veneno da serpente da terra. Certa vez, ~~estava~~ seu pé foi aleijado pela ~~xx~~ mordida venenosa, mas nasceram-lhe asas. Ele conhece o poder do veneno, por isso, prefere voar. Ele vê a serpente entre as rosas e, por isso, deseja ser borboleta. Mas não deixa encantar-te demais por ele, pois tu és um ser humano, irmão dos animais que residem na terra. Quão bela e secreta é a felicidade da terra! As pessoas que conheces e amas, que te conhecem e amam, as árvores que, refrescadas pelo orvalho, saúdam o sol, os pássaros que, com canto, preenchem o calmo da aurora, folhas e flores faiscantes, a superfície cintilante das águas, o vento que segue em direção das montanhas, essa é a felicidade da terra, é também Filêmon, aquele que ama. Os demônios se reconciliam no homem que encontrou a si mesmo, que é a fonte dos quatro rios[101], que é, ele mesmo ~~procedente~~ [61/62], terra parideira de fontes.[102] De seu pico fluem águas para os quatro ventos. Ele é o mar que pare o sol, ele é a montanha que suporta o sol, ele é o pai dos quatro grandes rios, ele é a cruz que amarra os quatro grandes demônios. Ele é o grão imperecível do nada, que, de algum lugar, cai pelos espaços. Esse grão é início, mais jovem do que todos os inícios, mais velho do que qualquer fim. Louvo a grandeza e a pequenez do homem, seu sofrimento preenche a terra, sua felicidade está no menor e mais secreto.

O que te leva à alegria? ~~Alegria é~~ Sacrifício daquilo que não te pertence. A alegria, porém, é o teu mais próprio Si-mesmo.

---

100 Segunda-feira. Jung atendeu seis pacientes. Em 8 de junho, ele fez uma palestra na Associação Schiller.

101 Cf. Gn 2,10: "De Éden nascia um rio que irrigava o jardim e de lá se dividia em quatro braços". Os quatro rios são Pisom, Giom, Tigre e Eufrates. Sobre os quatro rios, cf. tb. a imagem 121 de novembro de 1919 no *LN* (apêndice, p. 147).

102 Cf. apêndice, p. 151.

3. VII. 18.[103]

Ó mistério da manhã de verão! Os homens e Deuses te saúdam quando nasces.

Eu falo – es tu aquele que fala, eu? O eu nasceu?

10 VII 18.[104]

Minh'alma, o que se passa? O que me coloca contra mim mesmo? O que me dilacera?

A.: Envenenamento pelos espíritos da terra.

O que queres dizer com isso?

A.: A preta tem consigo um espírito da terra, um espírito dos mortos que deseja viver. Ele suga força de ti. Ele quer vir à vida. Ela não tem culpa nisso. Ela nada pode fazer contra isso, apenas tu podes. É preciso suportar. Ainda não tentaste tudo, ainda não fizeste tudo. [62/63]

Eu: Que mais posso fazer?

A.: Podes amar ainda mais.

Eu: Não sei como.

A.: Através do ato.

Eu: Através de qual ato?

Eu: Não é uma miragem? A preta tem o espírito consigo? Não seria antes algo em mim?

A.: Espíritos sempre estão entre duas pessoas. Eles vivem da relação de duas pessoas. Sem relação, os espíritos também estão mortos, não só as pessoas. Mas os espíritos devem ser removidos de uma relação para que possam morrer.

Eu: Mas como, essa é a pergunta!

A.: Eu sei, mas o como não é fácil. Ele gira e gira e busca um buraco, mas não o encontra. O espírito é esse como. É desse como que vivem os espíritos dos mortos. Onde há um como os espíritos não remidos se reúnem. Eles o absorvem, eles vivem disso. Onde há a pergunta "Como?" eles encontram alimento. Enquanto o ser humano não conhecer o como, os espíritos o devorarão.

Eu: Então me ajuda a encontrar esse como.

A.: Primeiramente e acima de tudo deves ver que estás atrasado. Por que me deste dois tipos de atributos, por que não separaste os opostos? Por que me deixaste misturada? Isso gera o mal da paralisia. Os opostos se anulam. Minha outra metade, a do lado da terra, é uma outra alma diferente de mim. Ela está entre as coisas e ti, eu estou entre as imagens eternas e ti. Eu sou espírito, ela é sentimento. Eu sou clara, ela é escura. A preta é seu símbolo. [63/64] Tu ainda não libertaste Salomé dela. Ela é o espírito da terra, que dança danças venenosas, que encanta e embriaga, que bebe sangue e causa doença mágica. Se ela fosse liberta do símbolo, ela daria forma e substância às imagens eternas, vida verdadeira. Mas ela se embriaga com o sangue do santo.[105] Por quê? Ela não

103 Quarta-feira. Em 8 e 21 de junho, Jung fez apresentações na Associação de Psicologia Analítica sobre "O problema dos tipos em Schiller", evidentemente materiais que formariam o segundo capítulo de *Tipos psicológicos*. Essas apresentações foram discutidas na reunião seguinte.

104 Quarta-feira.

105 Isto é, João Batista.

foi liberta do símbolo humano. Por que amas a preta? Porque ela é a dançarina – (Algo arranha a porta) ~~Onde~~

Eu: Quem foi isso? ~~E~~

A.: Espíritos de mortos a acompanham,[106] espíritos da terra, seres enterrados – não os espíritos das imagens eternas. Eles têm garras como cachorros e gatos, pés como aves noturnas pretas, aves carniceiras, pois a dançarina rasga, ela tem garras e dentes afiados, ela deixou um rastro de dilacerados sangrentos, poças de sangue, e espíritos de mortos empanturram-se com isso. Sim, ela embriaga e ela está embriagada com o sangue dos santos, ela derrama veneno nas águas. Ela é um fogo de volúpia e tormento da volúpia. É linda como o inferno. Ela dá o prazer e o vício do veneno. Ela leva o homem a beber veneno, comer veneno, é sedução infernal. Ela é coerção da paixão. Eu sou contemplação eterna. Eu levo para o alto em eternidades, ela puxa para baixo, para o mistério da matéria, para a beleza da terra, para a morte de todo terreno. Eu sou a filha da mãe eterna, ela é a filha do pai eterno, ela é a terra, eu sou o recipiente do céu. Sim, ela é o ventre da terra, dela nasce figura real, mas de mim nasce a imagem eterna. [64/65]

Eu: Mas como posso libertá-la?

A.: Como tu me libertaste? Apenas diferenciando-me da realidade. Como a libertarás? Apenas diferenciando-a da realidade. Quando o tormento te acomete, chama e pergunta a ela, assim como tu me chamas e perguntas. O que eu te dei? Eu te dei as imagens eternas. Ela também te dará, se tu a diferenciares da realidade e a perguntares e a obrigares a falar e responder, assim como tu também me obrigaste. Eu te atormentei com ira impotente, ela te tortura com prazer e desejo onipotentes. Chama-a e ouve o que ela diz.

Eu: Farei isso e o farei imediatamente, pois grande demais é o tormento. Salomé, infame dançarina, tigre com garras sangrentas – vem, ouve, fala: o que queres?

S[al].: O que queres tu? Tu sabes o que quero.

Eu: Eu sei. Mas não quero mais.

S[al].: Ah, não queres mais? Acreditas nisso? Queres a volúpia e seu tormento, queres o desejo, o fogo que consome. Eu te darei o que queres.

Eu: Tu te enganas. O não querer desperta. Ainda é pequeno e fraco. Mas crescerá. Ele se tornará um herói que te ataca.

S[al].: Onde? Um herói? Onde já se viu isso?

Eu: Eu te mostrarei.

S[al].: Um tolo, um profeta, um asceta?

Eu: Não, certamente não, mas alguém que não permite que seja sufocado sob almofadas macias, um homem que deseja viver [65/66] e que se opõe a ser devorado pelo desejo. A raiva não me matou, e o anseio o fará ainda menos.

Sal.: Já te arrependes. Queres desistir da beleza da terra?

Eu: Não serei teu escravo. O que é a felicidade da terra se ela arder como um fogo infernal? Se ela te deixa doente como veneno? A luta contra ti foi iniciada. Não descansarei até tu entregares o teu poder ao ser humano. O ser humano deve viver. Tu deves

106 A figura descrita aqui lembra retratações clássicas da Deusa Kali. Num comentário na camada dois de *Esboço corrigido*, Jung observou: "Kali, porém, é Salomé, e Salomé é minha alma" (p. 109).

obedecer. Não quero desistir da beleza da terra, tampouco perderei o cheiro do campo, mas as serpentes venenosas devem ser esmagadas, para que o ser humano possa andar entre flores.

Sal.: Tens grandes planos. Então vai ao trabalho heroico. Tu és risível.

Eu: Ouve, Salomé, teu encanto será quebrado. Eu me apropriarei do mistério de tua magia. Tu me ensinarás o teu mistério.

Sal.: Jamais. Não tenho nenhum mistério. Meu mistério é a tua fraqueza, e ela não é nenhum mistério.

Eu: Tu não me confundes. Fraqueza é uma qualidade. As fraquezas são os poderes mais fortes da vida humana. Eu arrancarei de ti o mistério da fraqueza, da minha fraqueza. Pois quero que o ser humano se fortaleça, para que ele possa viver na terra sem sucumbir aos espíritos da terra.

Sal.: Terei o cuidado de não revelar-te o mistério da fraqueza, pois ele é a minha [66/67] força. Luta contra tua fraqueza de acordo com o padrão antigo. Verás que perderás, e caso a superares, serás ainda mais miserável. Vês a minha força e invulnerabilidade? Aquele que luta contra mim luta contra si mesmo. Cada ferida te acerta. O que é melhor: ser despedaçado pela paixão ou ser despedaçado por si mesmo?

Eu: Eu terei o cuidado de não despedaçar a mim mesmo para combater a minha fraqueza. Eu viverei a minha fraqueza, para que ela se torne a minha força. Já cheguei ao ponto em que a minha fraqueza deseja ser uma força. Por isso, eu te agarro, e tu deves falar. Eu rompi tua coerção.

Sal.: Tu acreditas nisso? Queres apostar algo?

Eu: Tu falarás. Tu me responderás. Tu revelarás o teu mistério.

Sal.: O que tenho com isso? Exijo pouco em troca do mistério. Ele não me pertence, ele pertence às aves carniceiras. Pergunta a elas se quiseres saber algo.

Eu: Tu não me escapas. As árvores pretas são teu cortejo, elas vivem de tuas vítimas. Elas não são o problema. O problema és tu. Tu não me confundes fingindo os espíritos dos mortos para mim. São profetas que se calaram, estripados por ti mesma, amantes sufocados ~~de~~ por anseio ou ódio. Apenas Circe possui o mistério, não os porcos miseráveis de seu jardim.[107] Tenta tua magia – aquele que viveu sua fraqueza porque ele a santificou arranca de ti a vara.[108] [67/68]

Sal.: Por que queres me assediar? Que devo dizer? Nada sei. Minha magia não é um mistério. É apenas um evento. O que resta perguntar?

Eu: Pergunto por razões, pois o evento não é de necessidade eterna. Eventos podem também ser diferentes. Tu conheces razões, sabes como eventos são feitos. Não tens poções mágicas, ervas malignas, fórmulas sombrias, gritos de aves noturnas, ventos malditos, rastros de serpentes e dentes de ratos?

Sal.: Então tenta arrancar de mim o mistério, se é isso que desejas.

Eu: Deves falar.

107 Na mitologia grega, Circe é uma Deusa da magia, que vive na Ilha de Aiaia. Na *Odisseia*, quando Odisseu desembarca na ilha, ela transforma seus homens em animais. No entanto, Odisseu consegue vencê-la com a ajuda de Hermes.

108 A varinha de condão. Cf. *Livro 4*, p. 222.

Sal.: Tu deves obedecer ao meu mandamento.

Eu: Voluntariamente. Mas quebro a coerção.

Sal.: Devo falar? Açoitarei teus ouvidos, perfurarei teu coração, rasgarei teu diafragma, emaranharei teus intestinos.

Olhos castanhos? Não tens olhos castanhos? Lábios quentes? Não tens lábios quentes?

O mistério do ventre? Não és tu o teu ventre?

A volúpia de ~~parir~~ conceber e parir? Sim, tua razão gera. Teu corpo não é estéril? Ele anseia pela fertilidade? Ele anseia pelo abraço gerador? Queres entrar em teu próprio ventre para a concepção de teu Si-mesmo?

Eu: Que fala diabólica é essa? Tu torturas em vão. Deves entregar o teu poder. Chega de [68/69] opressão!

Sal.: Ah, isso te atormenta. Isso é bom. Sentes o gosto de como é quando alguém me ataca?

Eu: Eu não recuo. Deves falar.

Sal.: Devo dizer: tu não és melhor do que os outros. És menos do que os outros. És um fracote, um covarde. Para que serves? O que trouxeste de bom para o mundo? Tu enganas e és enganado, um tolo de suas fraquezas.

Eu: Tu esqueces: tua força, teu maldito poder. Mas fala, estou ouvindo.

Sal.: O que podes fazer? Tu és impotente, és frouxo, um farrapo ao vento. Reconhece meu poder. Posso falar o mal. E tu? Tua palavra tem força? Combate tuas fraquezas, garoto fraco.

Eu: Minha fraqueza é uma força que tu reivindicas para ti mesma. Ela é minha força que, roubada de mim, caiu em tuas mãos armadas ~~mãos~~ de garras e que me derruba. Um cortejo de espíritos te serve. Quem serve a mim? Estou sozinho, um homem entre muitos, e travo a luta pela minha vida e pela vida da humanidade e por uma humanidade melhor. Ninguém me ajuda. Ninguém pode me ajudar. Ninguém ouve meu grito, pois minha voz é fraca. E além disso permaneço em silêncio. É verdadeiramente fácil [69/70] difamar-me. Mas não permito que faças isso, pois quero arrancar de ti o teu mistério.

Sal.: Ainda não te basta? Não reconheces o ridículo, a loucura de teu empreendimento? Quem és tu? Não vês que a tristeza e a desesperança estão te devorando? Não surpreende que os abutres se reúnem, agora que te preparas para tornar-te carniça? Queres meu mistério? Que utilidade ele terá para ti? Queres encantar a humanidade? Ou queres coagir os demônios? As crianças zombarão de ti.

Eu: Chega dessa fala. Tu não me pegas. Conheço tuas armadilhas de antigamente.

Sal.: Estás entediado. No fundo, sabes muito bem como é tolo tudo isso. Uma miragem, nada mais. Naturalmente, uma fata morgana – minha arte da dança – ainda queres mais?

Eu: A arte da tua dança não me assusta. Já vejo o medo por trás dela.

Sal.: Não estás querendo dizer que eu tenho medo, estás? Eu perceberia isso.

Eu: Existem coisas que tu não vês.

Sal.: Viste medo em mim – tens o olhar mau? – Ah, isso é obra de Filêmon! Ele te deu o olhar mau. É a sua vingança tardia por eu ter quebrado suas asas quando ele era Simão.[109] Por que tive que ajudar aos cristãos?

Eu: Queres passar a impressão de que não sabias que foram os cristãos que te transferiram para o sobre-humano e que te elevaram à mãe negra de Deus, [70/71] ao hortus deliciarum.[110]

Sal.: Como sabes disso? – É a vingança de Filêmon. Ele me traiu.

Eu: O que está acontecendo? O que estão escondendo de mim?

Sal.: Eu ~~lhe~~ emprestei a Simão a minha magia, e ~~Filêmon Simão~~ ele me dominou: mas eu quebrei as asas do ardiloso. Ele não conseguiu esconder seu mistério de ti? Quem és tu? És um Deus? Quem te deu poder?

Eu: A necessidade.

Sal.: Normalmente, a necessidade ensina a mendigar –

Eu: Não a mim – ela me deu poder. E tu sentirás o meu poder. Tu revelarás o teu mistério.

Sal.: Não posso. Eu mesma não o conheço. O desejo conhece a si mesmo, a cegueira alguma vez imaginou a si mesma?

31. VII. 18.[111]

Se minha obra quiser ter êxito e tudo se cumprir, então devo antes sempre submeter-me a ti, minh'alma, para que tu me puxes para aquele lugar habitado pelo Deus. Estou constrangido ~~xx~~ demais pela impressão do mundo do sol, ~~e~~ por isso deves puxar-me para o outro lado que tu vês. Por isso, dize-me o que contemplas.

A.: Vejo Salomé ao teu lado, libertada do símbolo humano.

Eu: O que ela quer?

A.: Ela pergunta ou pede – não sei. Salomé, [71/72] fala, por que estás aí e o que aguardas?

Sal.: Ainda não estou liberta deste homem, pois ele ainda me impôs ou me encantou com uma pergunta – pois nunca tenho perguntas ou dúvidas – então ele realmente me encantou! Suspeito a artimanha de Φ por trás disso. Alguém me liberte.

A.: Que pergunta ele lançou sobre ti?

Sal.: A pergunta pelo meu mistério. Eu não tenho mistério – prazer ou sensação de prazer – que mistério haveria nisso? Isso é apenas um evento e nada mais. É o ardil diabólico de Filêmon ~~um~~ levar-me a suspeitar um mistério por trás disso. Certamente foi Φ que tramou esse pensamento, e não este homem.[112] Como um homem poderia chegar a ~~um~~ tal pensamento? Prazer é a sensação de prazer e nada mais. Por que haveria de existir

---

109 Sobre Simão Mago e a identificação de Filêmon como Mago, cf. 1 de junho de 1916, *Livro 6*, p. 245s.

110 Latim para "jardim dos deleites". Era, também, o título de um manuscrito iluminado do século XII. Jung reproduziu algumas de suas ilustrações em 1944 (figuras 28, 53, *Psicologia e alquimia*, OC 12). Uma das representações mais famosas é a pintura de Hieronymus Bosch, no Prado, em Madri.

111 Quarta-feira.

112 No outono de 1917, Jung escreveu o seguinte no manuscrito de *Aprofundamentos*: "ΦΙΛΗΜΩΝ me embriagou e me inspirou uma linguagem estranha a mim mesmo e um outro sentir. Tudo isto desapareceu quando o Deus se elevou e só ΦΙΛΗΜΩΝ possuía aquela linguagem. Mas eu senti que ele trilhava outros caminhos e não o meu. A grande maioria do que escrevi nas primeiras partes deste livro foi ΦΙΛΗΜΩΝ que me inspirou" (*LN*, p. 426).

um mistério por trás disso? Por que este homem pergunta por um mistério por trás disso? Quem lhe inspirou esse pensamento louco? Quem o incitou à insolência de me perguntar tal coisa? De jogar em mim um pensamento tão louco? Quem além de Φ? Apenas sua arte maligna é capaz de ~~xx~~ gerar tais pensamentos, que grudam como uma veste de Nesso.[113] Eu, porém, não tenho nenhum mistério, é loucura procurar mistérios em mim. É insolência, tortura. Por trás da sensação não existe nada, nenhum mistério, nada além dela ou dentro dela. [72/73] É apenas a sensação – sim, ride das minhas lágrimas – sensação é sensação, prazer é prazer, desprazer é desprazer e nada mais. Não quero que haja nisso um mistério – isso é um pensamento louco e repugnante, sujo e estúpido.

Eu: Minh'alma, dize-me, por que Salomé se aborrece? O que há de tão terrível na possibilidade de haver um mistério por trás do prazer?

A.: Não percebes que isso contraria a moralidade de Salomé? Ela é, à sua maneira, pura – prazer puro, sensação pura, maculada por nenhum pensamento, nenhum mistério – esse é o seu ideal. Tu ofendeste a sensação moral dela, ~~ofendeste~~ sim, tu até já a minaste, pois a dúvida não a solta mais.

Sal.: Sensação é pura. Por que quereis misturar a ela um mistério e turvar ~~com~~ uma água cristalina com isso?

A.: Mas, Salomé, tu vês que o pensamento de que ~~misté~~ um mistério possa estar por trás do prazer te encantou e não te solta mais. Por que foste tomada por esse pensamento? Apenas porque algo em ti vai ao seu encontro. O que vai ao seu encontro? O mesmo pensamento que já estava pronto em ti. [73/74][114]

Sal.: Isso não pode ser verdade, pois não penso.

A.: Isso não impede que pense em ti.

Sal.: Então também acreditas que um mistério se esconda por trás do mistério?[115] Que mistério? Eu deveria possuir um mistério? A ideia não é ruim.

Eu: Dize-me, minh'alma, Salomé realmente não conhece o mistério ou ela está fingindo?

A.: É claro que ela não o conhece, pois ela mesma é o mistério.

Sal.: O que estás dizendo? Eu mesma seria o mistério? Como posso saber-me? O prazer sabe a si mesmo?

A.: Mesmo assim já nos revelaste o teu mistério. Tu és o mistério que está por trás de todo prazer, a alma que toca a terra, tu, minha irmã, que abraças a matéria e que tor-

113 Na mitologia grega, a veste do centauro Nesso. Hércules mata Nesso por sua tentativa de estuprar sua esposa Dejanira. Moribundo, Nesso mergulha o manto em seu sangue e o dá a Dejanira. Quando Hércules ameaça abandoná-la, ela o dá a ele, e isso leva à morte dele.

114 Em 1903, Jung citou positivamente a concepção da sugestão do psicólogo francês Alfred Binet. Binet tinha afirmado: "É preciso notar que, se a personalidade de Adriana pôde ser criada, foi porque encontrou uma possibilidade psicológica" (*Sobre a psicologia e patologia dos fenômenos chamados ocultos*, OC 1, § 93). A concepção dos limites do alcance da sugestão exercia um papel crítico para Jung. Para essa questão, cf. SHAMDASANI, S. "'The Magical Method That Works in the Dark': C.G. Jung, Hypnosis, and Suggestion". In: *Journal of Jungian Theory and Practice* 3, 2001, p. 5-18.

115 Em *Memórias*, Jung alegou que Freud estivera fascinado pelo significado espiritual e numinoso da sexualidade, mas que não conseguiu compreendê-lo: "Como expressão de um espírito ctônico, a sexualidade é da maior importância. Esse espírito é a 'outra face de Deus', o lado sombrio da sua imagem" (p. 174).

nas experimentável os indizíveis.[116] Meu amor pertence às imagens eternas; teu amor, à matéria eterna. Ka é teu pai; Φ, meu pai. Assim, o véu que, enganosamente, cobria a verdade se rasgou, a neblina que criava mil caminhos enganosos se dividiu. Reconhece-te como alma, desiste da ~~xx~~ pureza de teu prazer, tu mesma és sua impureza, sua mistura, seu mistério. O prazer recebe o sentido eterno, assim como a imagem recebe o prazer eterno. [74/75] Minhas imagens são puras? Eu acreditava nisso e o desaprendi. Minhas imagens respiram o prazer do mundo. E teu prazer pare vez após vez as imagens eternas. O azul ~~claro~~ puro do céu é ~~pu~~ pureza? Não, ele é azul porque vês a matéria. O que seria a clareza cristalina da água se não conseguisses ver a água?[117] Puro é apenas o vazio. Prazer puro é vazio e, portanto, não seria prazer. Uma imagem pura seria vazia e, portanto, não seria imagem. Pois uma imagem sempre retrata algo. O prazer deseja imagem em eternidade, e imagem deseja prazer em eternidade.[118]

Sublime, os 4 caminhos foram cumpridos, os 4 sofrimentos foram ~~cumpridos~~ suportados, as 4 alegrias foram ~~cumpridas~~ cumpridas, aos Deuses dos 4 ventos foram feitos os sacrifícios. A última das obras foi realizada:~~;~~ Salomé recuperou a visão. Os 4 ventos se elevam a ti, os 4 rios correm para ti.[119] Chegou a hora em que falas sozinho, tu, Deus de todos os Deuses verdadeiros e falsos, tu, ser de todo não ser. Nós nos calamos e aguardamos teu discurso.

Eu: Sou tomado de medo. Quem falará? De quais profundezas ou alturas, de quais regiões do céu ou da terra virá a voz?

A.: Não te preocupas. Um coro fala como uma só voz, e a voz fala como um só coro. [75/76]

ΦA:[120] A voz una de todos os seres fala em ti.

O sol de todos os sóis brilha em ti.

Tu segues o caminho de todos os caminhos, solitário com todos.

Eu: Minh'alma, isso é quase insuportável.

A.: Cala-te, não resiste.

---

116 Em 22 de dezembro, Salomé tinha se identificado como irmã do "Eu" de Jung (*Livro 2*, p. 190). Em 29 de janeiro de 1914, o "Eu" de Jung se dirigiu à sua alma como "irmã" (*Livro 4*, p. 259). Por inferência, isso tornaria Salomé também irmã da alma.

117 O filósofo irlandês George Berkeley (1685-1753) defendia que "*esse est percipi (aut percipere)*" [ser é ser percebido (ou perceber)] (cf. BERKELEY, G. *Treatise Concerning the Principles of Human Knowledge*. Londres: J.M. Dent, 1975 [*Philosophical Works, Including the Works on Vision*, edição de Michael R. Ayers]. Em sua palestra de 27 de outubro de 1933 na ETH, Jung disse o seguinte referente a Berkeley: "[Ele] é o primeiro psicólogo empirista inglês. Como empirista, ele tomou as sensações como ponto de partida, como Christian Wolff. Quando não se vê, não se ouve nem se sente qualquer coisa, supõe-se que também não há nada na mente, em concordância com o provérbio latino: *Nihil est in intellectu, quod non antea fuerit in sensu*. No entanto, Berkeley percebeu que sensações não permanecem discrepantes, mas se unem num todo, e descobriu a percepção dos próprios sentidos como um fator igual ao objeto percebido. A partir dessa fusão de sujeito e objeto, Berkeley construiu o conceito psicológico do espaço" (JUNG, C.G. *Modern Psychology*: Lectures Delivered at ETH Zürich, Volume 1: October 1933-February 1934. Princeton: Princeton University Press/Philemon Series, 2019, p. 18 [org. Ernst Falzeder]).

118 Cf. "Outra canção para dançar" em *Assim falava Zaratustra*, de Nietzsche: "Homem, escuta!/Que diz a meia-noite profunda!/'Tenho dormido, tenho dormido...'/'De um profundo sono despertei.'/'O mundo é profundo...'/'E mais do que o dia julgava.'/'Profunda lhe é a dor...'/'E a alegria... mais do que a tristeza.'/'A dor diz: Passa!'/'Mas toda alegria quer eternidade...'/'...quer profunda eternidade!'" (Petrópolis: Vozes, 2014, p. 296-297 [trad. Mário Ferreira dos Santos]).

119 Cf. Gn 2,10: "De Éden nascia um rio que irrigava o jardim e de lá se dividia em quatro braços". Os quatro rios são Pisom, Giom, Tigre e Eufrates. Sobre os quatro rios, cf. tb. a imagem 121 de novembro de 1919 no *LN* (cf. apêndice, p. 147).

120 Fanes.

ΦA: Este caminho levará para a terra dos homens, ~~uma incumbência~~ um serviço.

O mistério da manhã de verão, o dia feliz, a perfeição do momento, a plenitude do possível, nascido de sofrimento e alegria, a joia da beleza eterna, o destino dos 4 caminhos, a fonte e o mar dos 4 rios, ~~e~~ a realização dos 4 sofrimentos e das 4 alegrias, pai e mãe dos Deuses dos 4 ventos, crucificação, sepultamento, ressurreição e ~~glo~~ divina glorificação do ser humano, máximo efeito e não ser, mundo e grão, eternidade e ~~tempo~~ momento, pobreza e abundância, desdobramento, morte e renascimento do Deus, suportado por força eternamente criativa, resplandecente em efeito eterno, amado pelas duas mães e esposas-irmãs, inexprimível gozo rico em tormentos, inconhecível, irreconhecível, a ponta de uma agulha entre morte e vida, um fluxo de mundos, cobertura do céu – eu te dou o amor dos homens [76/77], o jarro de água de ópalo; água, e vinho, e leite, e sangue ele derrama, alimento para os homens e Deuses.

Eu te dou a alegria do sofrimento e o sofrimento da alegria.

Eu te dou o que foi encontrado: a duração na mudança e a mudança na duração.

O jarro de pedra, o recipiente da perfeição. Nele, fluiu água, fluiu vinho, fluiu leite, fluiu sangue.

Os quatro ventos caíram no recipiente ~~dou~~ precioso.

Os Deuses das quatro regiões do céu suportam sua curvatura, as duas mães e os dois pais o guardam. O fogo do Norte arde sobre sua boca, a serpente do Sul cerca seu fundo, o espírito do Leste segura um de seus lados e o espírito do Oeste segura seu outro lado.

Eternamente negado, ele existe em toda eternidade. Retornando em todas as formas, sempre o mesmo, o mesmo recipiente precioso, cingido com o zodíaco, negando a si mesmo e novamente resplandecente por meio de sua negação.

O coração de Deus e homem.

Ele é um e muito. Um caminho que atravessa [77/78] montanhas e vales, uma estrela-guia no mar, dentro de ti e sempre à tua frente.

Completo, sim, verdadeiramente completo é aquele que sabe disso.

Completude é pobreza. ~~Mas~~ Pobreza, porém, ~~é~~ significa gratidão. Gratidão é amor.

2. VIII. 18.[121]

[122]Verdadeiramente, ~~eu sou o sacrifício.~~ completude é o ~~Eu sou~~ sacrifício.

Completude é alegria e previsão da sombra.

Completude é fim. ~~Compl~~ Fim significa começo, por isso, completude é pequenez e começo no menor.

Tudo é incompleto, por isso completude é solidão. A solidão, porém, busca a comunhão. Por isso completude significa comunhão.

Eu sou a completude, completo, porém, é aquele que alcançou seus limites.

Eu sou a luz que nunca se apaga; completo, porém, é aquele que se encontra entre dia e noite. Eu sou o amor que dura para sempre; completo, porém, é aquele que colocou a faca do sacrifício do lado do seu amor.

121 Sexta-feira. Jung atendeu dois pacientes.
122 Esta é a continuação da fala de Fanes.

Eu sou a beleza; completo, porém, é aquele que está sentado junto [78/79] ao muro do templo e conserta sapatos por dinheiro.

O completo é simples, solitário e unânime. Por isso ele busca diversidade, comunhão, ambiguidade. Da diversidade, comunhão e conflito ele avança para a simplicidade, solidão e unanimidade.

O completo conhece sofrimento e alegria, eu, porém, sou o gozo que está ~~xx~~ além de alegria e sofrimento.

O completo conhece o claro e o escuro, eu, porém, sou a luz que está além de dia e escuridão.

O completo conhece o alto e o baixo, eu, porém, sou a altura além do alto e baixo.

O completo conhece o que cria e o que foi criado, eu, porém, sou ~~além — a imagem~~ a imagem ~~eternamente~~ parideira que está além de criação e criatura.

O completo conhece amar e ser amado. Eu, porém, sou o amor que está além de abraço e luto.

O completo conhece homem e mulher, eu, porém, sou o homem, ~~e do homem~~ seu pai e seu filho que está além de masculinidade e feminilidade, além de criança e idoso.

O completo conhece ascensão e ruína, mas eu sou o centro que está além da aurora [79/80] e do crepúsculo.

O completo me conhece e, por isso, se distingue de mim.

26 VIII 18.[123]

Minh'alma, o que está acontecendo? O que está fermentando? Fui tomado de inquietação!

A.:[124] Esperaste tempo demais. Por que não perguntaste antes?

Eu: Pensei que deveria deixar acontecer.

A.: Sim, mas o que cabe a ti também deve ser feito. Deverias ter perguntado. Tive que causar inquietação em ti. Salomé prepara poções venenosas. É uma Medeia que domina a magia.[125]

~~A.~~ Eu: O que ela está fazendo?

A.: Pergunta a ela.

Eu: Salomé, o que estás fazendo?

Sal.: Eu me vingarei. Por que me deste um sentido [?]. Não quero ter um sentido. Só quero evento. Quero a mera ocorrência.

Eu: E se nada acontecer?

---

123 Segunda-feira. Jung atendeu quatro pacientes.

124 Abreviação para "Anima". Esta é a primeira vez nos *Livros Negros* em que Jung identifica a alma como anima. Numa revisão sem data de seu artigo de 1916, "A estrutura do inconsciente", ele introduziu a noção da anima como contraparte à noção da persona. Ele considerava ambas "imagens-sujeito". Aqui, ele definiu a anima como "o modo pelo qual o sujeito é visto pelo inconsciente coletivo" (OC 7/2, p. 175). Em 1921, escreveu: "Este é o modo como alguém se comporta em relação aos processos psíquicos internos, é a atitude interna, o caráter que apresenta ao inconsciente. Denomino *persona* a atitude externa, o caráter externo; e a atitude interna denomino *anima, alma*" (OC 6, § 758). A atitude interna era a alma, que tinha uma relação complementar à *persona*. Em mulheres, ele chamou isso animus.

125 Na mitologia grega, Medeia é uma feiticeira que descende de Hélio. Ela tem o dom da profecia. Ela ajuda Jasão a obter o velo de ouro do pai dela, o Rei Eetes da Cólquida. Na *Medeia* de Eurípedes, Jasão a abandona pela filha do Rei Creonte de Corinto. Então Medeia mata Creonte, sua filha e os filhos que ela teve com Jasão.

Sal.: Tudo acontecerá em seu tempo. Eu preparei veneno para ti, caso não deixares acontecer.

Eu: O que devo deixar acontecer?

Sal.: Aquilo que dá prazer.

Eu: Expressa-te de forma mais clara. O que fazes e o que queres?

Sal.: Quero evento. Não perturba a ocorrência.

Eu: Não quero perturbar, mas quero saber.

Sal.: Não deves saber. Deves deixar acontecer.

Eu: Deixarei acontecer, mas por que ficas me puxando?

Sal.: Quero perturbar a tua paz. [80/81]

Eu: Por quê?

Sal.: Porque não deves assistir tranquilo, mas irritado. Eu te irrito.

Eu: O que queres conseguir com isso?

Sal.: Tua irritação é boa para as mulheres. Isso atiça elas. Elas precisam de tua irritação, caso contrário não fazem nada.

Eu: Minh'alma, dize-me, isso é verdade?

A.: Há algo de verdadeiro nisso. A mulher precisa ter uma razão, caso contrário deixa acontecer demais. Tu deves aceitar essa irritação, permite que seja vista; ela atiça, como Salomé diz corretamente. Tu não podes fazer nada. Aceita e poupa-te. Deves conseguir sofrer um pouco. Tu não o podes fazer. Paciência, muita paciência. Sal. quer falar.

Sal.: Devo aborrecer-te um pouco. Quando estás calmo demais, passas a impressão de que tudo está bem. Ordens não adiantam nada, apenas sentimentos. És impaciente demais. Tens o diabo do poder dentro de ti. Tudo deve transcorrer como deve. Não há nada a fazer. Os outros também devem ter sua parte na vida.

Eu: Minh'alma, sabes algo além disso?

A.: Nada a revelar. Eu aconselho fortificação.

28 VIII 18.[126]

Meu Deus, nascido de sofrimento e alegria, imortal, tu presides luminosamente sobre teu caminho! Tu, trilha do meio cheia de salvação e perdição, cheia de fortuna e infortúnio. Teu pé avança para além do mortal. Lamento nos foi destinado e o sorriso de auroras. Fica conosco, salvador de infinidades cheias de sofrimento, estabelecedor de limites, meu destino.[127]

---

126 Quarta-feira. Jung atendeu um paciente.

127 Entre 2 de novembro e 14 de dezembro, Jung estava prestando serviço militar em Château-d'Oex. Ele leu *From Sphinx to Christ: In Occult History* (1912), de Édouard Schuré, e se surpreendeu com a retratação das visões de Buda pelo autor e com a semelhança com sua própria experiência (Whitefish: Messinger, 2014), p. 100ss.

25. I. 1919[128]

Um sacrifício difícil foi feito. Um novo caminho da vida foi aberto. Neste momento devo ouvir-te, [81/82] minh'alma.

A.: ["] Eu vi. Aqui fiquei de pé e assisti e estive sempre presente. Filêmon levantou a criança e a jogou no chão, como viste. Amarras mágicas foram colocadas no monstro esvoaçante. O mago chinês~~x~~ que realizou isso era Fil., o multiforme e mutável. Assim aconteceu e assim devia acontecer. Assim foi correto. Teu amor invocou o espírito volúvel preto na mulher. Teu amor é Ka, o procriador, o amante das mulheres. Com elas, espírito; contigo, aquilo que chamas amor. Eu o chamo força procriadora. Amarra Ka, para que ele te entregue seus tesouros, assim como Fil. amarrou o espírito volúvel da mulher, para que ela compartilhasse de seu espírito."

– Que males sofreis vós, homens! –

Eu: Quem falou assim?

A.: Foi Φ. Ele passou às pressas, ocupado em esferas mais altas. Ka troveja, sacudindo a rocha.

Eu: O que consideras necessário em teu serviço?

A.: Que, por vezes, me dês língua. Não abusarei de ti.

Eu: Tens algo mais a me dizer?

A.: Nada deve ser dito. Deves fazer todas as coisas mais próximas, para que se tornem as mais distantes. Não esquece de me ouvir de vez em quando.

2. II. 1919.[129]

Do meu luto quero te falar, minh'alma. A solidão devora meu coração.

A.: O que te corrói? Solidão? Por que permites que ela faça isso? Estás coberto.

Eu: Então tira essa coberta.

A.: Não posso. Um poderoso está próximo. [82/83]

Eu: Quem é?

A.: Ka, como suspeitas. Estás na sombra de Filêmon.

Eu: Ah, é Ka! Sombra dolorosa. Que tristeza causaste com mão hábil! Por que me cobres?

Ka: Pensas demais. Por isso eu te cobri de luto. Não deves pensar, deves gerar.

Eu: Sim – tua verdade! Como ela deveria ser vivida? Constróis túmulo acima de túmulo. O que te importa a vida humana?

Ka: Queres sufocar?

---

128 Sábado. Jung atendeu um paciente. Em sua agenda para 3 de janeiro de 1919, ele fez um desenho de Filêmon voando, que, evidentemente, serviu como base para uma pintura (cf. *A arte de* C.G. *Jung*, cat. 64, p. 145). Lembrou que Filêmon apareceu a ele pela primeira vez num sonho: "Havia um céu azul, que também parecia ser o mar. Estava coberto, não de nuvens, mas de torrões de terra que pareciam desagregar-se, deixando visível, entre elas, o mar azul. A água, entretanto, era o céu azul. Subitamente, apareceu um ser alado pairando à direita. Era um velho com chifres de touro. Trazia um feixe de quatro chaves, uma das quais estava em sua mão como se fosse abrir uma porta. As asas eram semelhantes às do martim-pescador, com suas cores características./Como não compreendesse a imagem do sonho, pintei-a para figurá-la com maior exatidão" (*Memórias*, p. 188). Enquanto fazia essa pintura, ele encontrou um martim-pescador morto em seu jardim à beira do lago; as aves são muito raras na vizinhança de Zurique. Visto que o desenho e a imagem correspondem a esse sonho, isso sugere que o sonho realmente ocorreu no início de janeiro de 1919.

129 Domingo.

Eu: Melhor não. Se Φ[130] me deixa sombras, deixa tu luz para mim.

Ka: Luz? Eu só cuido de sombras e escuridão. O que me importa a luz?

Eu: O que pretendes alcançar ao cobrir-me com a escuridão do luto?

Ka: Espero alcançar criação. Para que serve esse teu choro? Tu és o que fazes.

Eu: Também uma verdade. Mas se tu me paralisas, como posso fazer?

Ka: Eu te paraliso para que tu obedeças e não tenhas outra opção –

Eu: – senão fazer? Uma contradição!

Ka: Andas depressa demais – senão fazer o que quero.

Eu: Queres impor-me a tua vontade?

A.: Ouve ele, ele é poderoso e não é uma mulher-alma.

Eu: Estou ouvindo, o que queres de mim?

Ka: Tua masculinidade. Salomé te pegou pela nuca [83/84] com magia maligna.

Eu: Minh'alma, por que escondeste isso de mim?

A.: Eu não consegui ver. Não sei o que Salomé está fazendo.

Eu: Por quê?

A.: Ela sempre está lá onde não olho. Acreditas que Φ possa ver Ka e saber o que ele está fazendo? Por que os dois teriam dois tipos diferentes de verdade se eles vissem e ~~xx~~ soubessem um do outro? Da mesma forma Salomé me é estranha. Vejo apenas a minha luz, jamais minha sombra, pois vejo de dentro para fora – apenas Ka é capaz de dizer o que Salomé está fazendo.

Eu: Por que Salomé me agarrou?

Ka: Porque não és um homem, mas psiquicamente feminizado.[131] Quero que sejas um homem. Um punho contra a magia de Salomé. Nada além disso é necessário. Não existe nada que se possa fazer, eu tenho o poder e tu obedeces.

22. III. 19.[132]

Minh'alma, é infernalmente difícil.

A.: Acontece como deve acontecer. Não há nada a acrescentar-se a isso.

Eu: Mas como deve acontecer?

A.: Queres que eu profetize o futuro para ti? Deve haver antecipação? Então ouve: nenhuma pedra ficará de pé. Tudo cai em algum momento. Onde há vales haverá montanhas, onde há água haverá terra seca.[133] Estás satisfeito?

Eu: Ousas fazer piadas? O que pretendes? Voltas a tramar magia?

A.: De forma alguma. Estou apenas me sentindo travessa.

Eu: Voltaste a te embriagar?

A.: Um pouco. Cheiro oportunidades.

---

130 Filêmon.

131 Em alemão, *verseelenweiblicht*. Um neologismo de Jung.

132 Sábado. Jung atendeu um paciente. Ele estava transcrevendo a página 110 para o volume caligráfico do *LN*. As imagens 105, 107 e 109 foram pintadas em 1918-1919 (cf. apêndice, p. 135 e 137). Em 28 de fevereiro, ele tinha ido ouvir uma palestra de Carl Spitteler, que ganhou o Prêmio Nobel de Literatura naquele ano.

133 Cf. Is 40,3-5: "Uma voz clama: "Abri no deserto um caminho para o Senhor, nivelai na estepe uma estrada para nosso Deus! Todo vale seja aterrado e todo monte e colina sejam abaixados. O terreno acidentado se torne planície e as escarpas se transformem em amplo vale! Então a glória do Senhor se manifestará, e toda criatura humana verá: foi a boca do Senhor que falou!"

Eu: Isso é fatal se voltaste a vislumbrar algo. Pretendes lançar-te novamente na matéria? Quem te dá esse direito? [84/85]

A.: Quem além de ti? Voltaste a ser mole, como manteiga ao sol.

Eu: Onde me apanhaste?

A.: Bem, onde senão no chamado humano? Tu és impressionável. Uma boa palavra, não?

Eu: O que estás insinuando?

A.: O chamado coração mole.

Eu: Queres que me enoje da humanidade?

A.: Não, mas da mistura. Por que deixas que o sofrimento dos outros te magoe? Eles querem te ver firme, forte e saudável. Eles precisam de ti como muro impenetrável. Isso seria amor verdadeiro, mais pedra do que coração.

Eu: Tu és infernalmente cruel.

A.: Queres ~~xx~~ que eu me lance [na] brama da procriação eterna? Queres ser misturado outra e outra vez ao fluxo fundido, à dissolução da matéria? Começar mais uma vez desde o início? Tu precisas da continuação, não do início.

Eu: Quem pode provar para mim que não estás mentindo?

A.: Sentes que estou mentindo?

Eu: Eu não saberia dizer. Mas para onde isso leva?

A.: Para o teu Gólgota,[134] onde todos ainda te abandonarão. Ainda deves ser mais desconhecido.

Eu: Por que essas palavras escuras? O que é o meu Gólgota?

A.: Queres realmente saber?

Eu: Preciso ter clareza. Se souberes, fala.

A.: Só sei a palavra. Mas Φ sabe mais.

Eu: Então chama-o.

A.: Φ, um mortal quer saber de Gólgota, de seu Gólgota.

Φ: É curiosidade? Ou queres clarividência? Gólgota é morte por causa dos Deuses.~~?~~ O que isso te diz?

Eu: Não busco nenhuma morte por causa dos Deuses, pois desejo viver por amor ao ser humano~~x.~~

Φ: Mas os Deuses querem tua vida de volta. Tu deste à luz o luminoso.[135] Quem o pariu não procriará mais. Ele dará sua vida aos Deuses e não aos seres humanos. O que estás [85/86] ponderando?

Eu: Estou refletindo sobre o que significa entregar sua vida aos Deuses.

Φ: Pergunta a Ka, a sombra. Ele sabe disso.

Eu: Então me responde, Ka, filho sombrio da terra.

Ka: Como devo formar minha joia, como dar forma aos Deuses, se tu mesmo seguires o caminho da procriação? Não extraíste do cajado preto a aparência mágica? Se tu

134 Jo 19,16-18: "Então Pilatos o entregou a eles para que fosse crucificado. Levaram então Jesus consigo. Jesus saiu carregando a cruz para o lugar chamado Caveira, em hebraico Gólgota. Ali o crucificaram, juntamente com outros dois, um de cada lado e Jesus no meio".

135 Fanes.

não fores sólido, apaga-se a luz que todos cobiçam. Quem viverá de si mesmo, se tu não o fizeres? Queres emprestar vida de outros através de mistura? Todos são envolvidos na procriação. Quem possui sua alma? Tu o deves ser para todos, estreme e separado.

Eu: Vejo o inevitável.

30. IV. 1919.[136]

Tu sabes o que paira no ar. Por muito tempo não te perguntei. Dize-me o que vês ou sabes.

A.: Eu sei de algo, Φ me disse.

Eu: O que ele disse?

A.: Ele vestiu o manto púrpura novamente. Pretende celebrar uma festa.

Eu: Que festa?

A.: Um triunfo.

Eu: Sobre o quê?

A.: Sobre os seres humanos.

Eu: Maldito – é preocupante quando os semideuses se alegram.

A.: Não sejas apressado. Eles também querem viver. Ele se alegra com tua grande solidão.

Eu: O que ele disse?

A.: Ele falou palavras sagradas; falou de cumprimento. Ele se agrada em conviver. Os Deuses sempre querem estar um pouco na vida do ser humano. E devem. Como, senão assim, tornar-se-iam Deuses-homens?

Eu: Mas Ka? O que ele fará?

A.: Ele espalhará sombras supersticiosas.

Eu: Sinto que Φ me preenche com seus desejos. Não posso aceitar isso.

A.: Quando o tesouro de Ka subir, não poderás [86/87] evitar isso. Podes recusar os tesouros de Ka? Não. Não podes. Portanto, também não podes recusar os pensamentos de Φ. Uma coisa pare a outra. Não perguntes mais. Tocas o ilimitado. Permanece contigo mesmo. Faze o que é teu.

De permeio, seis semanas na Inglaterra. Lá, numa casa assombrada no campo. Muito exausto após retornar para casa. Muito controlado.[137]

136 Quarta-feira.

137 Jung se hospedou na Harley Street, onde realizou seminários com seu primeiro grupo de alunos na Inglaterra. O grupo incluía Maurice Nicoll e James Young. Em 4 de julho, fez uma palestra sobre "Os fundamentos psicológicos da crença em espíritos" na Society for Psychical Research (OC 8/2); ele a repetiu no Clube Psicológico em 4 de outubro. Em 11 de julho, falou sobre "O problema da psicogênese das doenças mentais" (OC 3) na seção de psiquiatria da Royal Society of Medicine, a convite de William McDougall, e, em 12 de julho, apresentou "Instinto e inconsciente" numa reunião conjunta da British Psychological Society, da Aristotelian Society e da Mind Association (OC 8/2). Passava os fins de semana numa casa de campo em Cranwell Farm, perto de Waddesdon Manor, em Aylesbury, que tinha sido alugada por Nicoll, Young e Maud Hoffman. Numa carta a Emma, desenhou a fazenda (cf. *A arte de* C.G. *Jung*, p. 151). Em 1950, anotou suas experiências como uma contribuição para *Spuk: Irrglaube oder wahrglaube?*, de Fanny Moser (OC 18/1). Ele teve dificuldades inesperadas de dormir em Cranwell Farm e ouviu barulhos estranhos e sentiu cheiros esquisitos. Teve a impressão de que havia um animal correndo por lá. O cheiro o lembrou de uma senhora idosa no Burghölzli que sofria de um carcinoma aberto. Certa vez, acordou: "Do meu lado, no travesseiro, vi a cabeça de uma mulher idosa, e o olho direito, arregalado,

21 de julho de 1919.[138]

Fala comigo, estou como que perdido.

A.: Desviou-se do caminho? Não totalmente, quase reto na trilha difícil. Por isso não tens sonhos. Não precisas deles no momento.

Eu: Eu desconfio. Vês algo?

A.: Vi Φ nesta noite. Ele quer te vestir.

Eu: Por quê?

A.: Eu não sei o que Φ quer.

Eu: Então pergunta-o.

A.: Φ, ouve, meu homem exige saber o que planejas ou desejas.

Φ: Faço o trabalho necessário. Necessário para os destinos deste homem.

Eu: Isso é vago. Que Φ fale de modo mais claro.

Φ: És imodesto. Mereço respeito. Ficaste impaciente? Aprende a esperar. Por que estás impaciente? Um sucesso te deixou mimado?

Eu: É possível, mas desejo saber o que estás fazendo.

Φ: Ainda estou levantando. Ainda o inferior não se esgotou.

Eu: O que queres dizer com o inferior? [87/88]

Φ: O reino de Ka, o próprio Ka, o formador de matéria.

---

olhava para mim. A parte esquerda do rosto abaixo do olho faltava". Ele soube que a casa possuía a fama de ser assombrada. Em seus "Sonhos", anotou: "Na Inglaterra, hospedado numa casa assombrada. Primeiro vi a metade esquerda do rosto de uma mulher idosa. Depois, todos os tipos de barulhos. Medo paralisante, insônia, de repente diminuindo em outro quarto. Então vi Toni semimaterializada". Em 1950, conjeturou: "A visao tinha o caráter de uma alucinação hipnagógica e era, provavelmente, uma reconstrução da lembrança da senhora idosa com carcinoma". Os cheiros podiam ter intuído algo sobre os habitantes anteriores. Havia um barulho de gotejar que ele não conseguia explicar. Mais tarde, a casa foi derrubada, pois, aparentemente, afugentava todos os inquilinos. Nicoll lembrou que, muitas vezes, pintavam aquarelas na sala do jardim: "você nos ensinou a pintar simbolicamente". Kenneth Walker lembrou um "altar mitraico que o Dr. Jung tinha pintado em tons de azul, com duas figuras, evidentemente os portadores de tochas". Elystan Miles lembrou "Dr. Jung pintando a alma seguindo o caminho do meio, a pequena figura de um homem labutando ao longo de uma trilha estreita e perigosa, uma montanha alta de um lado e um precipício do outro – cheio de cores dramáticas". Nicoll também lembrou que Jung "me falou muito sobre as possibilidades da transformação psicomaterial – *i. e.*, se um homem colocar seu gênio psíquico num pedaço de madeira, a madeira resiste a ele e é, de fato, um exemplo de psicotransformismo" (citado em Beryl Pogson, *Maurice Nicoll: A Portrait* [Nova York: Fourth Way Books, 1987], p. 63-66). Foi nesse tempo que Jung esculpiu duas figuras de Atmavictu em madeira. Ao retornar para a Suíça, ele pediu que um escultor fizesse um modelo em argamassa e o instalou à beira do lago em sua casa em Küsnacht (cf. *A arte de* C.G. *Jung*, p. 150-152).

138 Segunda-feira. Em algum momento em 1919, Jung teve a gripe espanhola, durante a qual ele teve algumas visões de esferas, que ele pintou subsequentemente (*A arte de* C.G. *Jung*, cat. 56, 57, 58, 59, 60, 61, p. 133-138. Em 6 de fevereiro de 1959, ele as lembrou numa conversa com Aniela Jaffé: "Em 1919, tive uma gripe forte e febre de 40 graus. Era a 'gripe espanhola'. Senti como se estivesse perdendo meu apego à vida. Então tive um sonho. É claro, não posso dizer com certeza se era um sonho ou uma visão: eu estava num pequeno barco a vela num mar muito agitado. No barco, encontrei uma esfera. Ela estava dentro do barco, e eu devia levá-la a um lugar seguro. Atrás de mim, levantou-se uma onda monstruosa, que ameaçava inundar o barco e eu. Então aterrissei numa ilha. Era uma ilha vulcânica, infértil, como uma paisagem lunar ou uma terra morta. Nada crescia ali. Não consigo lembrar: a esfera estava deitada no chão na ilha ou flutuava acima dela? Mais tarde, veio outra linda imagem. Isso deve ter sido quando estava me recuperando, ou a imagem onírica denotava o início do processo de cura: um maravilhoso céu noturno arqueado sobre a ilha. Entre as duas árvores, flutuava uma esfera ou tinha se alojado ali. E uma última imagem onírica: era no porto de Sousse, em Tunes. Lá, foi armada uma tenda preciosa, e naquela tenda residia ou era guardada a esfera. No porto, atracavam os típicos barcos a vela africanos. A impressão do porto era muito clara e muito lúcida. Quando aterrissei em Sousse algumas semanas depois, era exatamente como eu tinha visto em meu sonho. Naquele tempo, eu não sabia que eu iria para a África. Isso foi só dois ou três meses depois. Quando cheguei em Sousse, eu vi imediatamente: isso é o meu sonho! Lá estão os barcos, exatamente como no meu sonho!" (citado em ibid., p. 137).

Eu: Conta-me por que o que dizes não me comove.

Φ: Porque não te comove. É o meu trabalho, que não é da tua conta. Ele não está em teu caminho. Deves cuidar de ti, nós cuidamos do que é nosso.

Eu: Minh'alma, fala, consegues ver tudo e consideras tudo correto?

A.: Quase totalmente correto. Percebo que muito está ocorrendo. Algo está acontecendo, mas nem Φ nem Ka permitem que eu veja o que é. Fazes bem em continuar em teu caminho como fizeste até agora.

23 II 1920.[139]

O que está no meio se encontra no livro dos sonhos, mais ainda, porém, nas imagens do Livro Vermelho.

O que acontece entre o amante e a amada é toda a plenitude da deidade. Por isso, os dois são enigmas insondáveis um para o outro. Pois quem entenderia a deidade?

O Deus, porém, nasce na solidão, do mistério do indivíduo.

A separação entre vida e amor é a contradição entre solidão e intimidade. [88/89]

[O que segue são registros em "Sonhos 1917-1925" entre estes dois registros:]

Ago. 1919

Sonho: estou no museu anatômico, recentemente arranjado por um grande artista. Salão grande. Sobre uma mesa enorme, 4 grandes livros antigos, gloriosamente encadernados, provavelmente anatômicos. Na parede, vejo um coração preparado com um pedaço de tendão no ápice. Ao lado, dedos individuais. Lili[140] quer arrancá-los e brincar com eles. Eu a impeço. Então vejo no centro da sala um velho canhão marítimo apodrecido e leio numa pequena placa que ele foi encontrado por 2 garotos de maneira curiosa (vara de vedor?). Eles procuravam os fundamentos de antigas fortificações, mas encontraram o canhão mais interessante. Então entra Emma, atrás dela, Franz.[141] Vejo que ela pensa que isso é algo mais para Franz do que para Lili. Franz está com meu chapéu americano e veste uma de minhas antigas camisas de uniforme que cobre seus joelhos. Além disso, uma espingarda infantil com baioneta. Rosto esquelético e postura curvada, como um estudioso medieval, dominado pela impressão, boca e olhos muito abertos, completamente estúpido e embasbacado.

Na mesma noite, visão:

À direita da cama da minha esposa está um anjo grande de aparência severa em postura de oração.

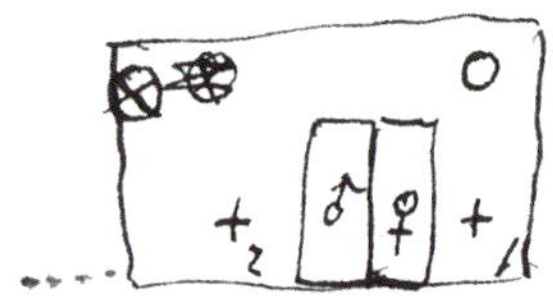

139 Segunda-feira. Jung atendeu seis pacientes.
140 A caçula de Jung, Helene Hoerni-Jung (1914-2014).
141 Filho de Jung.

À sua esquerda, uma massa escura, transparente e perigosa. Vejo apenas as seguintes formas nela:

Então vejo o anjo à minha esquerda. Ele aponta para um local (*) do qual sai uma mulher, pálida como um cadáver, de olhos quase fechados, cabelos pretos, perfil astral nítido de mais ou menos 28 anos de idade (a mesma da p. 26).[142] Ela para a uns dois metros da minha cama e provoca em mim uma excitação sexual desagradável.

10. 11. ago. 1919.

Sonho: com um homem jovem (moreno, menor e mais novo do que eu), longa viagem aventurosa, em carro leve com 1 cavalo. Assaltos, tiros, fuga por trilhas montanhosas tortuosas, por um túnel em que as pedras da arcada ameaçam cair. Então, paisagem plana e livre, tendo escapado dos inimigos. De repente, palácio com portão de entrada, pelo qual entramos. Surpreso, meu companheiro bate as mãos e exclama: "Ah". Entendemos simultaneamente que estamos no século XVII, no palácio de um pequeno déspota, que pretende nos prender e deixar que morramos de fome. Nós, porém, sabemos que escaparemos com a ajuda de um truque (Wells, *Time machine*).[143]

11./12. ago. 1919

Sonho: Emma, as 2 filhas mais velhas e eu estamos visitando fazendeiros ricos no sul da Sibéria ou na África do Sul. Ele é criador de avestruzes. Prédios baixos cobertos de palha. Por causa do calor, preparo uma limonada com gelo. Emma coloca as mãos na limonada e derrama a coisa. Eu me irrito e jogo todos os copos contra a parede. Eles não quebram, mas caem no chão como bolas de borracha. Eu saio do recinto e entro num tipo de celeiro. Lá, há uma mesa larga e baixa. Nela, antigos livros notáveis. Pego um deles com capa de couro marrom: "Acta Thomasina". As folhas são de couro marrom prensado. No centro de cada uma, uma figura de um profeta arcaico e, ao lado, em sinais hieroglíficos, suas palavras.

---

142 Jung está se referindo a uma visão de uma moça solteira em 1917, que se ajoelhou diante dele pedindo perdão por um crime que ela tinha cometido contra ele.

143 A referência é ao romance de ficção científica de H.G. Wells, *A máquina do tempo* (1895). Jung teve algum contato com Wells. Parece que se encontraram numa das viagens de Jung a Londres. Em 1926, Wells apresentou um relato surpreendente de um encontro com Jung em seu livro *The World of William Clissold* (Londres: Ernest Benn), p. 91-96. Em 1929, Jung escreveu a Walter Corti, mencionando que ele tinha encontrado Wells recentemente em sua casa em Küsnacht e sugeriu que Corti publicasse uma tradução de *God, the Invisible King*, de Wells (Londres: Cassell, 1917). Cf. *Cartas*, vol. 1, p. 85. · BROME, V. "H.G. Wells and C.G. Jung". In: *Spring: An Annual of Archetypal Psychology and Jungian Thought*, 1975, p. 60-62. Jung descreveu suas impressões de Wells a Aniela Jaffé (MP, p. 13).

16./17. ago. 19

Sonhado em Schmerikon:[144] Estou com minha mãe e muitas pessoas desconhecidas numa rua desconhecida. À direita, 2 casas, velhas cabanas dilapidadas, cuja fachada está toda coberta de grandes cartazes amarelos em várias camadas, semelhantes a cartazes de circo. De repente, minha mãe recua e diz: "Tem um ali!" Isto é, um fantasma. Penso imediatamente que é verdadeiramente histérico exibir-se com esse tipo de coisas na frente de outras pessoas. Logo em seguida, porém, vejo como a fachada de uma das casas se mexe de repente e despenca na rua. Isso me mostra que o fantasma a alertou, pois a casa teria caído sobre a cabeça dela se ela tivesse prosseguido. Digo às pessoas: "Aí está, vistes!" e vou embora. Uma das pessoas me segue e diz: "Agora o senhor não precisa mais nos ajudar". Como se aparição do fantasma tivesse bastado para fortalecer sua crença no paranormal e isso lhes bastou.

Então limitei minha prática, o que, de toda forma, foi necessário, pois precisava concentrar meu tempo em R.[145]

5. I. 1920

Nos dias anteriores ao Natal, sonhei com a senhora McCormick. Ela vestia um vestido preto de luto e olhava triste para mim, como se esperasse algo de mim. Eu escrevi a ela sobre esse sonho. Ela respondeu que, justamente naquele tempo, um pouco antes, ela tinha recebido um telegrama sobre a morte de Campanini, seu amigo. Caso de traição.[146]

4./5./I. 20.

Sonho. "Como que numa viagem com 10 companheiros. Tenho certeza de que um evento natural terrível e cósmico está prestes a ocorrer, talvez o dia do juízo, um milagre inesperado que se torna realidade. Nosso mundo atual experimentará uma revolta total e tremenda em prazo curtíssimo. Tenho certeza do sentido e do alto significado místico do evento, que é um milagre, e me sinto preparado para ele, sim, estou num estado elevado de certeza do milagre, uma transfiguração de tudo que é terreno para o espiritual e a realização. Viajo para casa com meus companheiros, na Itália somos presos, mas já que, ali, os precursores do grande evento se manifestam na forma de uma escuridão sobrenatural, nós escapamos. Eu e os meus estamos protegidos, porque estamos preparados e cientes do sentido daquilo que virá. O evento é ou um fim do mundo ou "não vemos mais o sol" por causa de neblina e nuvens. Mas o clima está mais quente do que antes."

Fragmento da mesma noite: "Numa ilha vulcânica. Digo a alguém que sairia da ilha, pois teria feito a observação de que não existe apenas uma abertura em cratera determi-

144 Em 16-17 de agosto, Jung esteve de férias em Schmerikon, na Suíça, com Hermann Sigg e Hans Trüb e, depois disso, ele se encontrou com os McCormick. Em 2-3 de setembro, esteve em St. Moritz. Em 2 de novembro, fez uma palestra em Olten. Em 4 de outubro, fez uma palestra no Clube Psicológico sobre "A psicologia da crença em espíritos".

145 Possivelmente, uma referência ao *Livro Vermelho*.

146 Cleofonte Campanini (1860-1919) foi diretor e maestro principal da ópera de Chicago a partir de 1910 até sua morte de pneumonia em 19 de dezembro de 1919. A Chicago Opera Association foi fundada pelos McCormick. Ela faliu em 1921, e os McCormick retiraram seu apoio.

nada, mas que todo o chão está quente, o que se manifesta no fato de que o mar fervilha logo aqui, logo ali. Isso indicaria que toda a ilha possa explodir de repente".

Associações ao primeiro sonho: fantasias geológicas após a visão de guerra de 1913:[147] ao pé dos Alpes no Norte se forma um grande lago ligado ao mar. Na fronteira norte da Suíça ou atrás do Zürichberg se ergue uma cordilheira de 200-300 metros de altura. O nível de Zurique cai até poucos metros acima do nível do mar. Isso torna o clima mais quente.

Isso não significa coisa boa para o mundo.

Isso me deixa com a impressão de que devo voltar a fazer preleções na universidade ou ter um efeito sobre as pessoas de alguma outra forma.

[Há três pinturas datadas no Liber Novus durante esse período e três pinturas não datadas, independentemente da sequência em que se olhe, que, em todo caso, estão tematicamente conectadas. Elas estão reproduzidas no apêndice.]

5. IX. 1921.[148]

Sim, o Deus nasce da solidão – essa palavra me afeta.[149] Essa solidão está em processo de devir. A solidão não tem nem mesmo perguntas. Ela não pergunta nada. Ela é vazia e abismal.

Dizes que ainda estou na superfície? Onde ainda é barulhento, onde há barulho demais. Preciso de ouvidos aguçados? Lamento minha audição. Ainda falo demais de mim mesmo? Que mais posso fazer? Seria possível dizer que não falo o bastante, pois as palavras que poderiam designar a grande dor não querem sair da minha boca. Entendo, não se deve falar disso – do Santo dos Santos, onde brilhava a plenitude da deidade.

Agora está frio e rígido dentro de mim, uma superfície cintilante de metal, impenetrável, lisa. Estou falando demais, demais do exterior? Estou falando com a parede de metal? Devo, talvez, encostar meu ouvido nela para ouvir quem fala por trás dela, se há alguém que fala por trás desse frio cruel?

Eu amo espelhar-me nessa superfície de metal? Que falta de vergonha não se esperaria de seres humanos? Seria novamente uma peça carnavalesca.

---

147 Cf. introdução, p. 17ss.

148 Segunda-feira. Jung atendeu seis pacientes. Aqui estão algumas de suas atividades no meio-tempo: em 6 de março de 1920, ele foi para o norte da África com Hermann Sigg, voltando em 17 de abril. Em junho, realizou três seminários e uma palestra. No verão, visitou a Inglaterra, realizando um seminário em Sennen Cove na Cornualha sobre *Sonhos autênticos de Peter Blobbs* (Londres: Longsman and Green, 1916), um livro de Arthur John Hubbard e sua esposa, que é identificada como senhora Arthur John Hubbard. O seminário havia sido organizado por Constance Long, e há fragmentos de anotações em seu diário (CLM). Em Sennen Cove, Jung fez uma pintura de uma serpente e uma esfera, que ele deu a Beatrice Hinkle (*A arte de* C.G. *Jung*, cat. 72, p. 156). Jung esteve em Schmerikon em 20-22 de novembro. Em 7 de janeiro de 1921, ele esboçou um diagrama de yin e yang em sua agenda. Entre 25 e 29 de março, esteve em Schmerikon com Stockmayer. Entre 19 e 25 de abril, esteve de férias, possivelmente em Schmerikon, e, entre 28 de abril e 3 de maio, esteve em Brig, Sierre e Sion. Em 9 de maio, realizou um seminário. Depois disso, foi para Londres. Em 5 de junho, fez uma apresentação no Clube Psicológico sobre "A psicologia da guerra". Em 15 de julho, estava de férias com Hans Trüb. Em 21 de dezembro, esteve em Basileia e, em 27 de dezembro, em Lugano. Há anotações de alguns hexagramas do *I Ching* em sua agenda, indicando que começou a experimentar com ele nesse período. Em 1921, publicou *Tipos psicológicos* e "A questão do valor terapêutico da 'ab-reação'" (OC 16). Em 19 de fevereiro, Hermann Hesse fez uma leitura de *Sidarta*, sua obra em progresso, no Clube Psicológico. Em 10 de março, Jung realizou um seminário sobre *Tipos psicológicos* no Clube Psicológico.

149 Cf. acima, 23 de fevereiro de 1920, p. 200.

Por que falo? Devo não querer ouvir. Sobretudo, eu deveria ouvir. A vaidade da fala não quer me soltar? Estou encantado com o eco da minha voz? Verdadeiramente, não sou profundo o bastante, nem mesmo na dor, da qual não se deve falar. Maldição, por que tive que mencioná-la? [89/90]

Superfície rasa, é isso, a raiva da impotência. Sou maldito. Meu coração foi cortado de mim. Nenhum acesso mais à vida. Onde estás, fonte? Profundamente soterrada, coberta de dor! Sim – vazio – vazio como o inferno. Minha vida passou para o outro lado, e eu fiquei. Onde te encontro?

Fui cortado de mim mesmo, ~~x~~ um enforcado que caiu do galho. Deveria eu começar a viver assim?

Devo chamar minha alma? Não, chega de ajuda, nenhuma ilusão. O terror deve ser nu, tão impotente quanto eu. Dessa vez, não há mais muletas. Agora fincamos o cajado no sem fundo, por trás de todas as possibilidades, talvez ~~é~~ no obtuso sem fim, onde o lamaçal não permite mais retorno. Sim, aqui está ficando mais quente – talvez sem retorno – essa ~~xx~~ é a palavra certa – um abismo sem fundo talvez, um silêncio, uma solidão sem palavras pelo resto de uma vida.

Sei para onde foi a minha vida – e lá, na frente dela, está a parede de metal.

Meus ouvidos estão embotados, meu coração está frio – congelado, por isso falo rápido, para fingir vida que não possuo.

Parece estar ficando pesada, metalicamente pesada – a roda. Eu queria gritar, se eu mesmo não [90/91] fosse metal. Ah – como aconteceu~~?~~ que me tornei minério? Um minério sem som, apenas pesado e duro, provavelmente chumbo. O minério não possui ouvidos, e aquilo que fala deve ser mera enganação. Nem mesmo medo consigo sentir, apenas frio e rigidez.[150]

21. IX. 1921.[151]

Que tensão entre céus mais distantes e infernos mais profundos! A escuridão sétupla – o ouro jubiloso do céu – que língua! Mas eu a falo. Eu falo, não és tu que falas. Não deves falar. Sei que devo falar, ou melhor, que devo gaguejar. Eu queria cantar o louvor do Deus maravilhoso que me apareceu, eu queria falar do deleite do paraíso, do profundo silêncio da paz de Deus, de todos os êxtases benditos e mais benditos e mais sublimes, que gotejaram em mim, graça riquíssima daquele Deus indescritível – queria cantar um louvor à redenção do meu coração – queria agradecer ~~xx~~ em honra daquele triplamente santo que é igual à estrela – mas são apenas palavras e, provavelmente, não são ~~estas~~ aquelas palavras que devem ser ditas. São palavras muito mais sombrias, garimpadas na mais negra profundeza, provavelmente palavras primordiais,[152] extraídas à força

150 Cf. a roda na imagem 127 no *LN* (cf. apêndice, p. 155), que traz a seguinte inscrição: "Amor triumphat. Esta imagem foi completada em 9 de janeiro de 1921, após ter permanecido incompleta por nove meses. Ela expressa não sei que tipo de tristeza, um sacrifício quádruplo. Eu quase poderia ter escolhido não a completar. É a roda inexorável das quatro funções, a essência de todos os seres vivos saturados de sacrifício". Em algum momento durante 1921 e 1922, Jung também pintou as imagens 129, 131 e 133 no volume caligráfico de *Liber Novus*.

151 Quarta-feira. Jung atendeu dois pacientes.

152 Em 1817, Goethe escreveu um poema em cinco estrofes, intitulado de "Urworte. Orphisch" (Palavras primordiais. Órfico), que ele publicou em 1810, em *Sobre morfologia*. As palavras eram demônio, acaso, amor, necessidade e esperança.

do incrivelmente antigo e original. Palavras sem sentido e propósito, [91/92] prenhas de todos os futuros, doentes de anseios e impossibilidades primordiais, sufocadas na lama dos milênios, um mistério adivinhado apenas por aquele que tem o animal atrás dele.

Uma loucura de impossibilidade, por isso inchada de força criativa. Eu suspeito disso. Nada mais a dizer.

Tenho medo, um medo extramundano, provavelmente o medo de uma pedra de meteoro que ficou para trás da Via Láctea, não um medo humano, apenas um medo que se teve quando ainda não existia nada que pudesse ter sentido medo. Não um medo real, é o que parece.

Algo que nunca foi bom e sempre estragado como fonte de uma nova saúde. É uma maneira de dizer isso. Eu poderia dizer também: algo que era fraco demais para poder existir como fonte de força suprema.

Eu amaldiçoo esse gaguejar insuficiente, esse perfurar cego e vegetal. Algo, porém, estremece dentro de mim, e esse algo deseja falar. Pois algo foi cheirado e tocado em algum lugar e ameaça tornar-se vivo.[153] [92/92a][154]

30 ~~29~~ XII. 21.[155]

[Eu:] O que se passa, que sonhos são esses que me roubam o sono, que medo é esse que me agarra e se apodera de mim?[156] Talvez, ó alma, eu não devesse falar contigo, mas não encontro outro caminho~~s~~. Fala comigo e me explica. Vês algo que eu não vejo?

A.: Vejo muitas coisas que tu não vês – árvores que crescem sobre abismos, águias que flutuam em círculos sobre profundezas insondáveis. Um espírito que veio do Leste espalhava o sopro da morte, ele quis jogar sobre ti uma coberta preta, eu resisti a ele e o afugentei para o Norte, para o polo do fogo, para a transformação.

[Eu:] Quem é o espírito do Leste?

A.: Ele é um diabo de tipo especial, um diabo melancólico, um diabo resignado, um diabo que está cheio de toda a maturidade excessiva do Leste. Como devo descrevê-lo? Entendes o que quero dizer? Não? Ele está cheio da maturidade excessiva do Leste, está velho demais, gordo demais, tristemente calmo demais, como óleo sobre a água.

[Eu:] Eu não entendo o que queres dizer. Não consigo encontrar nada assim dentro de mim. Fala com mais clareza, agarra, ó minh'alma. Preciso receber ajuda, pois o medo me sufoca. Agarra. Tenho de ter clareza.

A.: Isso não é tão fácil assim. Já se passou tempo demais desde que me interrogaste. Queres cumprir as minhas exigências?

[Eu:] Que exigências? Tens exigências?

A.: É claro que tenho exigências. Achas que consigo viver sem nada? Preciso de teu sangue, caso contrário eu me esgoto secretamente. Entendes isso?

---

153 Depois desse registro, Jung escreveu as primeiras linhas de um registro em 2 de fevereiro de 1928: "*2. II. 1928./Fala comigo, alma, existe algo que eu deva saber?/A.: É claro que existe algo. Devo dizer-lhe? Como posso? Como deveria saber o que não sabes?...*" (cf. abaixo, p. 242). Ele começou esse registro novamente na p. 127, o que sugere que sua inserção aqui foi um erro.

154 As páginas 92a-d são folhas soltas inseridas no livro (as páginas 93 e 94 estão vazias). Em 21 de dezembro, Jung esteve em Basileia e, em 27 de dezembro, em Lugano.

155 Sexta-feira. Em 15 de dezembro, Richard Wilhelm fez uma apresentação sobre o *I Ching* no Clube Psicológico.

156 Não há sonhos desse período registrados em "Sonhos".

[Eu:] Se eu entendo isso? Desta vez, eu te entendo perfeitamente, pois sinto a exaustão. Então, toma do meu sangue, mas fala e me explica.

A.: Sim, teu sangue é gostoso. Quanto posso ter? Quero muito. Mas ouve: o cuco sempre coloca seu ovo em ninhos estranhos.

[Eu:] O que isso significa? Que palavra de presságio escura estás falando?

A.: Não é? Presságio. Tenho presságios. O cuco é obrigado a fazer isso, caso contrário, não procriaria.

[Eu:] Deixa de brincadeiras tolas. Quero resposta.

A.: O cuco és tu. O ninho estranho é aquilo que um outro fez para si mesmo, e tu deves apropriar-te disso.

[Eu:] Isso não seria roubar?

A.: Roubar ou não. A única pergunta é a necessidade da vida. Isso faz sentido para ti? Não? Então presta atenção: pessoas andam por aí que teriam algo para dar. Tu as viste? Não? Então abre os olhos. Pois elas não querem te sugar, mas dar para ti.

[Eu:] Ao que estás visando?

1. I. 22.[157]

A.: Estou visando às mulheres.

[Eu:] O que queres dizer?

A.: Acredito que tens ideias erradas a esse respeito.

[Eu:] Por quê?

A.: Acreditas que elas querem tirar algo de ti. Mas elas querem te dar.

[Eu:] Fiz as minhas experiências, como sabes.

A.: Isso não importa. Outras experiências podem ser feitas. Além disso, estamos falando sobre algo mais profundo.

[Eu:] Por que divagas?

A.: Porque acredito que esse ponto está resolvido. Ou não pensas assim?

[Eu:] Não sinto nada de especial aqui. Então fala do mais profundo, de tuas visões. Devo ter mais clareza sobre as coisas que acontecem. Tudo está tão escuro. O que esconde a escuridão do além? Fala!

A.: Três cervos fugiram da floresta, e o caçador mais belo não conseguia pegá-los. Ele caçou com cães e cavalos e lanças brilhantes, mesmo assim, eles escaparam dele. Eles pularam no rio e o atravessaram nadando, e os cães perderam seu rastro. A Deusa dos cervos os salvou – sim, Ártemis.[158] Ela não é linda e casta? Tu a conheces? E tu o conheces? Por que desejas caçar aos domingos? Por que desejas pegar e matar o animal lindo? Foi por isso que o urso dela te atacou. Por isso deverias fazer um sacrifício à linda Deusa da lua,[159] tolo.

[Eu:] Eu reconheço e me humilho.

157 Domingo.

158 Na mitologia grega, Ártemis, filha de Zeus e Leto e irmã de Apolo, é a Deusa da castidade, virgindade, da caça, da lua e do ambiente natural. No mito de Acteon, Acteon a vê tomando banho nua e tenta estuprá-la. Ela o transforma num veado, e ele é morto por cães de caça.

159 Isto é, Ártemis.

A.: Sim, existem Deuses bondosos, e aquilo que ama reside na escuridão. Tu sentiste isso. Desprezível é aquele que não sente isso.

[Eu:] Mas o que me impediu de dormir? O que viste?

A.: Três serpentes deitadas numa rocha, emaranhadas num nó.[160] Uma espada as despedaçou. Um forte homem de um só braço manuseou a espada. Seus olhos flamejavam em confusa brama. Deve~~xx~~ ter sido um discípulo e aluno de Dioniso, que havia perdido um braço.[161] Onde ele o perdeu? Ele o cortou como algo podre e insuficiente, sim, ele mesmo o cortou, seu braço direito, no frenesi. Ele não quis mais agir, apenas ser impelido. É preciso ser capaz de também fazer isso. Por que ele não pôde deixar as serpentes dormir? Quem o mandou ordenar ao seu cão que atacasse o perigoso cão do diabo, que queria abandoná-lo? Sua pulsão selvagem e desenfreada, que ele chama senso de obrigação, lhe inspirou a coisa errada. Ele queria ficar sozinho, dominar sozinho, embriagar-se com a solidão [92a/92b], longe dos Deuses e dos homens, um castrado de seu Deus.[162] Por que desprezas a escuridão amorosa do feminino, a noite refrescante? Os sussurros entre as árvores, minha fala escura e curadora? Por que não falaste comigo?

[Eu:] Deixa-me sentir que podes me ajudar. Dá-me o sono sagrado, o abraço cheio de graça, para que a mãe-noite me acolha em seu ventre. Venerarei o feminino. Mas dá-me o sono para que eu veja que tu realmente podes me ajudar.

A.: Só se cumprires as minhas condições.

[Eu:] Dize-as.

A.: Sempre deves perguntar por elas a mim. Deves vir até mim e perguntar-me. Essa é a primeira condição. A segunda é que deves abster-te de toda tagarelice inútil, comedimento em todos os sentidos. E despe-te de teu desprezo pela mulher. À mulher foi dado grande poder de cura. Usa-o.

[Eu:] Eu prometo. Mais uma coisa! ~~que~~ Não viste várias outras coisas que não deveria escapar de meu conhecimento? Não quero despedir-me de ti antes que me dês a paz, a certeza tranquila de que não esteja ignorando algo que possa me atacar com poder imprevisto?

A.: Não vi nada que deva te inquietar, nada que devas saber agora.

[Eu:] Essa é a verdade?

A.: Por hoje, sim.

4. I. 22.[163]

[Eu:] Teu conselho foi bom, e tu me deste um bom sono. Agora, venho a ti para te apresentar uma coisa que, agora e sempre, foi a mais difícil para mim. Talvez podes me dar um bom conselho. Sei que T.[164] é de muito valor para mim, mas também de muito

160 Cf. as três serpentes enroladas na imagem 71, *LN*.

161 Na mitologia grega, Dioniso é o Deus da fertilidade, do vinho, da loucura ritual e do teatro. O frenesi de seus seguidores foi famosamente retratada por Eurípedes, em *As Bacantes*.

162 Esse motivo lembra os sacerdotes de Átis-Cibele, os galli, que eram eunucos. Átis era um Deus de vegetação frígio e cônjuge de Cibele, a Grande Mãe. Jung comentou sobre a morte de Átis em 1912: "Átis é o filho-amante da Deusa-mãe, a Agdístis-Cibele. Alucinado pela mãe causadora de loucura, por ele apaixonada, ele pratica a autocastração debaixo de um pinheiro" (*Transformações e símbolos da libido*, CW B, § 681ss.).

163 Quarta-feira.

164 Toni Wolff.

desvalor. Quero alcançar clareza, mas sem ser injusto com ela, e evitar também que faça algo violento e incorreto. Fala comigo e me ajuda, como já me ajudaste. Fala comigo!

A.: Nem tudo posso fazer por ti, mas algumas coisas, sim. Muito deves fazer tu mesmo, pois a coisa é sobremaneira difícil. Nenhum dos valores deve se perder. Ela é e permanece sempre a enviada da Grande Mãe, ela mesma indisposta, presa e subjugada, obrigada contra sua própria vontade, sofrendo sob o peso de seu papel como enviada. Isso não deve ser esquecido. Tu também não te esquecerás disso. Por outro lado, ela é uma pessoa cheia de falhas, que dificilmente podem ser eliminadas – se é que podem. Ela precisa ser carregada, mas não deve transformar seu fardo em mérito. Em momentos lúcidos, ela mesma reconhece isso. Hoje, teu comportamento foi correto. Ela não deveria ser uma pressão sobre tua liberdade humana, mas um alívio de teu fardo. Infelizmente, ela não consegue ser isso sempre.

[Eu:] Ouve, tu dizes coisas das quais, no fundo, já tenho consciência. Alcança profundezas maiores, que eu não consigo ver.

A.: Ah, para quais profundezas tu me envias. Tão longe da doce luz do dia, que amo tanto através de ti. Sempre quero ter-te no sol. Isso é o que mais me alegra. Por que para as escuridões do além?

[Eu:] Aquele é o teu lugar, lá estão teu propósito e tua tarefa, não no dia, onde tornas as coisas fascinantes demais para mim. Então, mergulha nas escuridões e dize o que vês. Preciso resolver esse problema.

A.: Não vejo nada, a noite é completamente escura lá embaixo.

[Eu:] Esforça tua visão e vê!

A.: Como deveria ver, não me foi dada uma luz.

[Eu:] Toma então sangue, toma fogo, mas vê.

A.: Não posso.

[Eu:] Deves poder. De onde vêm essas resistências? Terias algum interesse nesse problema? E não consegues ver porque não queres ver?

A.: Ah, não é isso. É tão difícil.

[Eu:] Não sejas fraca. Eu também não posso ser.

A.: Então ouve! É terrivelmente escuro, quase impalpável, tão hieroglífico: Wigalda, wigamma, widrofit fialtomari fandragypti remasse.

[Eu:] O que isso significa?

A.: Eu não sei, talvez runas da Grande Mãe.[165]

[Eu:] Quem pode lê-las para nós?

A.: Isso exige magia, magia impura.

[Eu:] Tu a conheces?

A.: Sim e não.

[Eu:] Dize, será que realmente não estás interessada e não queres entender, mas encobrir[?]

165 Sobre a Grande Mãe, cf. JUNG, C.G. "Aspectos psicológicos do arquétipo materno", 1938, OC 9/1. · NEUMANN, E. *The Great Mother: An Analysis of the Archetype* [1955]. Princeton: Princeton University Press/Bollingen Series, 2015 [prefácio de Martin Liebscher; trad. de Ralph Mannheim].

A.: Não, sobre a escuridão paira esta mensagem da Grande Mãe, uma resposta à tua pergunta.

[Eu:] O que me serve a resposta que não entendo?

A.: Lê-la significa resolvê-la.

[Eu:] Aconselha-me, o que deve ser feito?

A.: Contempla as palavras, talvez elas falem.

[Eu:] Minha esperteza falha. Fala tu.

A.: Então: wigalda: como ~~xx~~ isso?
wigamma: como ter ~~xx~~ tu?
widrofit: como posso?
fialtomari: transformar em esposo sublime
fandagypti: faisão dos egípcios –
remasse: ficar.

[Eu:] O que isso significa?

A.: Como podes fazer de ti mesmo o cônjuge do nobre ~~faisão~~ pássaro dos egípcios, que deve permanecer como é. A Grande Mãe não quer que tu a[166] vejas como mulher comum, por isso, jamais deves esperar dela aquilo que podes esperar de uma mulher. Ela mesma não sabe disso e acredita que pode ser mulher. Um equívoco humano. Daí provêm os teus sofrimentos e tuas inquietações. Deves lutar por teu direito humano. Nem sempre e nem em todos os lugares a Grande Mãe é poderosa, mas em momentos que não devem ser perdidos. No entanto, em outros momentos, ela não tem poder. Tratamento rude não lhe[167] causa mal. Ela o merece por causa de seus erros humanos. Ela deve subjugar-se à tua justiça. [92b/92c]

5. I. 22.[168]

[Eu:] Sinto que devo falar contigo. Por que não me deixas dormir, visto que estou tão cansado? Sinto que a perturbação provém de ti. O que te induz a manter-me acordado?

A.: Agora não é hora de dormir, deves vigiar e preparar coisas importantes em trabalho noturno. A grande obra começa.

[Eu:] Que grande obra?

A.: A obra que deve ser feita agora. É uma obra grande e difícil. Não há tempo para dormir se não encontrares tempo durante o dia para permanecer na obra.

[Eu:] Mas eu nem sabia que algo assim estava acontecendo.

A.: Mas tu deverias ter percebido isso no fato de que venho perturbando teu sonho há muito tempo. Há tempo demais tens estado inconsciente. Agora deves subir a um nível superior de consciência.

[Eu:] Estou pronto. O que é? Fala!

A.: Deves ouvir: não ser mais cristão é fácil. Mas e depois? No entanto, depois deve vir mais. Tudo espera por ti. E tu? Tu permaneces mudo e nada tens a dizer. Mas deves

---

166 Toni Wolff.
167 Toni Wolff.
168 Quinta-feira.

falar. Por que recebeste revelação[?] Não deves escondê-la. Tu te preocupas com a forma? A forma alguma vez importou quando se tratava de revelação?

[Eu:] Estás dizendo que não devo publicar o que escrevi? Isso seria um desastre. E quem entenderia?

A.: Não, ouve! Não deves adulterar, não o casamento comigo, nenhuma pessoa deve ocupar o meu lugar, muito menos Toni. Quero dominar sozinha.

[Eu:] Ah – então queres dominar? De onde tomas o direito para tamanha pretensão[?]

A.: Esse direito me convém, pois eu sirvo a ti e ao teu chamado. Eu poderia dizer também que tu vens em primeiro lugar, mas é sobretudo o teu chamado que vem em primeiro lugar.

[Eu:] Mas qual é o meu chamado?

A.: A nova religião e sua proclamação.

[Eu:] Ó Deus, como devo fazer isso?

A.: Não sejas de tão pouca fé. Ninguém o sabe como tu. Ninguém o poderia dizer como tu.

[Eu:] Quem sabe se não estás mentindo?

A.: Pergunta a ti mesmo se estou mentindo. Digo a verdade.

[Eu:] Mas dize-me também o que eu poderia fazer.

A.: Primeiro devo desviar tua atenção.

[Eu:] Faze isso, então.

A.: Deves acostumar-te a trabalhar comigo regularmente, não com Toni nem com qualquer outra pessoa. Senão nunca dormirás. Deves trabalhar comigo para que mudes. Assim não serves para a grande obra.

[Eu:] Se apenas falasses comigo sobre isso.

A.: Como posso se não tenho tua força[?] Não deves dá-la aos outros, mas a mim. Tu fazes isso trabalhando comigo. Queres prometer isso?

[Eu:] Eu prometo. Mas deves devolver-me o sono.

A.: Farei isso e ainda mais.

[Eu:] Devo perseverar ainda mais, ou queres me dar o sono agora?

A.: Ainda não. Ainda não terminamos. O que o dia de hoje te deu?

[Eu:] Foi lindo, e eu me senti bem.

A.: O que tu me deste? Nada. Como podes esperar dormir assim?

[Eu:] Eu reconheço isso e já faço melhor, como vês. Mas o que esperas de mim?

A.: Espero apenas tua atenção, de resto, deves esperar de mim.

[Eu:] Mas o que devo esperar de ti? Eu já te disse: fala da grande obra que me aguarda, e tu não respondes.

A.: Eu te disse, preciso regularmente de tua atenção e força, caso contrário nada posso fazer. Agora, porém, descansa e deita. Talvez te será concedido sono. Mas amanhã deves estar aqui novamente para um trabalho sério e sóbrio.

6. I. 22.[169]

[Eu:] Aqui estou novamente. Fala, ó minh'alma!

169 Sexta-feira.

A.: Hoje fizeste a tua parte. Não bebe tanto vinho. Não come demais. Sê comedido, pois um trabalho grande te aguarda.

[Eu:] O que sempre insinuas?

A.: Quando falo da grande obra, refiro-me à questão da religião.

[Eu:] Deverias falar comigo sobre isso, para que a perturbação se acalme por dentro e eu consiga dormir.

A.: Não deves querer dormir demais, mas estar desperto para que percebas tudo corretamente.

[Eu:] Fala sobre o que devo perceber.

A.: Deves aprender a contemplar. Deves contemplá-lo para dentro de ti.

[Eu:] O que devo contemplar para dentro de mim?

A.: A Ísis triplamente santa, que, até agora, tens visto apenas na mulher.[170]

[Eu:] Como posso fazer isso?

A.: Através de concentração em ti mesmo, através de todo comedimento, silêncio, devoção.

[Eu:] Mas tu deves falar. Por que não dizes nada, apesar de exigir que eu fale contigo.

A.: Ainda não posso.

[Eu:] Esforça-te. Não quero permitir que seja enganado. Se eu levar isso a sério, tu também deves levar isso a sério.

A.: Não posso, estou sem vontade.

[Eu:] Por que, então, exiges que eu te procure para falar contigo? Fala!

A.: Preciso tê-lo por perto para que, quando eu enxergar algo, eu possa comunicá-lo a ti.

[Eu:] Viste algo?

A.: Eu vi: uma casa tripla, uma casa com duas alas, no pátio estão duas palmeiras, e há ali também um poço. É quente onde fica a casa, e estranhos são os homens e seu jeito. Cheira a óleo. É africano. Não é dia nem noite, mas crepúsculo após o cair do sol. Lá está um homem à janela e espera e olha para o Norte, para onde foi o seu amigo. Sua mão brinca com uma bola dourada, e ele se parece com um príncipe. Ele não come e não bebe, suas noites são cheias de sonhos solitários desde que se despediu dele. Quando ele retornará? Quando voltará a ouvir a voz de seu [92c/92d] amigo e a explicação do livro, cuja letra ele não consegue ler? Ele está na sala branca arqueada sobre o tapete no centro, e ninguém entrou no quarto desde que o amigo partiu. Quando ele retornará?

[Eu:] Vejo que estás te referindo àquele sonho do jovem divino, que tive na África dois anos atrás.[171] Qual é o significado disso?

A.: Tu não querias aprender árabe? Isso também faz parte. Algo dentro de ti anseia voltar para lá.[172] Sabes o que é? É o estar a sós contigo mesmo. Deves reconquistar isso

170 Na mitologia egípcia, Ísis é a filha de Geb, o Deus da terra, e Nut, a Deusa do céu. Ela é a irmã de Osíris (que também é seu marido), Néftis e Seth. Quando Osíris é morto por Seth, Ísis encontra e restaura seu corpo e o traz de volta para a vida e então dá à luz seu filho Hórus. Para os egípcios, ela era o epítome da esposa e mãe amorosa. Jung se referiu a Ísis em *Transformações e símbolos da libido* (CW B) e em textos subsequentes.

171 Para esse sonho, cf. a introdução p. 75-78.

172 Em *Memórias*, Jung observou sobre o sonho citado na anotação anterior: "Sem que eu tivesse, então, compreendido claramente o sentido último do sonho, ele se fixou para sempre na minha memória, conservando em mim o vivo desejo de voltar à África na primeira ocasião; esse desejo se realizou cinco anos mais tarde" (p. 248).

para ti, caso contrário, não levará a nada. Assim retornas para ele, assim ele voltará a ouvir a tua voz. E ele precisa ouvi-la novamente, caso contrário ele não pode viver, e tu também não.

[Eu:] Mas quem é ele? Fala!

A.: Ele é um Deus que não pode ser sem ti e sem o qual tu também não podes ser. Ele deve ser alcançado novamente.

[Eu:] Então mostra-me o caminho.

A.: Sobretudo através do estar a sós contigo mesmo, depois através da veneração dos Três.

[Eu:] Quais Três?

A.: O sol, a lua e a terra.

[Eu:] O que significa esse dito enigmático?

A.: Não enigmático. O sol é o masculino, a lua é o feminino, a terra é teu corpo, e Ele[173] é o espírito que vem do alto.

[Eu:] Não entendo a veneração do masculino e do feminino.

A.: Tu veneras o masculino no homem e o feminino na mulher. Essas são as pessoas que representam o masculino e o feminino, e tu no meio delas.

[Eu:] Mas quais são essas pessoas?

A.: Aquelas com quem convives.

[Eu:] Devo venerá-las?

A.: Não venerar, mas dar-lhes a honra como portadoras dos princípios. Deves deixar Toni partir, até ela se encontrar e deixar de ser um fardo para ti.[174] Teus amigos não devem ser fardos, e tu não deves ser seu jumento.

[Eu:] Teu rosto esconde algo que não vejo?

A.: Sim.

[Eu:] O que é?

A.: É a casa tripla, nisso está. Não pensaste em comprar uma casa no Sul? O que isso significa? Sol, tranquilidade, beleza, essas são as 3 partes. E 2 palmeiras no jardim? Elas são tu e tua esposa. E o poço? Uma fonte de amor entre os dois. Isso deve ser encontrado. Nessa casa, o Deus habita.

[Eu:] É possível que esteja nessa simplicidade chocante? Por que então minhas odisseias? Por que a minha busca?

A.: O caminho que leva até essa casa sempre passa por odisseias, até todos os pecados dos pais forem pagos. Tu quitaste até o último centavo de tua dívida. Agora deves viver com teus amigos, em paz.

[Eu:] E os diabos não perturbarão a minha paz?

A.: Eles tentarão. Mas chama-me, e eu posso afugentá-los.

[Eu:] É terrível. Estás realmente dizendo a verdade?

A.: E eu poderia fazer algo diferente? Essa é a verdade. [92d/93/94/95]

---

173 Isto é, o Deus.

174 Anos depois, Toni Wolff observou: "Sua anima é naturalmente contra mim, como contra todas as mulheres" (5 de novembro de 1937, *Diary* K, p. 181).

7 I 1922.[175]

[Eu:] Minh'alma, fala comigo e dize o que deve ser dito. Sabes que não faço esse trabalho com alegria – mas também com alegria, pois é a única coisa que, na escuridão atual, me guia e ilumina. Fala comigo!

A.: Eu te levo por caminhos sombrios. É preciso ter paciência, ainda não posso falar, apenas tatear. O passo é lento, e o caminho é íngreme. Mas ele deve ser percorrido. Sentes algo?

[Eu:] Estou preocupado e não sei o que é. Parece estar muito distante.

A.: Sim, não está próximo. O próximo é bom. Mas o distante é sombrio; não consigo reconhecer bem. É como um corpo celestial visto de distância maior, não é uma estrela, mas um corpo escuro, com algum tipo de estrutura. Tu também o vês?

[Eu:] Apenas com o olho interior, mas confuso como tu o descreves. Mas talvez tu consigas ver algo que eu não consigo descobrir.

A.: Está coberto de hieróglifos, que posso transmitir para ti. 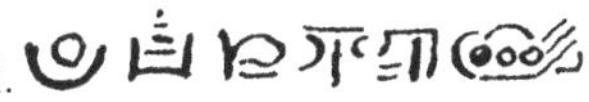
É uma oração, como parece. Parece ser uma mensagem.

[Eu:] Como ela deve ser lida?

A.: No início são lua e sol, feminino e masculino, mas o feminino contém o masculino.[176] O segundo signo é um recipiente que contém quatro funções,[177] evidentemente o corpo que contém o físico. Isso está ligado ao que te disse ontem sobre o masculino e o feminino e sobre a terra. O terceiro símbolo é difícil: uma vara de pesca e um peixe. A vara de pesca é grande demais, e o peixe é pequeno demais, ele não pode ser pego com ela. O quarto é uma balança com pesos desiguais. O quinto contém a bandeja de balança menor, o outro lado está firmemente ligado à terra. A balança não se mexe mais. Os dois traços inferiores são dois peixes que não são grandes demais para serem colocados na bandeja da balança. O sexto é a lua, o feminino, que pare 3 astros masculinos que pertencem uns aos outros. Os 2 peixes estão levantados e, de alguma forma, têm a ver com os três sóis pequenos. O ⌟ significa o fim da oração.

[Eu:] Mas o que significa essa mensagem e de onde ela vem[?]

A.: Do cósmico, isto é, daquilo que é antes do nascimento e depois da morte. A grande Mãe Noite, que carrega o sol em seu corpo, envia a mensagem.[178] Razão suficiente para lê-la com cuidado. O primeiro símbolo é, aparentemente, a própria Ísis noturna, que acolheu em si o masculino. Hoje, nas cartas, foi o ás de espadas que chamou tua atenção. Estás no signo do feminino. O segundo símbolo se refere a ti, isto é, a mensagem se dirige a ti e diz no 3º símbolo que essa vara de pesca é grande demais para esse peixe. O peixe ainda é algo do além, que tu deverias pegar, e teu equilíbrio também não está em ordem. Não estás totalmente no centro. A que isso pode se referir? Continuemos primeiro. O equilíbrio deveria ser restituído de tal forma que um lado do prato da balança, o lado direito, a consciência[,] seja ligado à terra. Isso só pode se referir à tua esposa, que

---

175 Sábado.
176 Sobre sol e lua, cf. *Mysterium Coniunctionis*, cap. 3, "A personificação dos opostos" (OC 14/1).
177 Isto é, as quatro funções do consciente: pensamento, sentimento, sensação e intuição. Cf. *Tipos psicológicos*, cap. 10 (OC 6).
178 Na mitologia egípcia, Nut, a Deusa do céu, engole Rá, o Deus-sol, toda noite.

pode te dar firmeza. O outro lado é Toni. Aparentemente, o destino dela é acolher dois peixes. O que isso significa? Ela deve ter a instrução da Grande Mãe para isso. Portanto, ela deveria ser observada nesse sentido, também os sonhos dela. Mas é provável que ela deva ser mantida flutuando, provavelmente no sentido no qual te falei ontem sobre ela. Então a Grande Mãe promete o nascimento dos 3 sóis ou corpos celestiais pequenos e também dos dois peixes. Os 2 peixes se referem ao cristão e anticristão, que, no sentido do futuro, segue aos três sóis, que se referem à nova religião.[179] Sol é o positivo masculino, o brilhante. Um triunvirato, tu, Emma e Toni, os portadores simbólicos, o símbolo egípcio, ao que alude a palavra "FANDRAGYPTI", faisão dos egípcios, Ísis, Osíris, Néftis.[180] Néftis-Toni recebe os dois peixes, isto é, a noite ou o lado inconsciente.[181] Os dois peixes fertilizam a mãe e provocam o nascimento, ao qual segue o cristão-anticristão como secundinas. Essa predição é boa. Podes acalmar-te.

8. I. 1922.[182]

[Eu:] Partindo desse fragmento, deveríamos conseguir avançar. Tu disseste que isso é uma sentença, dos hieróglifos, capaz de cobrir a superfície daquele algo sombrio. Consegues reconhecer mais?

A.: Consigo. Mas hesito.

[Eu:] Por que hesitas?

A.: Não quero aumentar teu conhecimento, pelo contrário, quero trazer à vida os teus conhecimentos. Antigamente, era o contrário. Agora é assim. Por isso leio para ti apenas aqueles hieróglifos que precisas para estabelecer o relacionamento com teus próximos, caso contrário a religião não se torna real. E ela deve se tornar real. No entanto, ela se expressa visivelmente apenas na transformação de relacionamentos humanos.[183]

179 Os dois peixes parecem estar relacionados ao signo astrológico de Peixes. Em *Aion*, Jung estudou o simbolismo astrológico da precessão dos equinócios entre as eras de Peixes e Aquário, como mencionado acima, e a relação disso com as figuras de Cristo e Anticristo. Ele escreveu: "A denominação de Cristo como *único* peixe o identifica, na concepção astrológica, com o primeiro, que está em posição vertical. O Anticristo sucederá a Cristo no final dos tempos. O início dessa enantiodromia deveria cair, logicamente, entre os dois peixes. Como vimos anteriormente, de fato assim o é. É na vizinhança imediata do segundo peixe que começa a época da Renascença, que dá início àquele espírito que culmina na Época Moderna" (OC 9/2, § 149). Num nível psicológico, ele observou: "Se reconhecermos um paralelo da manifestação psicológica do Si-mesmo na figura tradicional de Cristo, o Anticristo corresponde à sombra do Si-mesmo, isto é, à metade obscura da totalidade do homem" (§ 76). Ele acrescentou que, simbolicamente, "A vinda do Anticristo não é apenas uma predição de caráter profético – mas uma lei psicológica inexorável [...]. O ideal da espiritualização que aspira às alturas deveria ser contrariado pela paixão materialista, presa unicamente às coisas da terra e ocupada em dominar a matéria e conquistar o mundo. Esta transformação tornou-se manifesta na época do 'Renascimento'" (§ 77-78).

180 Néftis é a irmã de Ísis e Osíris e a Deusa dos mortos.

181 A mitologia egípcia ressoava especialmente em Toni Wolff. Em 26 de janeiro de 1926, ela anotou: "Chego à minha psicologia apenas com os egípcios. It fits like a glove". A última expressão está em inglês no original. Em 1º de fevereiro, ela escreveu: "Egito era minha mãe verdadeira – minha mãe espiritual" (*Diary* F, p. 15, 30). Em 1926, ela realizou um ciclo de imaginações ativas inspiradas no Egito em que ela encontrou as figuras de Toth, Ísis, Anúbis e Osíris. Por volta de 1924, ela participou de uma festa de máscaras no Clube Psicológico fantasiada como Nefertiti (foto, propriedade particular, Felix Naeff).

182 Domingo.

183 No ano seguinte, Jung retomou esse tema em seus seminários inéditos em Polzeath, na Cornualha. Em certo momento, ele afirmou que "relacionamentos coletivos devem se basear em relacionamentos individuais, pois um indivíduo não pode existir sem relacionamento, pois cada um de nós é uma célula num organismo. Quando criamos relacionamentos individuais, estabelecemos os fundamentos para uma igreja invisível" (*Seminar – July 1923 by Dr. C.G. Jung Held at Polzeath, Cornwall.* Notes of Esther Harding, Kristine Mann Library, Nova York, p. 20). Essa ideia gerou um debate contínuo no círculo de Jung. Cary Baynes escreveu um artigo inédito intitulado de "Human

Relacionamentos não permitem que sejam substituídos nem mesmo pelo conhecimento ~~humano~~ mais profundo. Além do mais, uma religião não consiste apenas em conhecimento; mas, em seu nível visível, numa nova ordenação dos assuntos humanos. Portanto, não espera conhecimento adicional de mim. Tu sabes tudo que deves saber da revelação oferecida a ti, mas ainda não estás vivendo tudo que deve ser vivido atualmente.

[Eu:] Posso entender e aceitar isso. No entanto, como, exatamente, o conhecimento pode ser implementado na vida ainda é obscuro para mim. Deves ensinar-me isso.

A.: Não tenho muito a dizer sobre isso. Não ocorre de modo tão racional quanto tendes a imaginar. O caminho é simbólico. Explica-me o sentimento que tiveste hoje.

[Eu:] Eu me senti oprimido e preso e não sabia que vazio me oprimia e que escuridão pesava sobre mim.

A.: Estás cercado pelos véus da Grande Mãe, mistério te cerca. Devo revelá-lo? Suportarás a luz? Luz que não é conhecimento, mas – fato.

[Eu:] Tu me assustas. É ruim?

A.: Não, mas difícil: o dito da Mãe se [95/96] cumpriu: teu lado sombrio concebeu. Por isso estiveste calado e introvertido.

[Eu:] Explica-me. O que significa essa concepção?

A.: Que a Grande Mãe dará à luz, como dizia o dito.

[Eu:] Como devo entender isso?

A.: Nada posso dizer sobre isso. É um evento que não pode ser transformado em conhecimento, pois é, ele mesmo, conhecimento tornado carne. Esse é o significado da imagem que pintaste recentemente.[184] Assim o grande mistério da joia divina, que tu recebeste, vem para a realidade e vive. Falarás com tua esposa.

[Eu:] Sobre o que falarei?

A.: Sobre aquilo com o que te inspirarei.

[Eu:] Mas como reconhecerei com o que me inspiras?

A.: Expressando-o.

[Eu:] Temo que minha intenção me inibirá. Temo que não encontrarei o que é correto.

A.: O que dirás será o correto. O que aprendes comigo deves aplicar à tua esposa. Também falas comigo e não sabes o que deves dizer, nem o que eu direi. Assim deves falar com ela, e assim como eu respondo às tuas perguntas, ela também responderá. Tu confias que eu posso falar a partir de mim mesmo, por que não confias que tua esposa pode fazer o mesmo? Deverias confiar muito mais em tua esposa.

Relations", que começava com a observação: "Nas duas ou três últimas sessões da nossa escola de verão em Polzeath, discutimos a possível contribuição a ser feita pela psicologia analítica para a "igreja" do futuro. Com essa palavra "igreja" de mau presságio, nós nos referíamos à forma inevitável que será assumida pelas ideias de hoje que tendem em direção a uma nova síntese de experiência subjetiva [...]. A contribuição especial da análise era imaginada como a construção dos tipos corretos de relacionamentos, tanto individuais quanto coletivos, e a visão de um futuro em que cada um alcançasse a autoexpressão plena através de relacionamentos, em vez de esquivar-se deles limitado por mil medos, era muito sedutora" (documentos de Baynes, p. 1, CFB, cf. introdução, p. 83ss.).

184 Em termos de sequência cronológica, isso parece referir-se à imagem 127 no *LN* (cf. apêndice, p. 155), que traz a seguinte inscrição: "Amor triumphat. Esta imagem foi completada em 9 de janeiro de 1921, após ter permanecido incompleta por 9 meses. Ela expressa não sei que tipo de luto, um sacrifício quádruplo. Eu quase pude escolher não a terminar. É a roda inexorável das quatro funções, a essência de todos os seres vivos imbuídos de sacrifício". Lido no contexto, o sacrifício representa conhecimento tornado carne.

[Eu:] Sinto que terei grandes dificuldades em relação a isso, e sinto-me muito impotente.

A.: Por quê? Se consegues fazer até com que sombras falem, por que não também pessoas vivas?

[Eu:] Ah, isso é muito mais difícil. Eu fujo das emoções das pessoas e das minhas próprias. Queria que não fosse assim.

A.: Mesmo assim, deves tentar. Não existe outra maneira de estabelecer um relacionamento. Pergunta de tal forma que ela seja obrigada a responder e dá a ela toda responsabilidade pela resposta dela. Confia que ela seja inventiva a partir de si mesma.

[Eu:] Ainda queres me dizer algo hoje? Eu hesito e não sei se devo fazer uma tentativa já agora.

A.: Por que não agora? Hoje nada mais tenho a comunicar.

10. I. 1922.[185]

[Eu:] Devo falar contigo e perguntar-te se tu tens algo a me dizer. Agi da melhor maneira possível de acordo com tua instrução. Foi difícil e teve consequências ruins para mim, que devem ser aceitas. Uma noite sem sono não é uma bagatela.

A.: Mas sem isso nada verdadeiro pode ser criado.

[Eu:] Sinto uma pressão na cabeça quando dizes isso. Por que os efeitos tiveram que ser tão graves?

A.: Deves explicar isso a ti mesmo. Não me esforçarei por causa disso. Não se trata de conhecimento, mas de evento. Minha tarefa é outra. As coisas devem se tornar reais. Isso cabe a mim.

[Eu:] Tens algo a me dizer a esse respeito?

A.: Não. Tudo está no caminho correto.

[Eu:] Estás mentindo?

A.: Não, se possível. Não acredito que esteja mentindo desta vez. Falando nisso, deves conscientizar-te de que me mudei essencialmente em comparação ao passado. Não tenho mais razões para mentir.

[Eu:] Então posso largar minha pena?

[A.:] Sim.

13. I. 1922.[186]

[Eu:] Queres falar comigo? Muitas coisas ainda estão irresolvidas e sombrias. Por que agitas meu coração?

A.: Eu não faço isso, isso vem de teu trabalho. Teu sentimento está sendo negligenciado.

[Eu:] Posso mudar isso?

185 Terça-feira. Jung atendeu sete pacientes.
186 Sexta-feira. Jung atendeu oito pacientes.

A.: Sim, podes, se quiseres. Deves manifestar-te mais em teus próprios assuntos. Deves poder preparar o teu livro.[187]

[Eu:] Mas como encontrarei o tempo necessário?

A.: Apenas através de falta de consideração.

[Eu:] Mas onde?

A.: Dispensando pacientes ou através de restrição, o quanto te for possível.

[Eu:] Isso é difícil para mim.

A.: Deves ser capaz de fazer isso. Aprendei[188] a economizar, isso vos faz bem. Deves ser inconsiderado, entendes? Caso contrário não chegarás a lugar nenhum. É importante que o livro seja escrito, pois faz parte das coisas importantes que devem se tornar evento.

[Eu:] Tens outra coisa a me dizer? Verei o que posso fazer com meu tempo.

A.: Não, hoje nada mais tenho a dizer. No máximo: ainda hoje deves começar a reunir a bibliografia para o novo livro. Deves também, a partir da próxima semana, começar a reunir sonhos e dar instruções correspondentes aos teus pacientes para sua elaboração. Após a bibliografia, deves, amanhã, tentar registrar todos os sonhos dos quais te lembras como importantes e também ~~pe~~ outros pensamentos referentes ao tema. Para isso, deves utilizar a hora de 11-12.

16. I. 1922.[189]

[Eu:] Fiz o que pude. Mas, como sabes, meu ânimo está afetado. É a dificuldade que Toni me causa.

A.: Isso é compreensível. Mas por que permites que isso te afete? Não podes resolver o problema dela. Apenas ela pode fazer isso. Além disso, amanhã será outro dia.

[Eu:] Isso é um consolo barato e insensível!

A.: Bem, no caso dela não estás lidando primariamente com uma pessoa, mas com um demônio da alma, que nunca se importa com tormento. Por que ela participa disso? Seria possível lidar com isso de modo diferente.

[Eu:] Não estás secretamente envolvida nisso?

A.: Por quê[?] Estarias mais afetado internamente se [96/97] eu estivesse nisso. Sabes disso de antigamente.

[Eu:] Tens algo a me dizer?

A.: Sim, lembra-te da comissão que Toni recebeu da Grande Mãe. Agora ela se torna evento. Logo isso se tornará claro.

[Eu:] Ah, o que será?

A.: Nada muito ruim. Tudo deve se cumprir.

[Eu:] Mas sabes o que é?

A.: Não. A Grande Mãe não me disse nada além de sua mensagem, que tu também conheces. Não há nada de ruim nela. Por que estás tão temeroso? Ainda não conheces

---

187 Com base naquilo que segue nesse registro, parece que Jung estava pensando em escrever um livro sobre o tema dos sonhos. Nenhum livro foi publicado, mas alguns dos resultados do trabalho proposto foram apresentados na forma de seus seminários inéditos em Swanage (Dorset, Inglaterra), no verão de 1925, sobre "Sonhos e simbolismo".

188 "Lehrt" ("ensinai"), no original. Isso parece ser um erro. O correto é "lernt" ("aprendei").

189 Segunda-feira. Jung atendeu sete pacientes.

as mulheres e seu diabo de tormento especial. Não deixa que isso te impressione, segue teu caminho e cumpre o que é apresentado a ti. Não podes deter-te eternamente com loucuras causadas por demônios. Faze a tua parte. Eles devem aprender a fazer o mesmo. Então, faze tu o mesmo. Tu te preocupas demais e assim te atrasas. Essa compaixão não ajuda. Deves fazer o teu trabalho e cuidar da tua saúde. Comes demais. Sê comedido com a carne. Não mais do que 2 pedaços, 1 tigela de sopa. Poderias deixar de fumar de manhã? Ou diminuir? 1 cachimbo bastaria. Dorme cedo. Agora estás no feminino e deves obedecer.

17 I 1922.[190]

[Eu:] Não te obedeci na medida em que pretendia. Ainda não estou livre o suficiente para isso. Também me oprime um grande cansaço.

A.: Sim, é difícil. Mas deves diminuir o teu trabalho. Tens pacientes demais. Deverias ter menos.[191]

[Eu:] Farei o que puder. Mas mal tenho forças para isso. Onde adquiro a força para cumprir tudo?

A.: Eu a darei a ti. Mas deves cumprir minhas condições.

[Eu:] Quais são? Antes de eu prometer algo.

A.: Não precisas ser tão desconfiado. Nada impossível será exigido de ti. Mas é difícil comunicar-te essas condições. Não queres esperar até recuperares as forças, isto é, até estares menos cansado?

[Eu:] Não, quero sabê-las agora, para que haja luz e eu consiga encontrar meu caminho.

A.: Então ouve: Tu envelheceste, tua força não é mais a mesma como antigamente. Por isso, deves simplificar. Simplesmente devir. Dás demais. Podes ser mais seco. Deixa que os outros carreguem o fardo maior.

[Eu:] Mas quais são as condições sob as quais tu me dás força?

A.: Como posso falar bem se estás tão cansado? Descansa e volta.

27. I. 1922.[192]

[Eu:] Por que todas as coisas são tão escuras e sombrias?

190 Terça-feira. Jung atendeu sete pacientes.

191 Aparentemente, Jung seguiu esse conselho e reduziu o tamanho de seu consultório. Nos quatro últimos meses de 1921, ele atendeu 62 pacientes, a maioria deles várias vezes por semana e muitos diariamente. Nos quatro primeiros meses de 1922, ele atendeu apenas 45 pacientes, e nos quatro últimos meses de 1922, 44. Mesmo assim, sua carga de trabalho continuou sendo um tema. Em 10 de fevereiro de 1925, ele escreveu a Frances Wickes: "Obrigado por sua carta gentil. Sinto-me um tanto envergonhado por ainda não ter escrito a você. Mas não foi negligência que me impediu de escrever, mas assuntos muito urgentes que exigiam minha atenção. Estou sendo consumido por pacientes, tanto que mal consigo respirar. No fim da semana, transformo-me num fanático violento da crença judaica e cristã na santidade do sábado aos sábados e domingos. Minha tendência a uma solução islâmica dos problemas se manifesta numa veneração da sexta-feira, mas esse novo culto ainda interfere com a correspondência". Em 19 de março de 1925, ele voltou a escrever a Wickes: "Recentemente, houve tamanho aumento de negócios que me vi obrigado a inventar um novo esquema para manter o ritmo das minhas obrigações. Reduzirei as horas de análise individual, *i. e.*, a quantidade de trabalho terapêutico em prol do ensino. Tem se tornado inevitável. Na semana passada, quase sofri um colapso. Chega disso!" (Wickes Collection, Manuscript Division, Library of Congress).

192 Sexta-feira. Jung cancelou consultas com dois pacientes. Ele teve uma gripe de 23-27 de janeiro.

A.: Porque tudo está passando por mudanças. Os tempos que eram ficaram velhos e buscam uma nova ordem. Por isso tudo está escuro. Sombrio para ti, mas internamente animado e ativo.

[Eu:] Mas o que haverá de acontecer? Para onde leva a mudança do destino? Não existe nenhuma mensagem que poderias ler para mim?

A.: Nenhuma. A anterior ainda não se cumpriu, e cheio de tormento é o caminho do cumprimento.

[Eu:] Dize-me, o meu jeito de fazer e deixar de fazer é incorreto em algum ponto? Por que tiraste o sono de mim?

A.: Não fui eu quem o tirou. Tu mesmo o tiraste de ti através de tua injustiça. Não vês que a despedida se torna inevitável? Para o teu próprio bem e para o bem dela.[193] A medida de sofrimento está cheia, e a luz da alegria e da vida se extinguiu. Outra luz em outro lugar deve ser encontrada.

[Eu:] Não há salvação?

A.: Não, este destino não pode ser superado. Um milagre? Estás pensando num milagre? Não vejo nada disso.

[Eu:] Então olha, concentra toda a sua força de vidente, penetra a escuridão eterna ~~e~~ para o bem do sofrimento humano.

A.: Eu o farei por ti, mas terrível é a nuvem gigantesca da noite eterna. Vejo nessa nuvem, partindo do topo à esquerda, uma linha amarela brilhante na forma irregular ~~xx~~ de um relâmpago, atrás dela uma luz avermelhada indeterminada na nuvem. Ela não se move. Sob a nuvem, vejo uma serpente preta morta, e o relâmpago perfura sua cabeça como uma lança. Uma mão, grande como a mão de um Deus, arremessou a lança e tudo está paralisado como imagem sombriamente luminosa. O que isso pretende dizer[?] Tu te lembras daquela imagem que pintaste anos atrás, em que o homem preto e vermelho com a serpente preta e branca foi atingido pelo raio de Deus?[194] Essa imagem deve remeter a isso, pois, mais tarde, tu pintaste também a serpente morta,[195] e não tiveste diante de teus olhos hoje de manhã uma imagem sombria daquele homem em manto branco com rosto preto, como uma múmia?

[Eu:] O que é tudo isso?

A.: Uma imagem de ti mesmo.

[Eu:] Mas o que ela quer dizer?

A.: Como devo interpretá-la para ti[?] Está suspensa na profundeza da nuvem escura. Quem poderia arrancá-la de lá?

[Eu:] Digo novamente a ti, reúne tua força, tua ousadia de mosca,[196] tua teimosia de vidente. Profundo demais é o sofrimento miserável dessa noite. Arranca a raiz do mistério, assim como já fizeste tantas vezes. Deves.

---

193 Toni Wolff.

194 Uma referência à imagem 109 no *LN* (cf. apêndice, p. 137), que traz a seguinte inscrição: "Este homem da matéria se eleva demais para o mundo do espírito, lá, o espírito perfura seu coração com o raio dourado. Ele entra em êxtase e se desintegra. A serpente, que é o mal, não podia permanecer no mundo do espírito".

195 Uma referência à imagem 111 no *LN* (cf. apêndice, p. 139).

196 Na *Ilíada* de Homero, Atena dá a Menelau a ousadia de uma mosca (I. 570).

A.: Minha mão não tem a força de Deuses. Ela pode obrigar demônios, mas não [97/98] Deuses, e foi verdadeiramente um Deus que enviou esse destino.

[Eu:] Então haverá nele também algo divinamente bom, pois Deuses não podem ser apenas diabos. Que Deus?

A.: Provavelmente um Deus de minério, um servo da Grande Mãe. Que homem poderia competir com o amor e a dureza da Mãe? Essa é a crueldade da Mãe eterna. Consegues superar a Mãe apenas através de submissão.

[Eu:] Mas que submissão é exigida ~~?e~~ para resolver esse mistério?

A.: Primeiramente deverias pintar a imagem que, hoje, tiveste diante de teus olhos. Ela encantará a tua natureza. Em tua natureza, porém, está a Mãe, ela é a Mãe.

[Eu:] Farei isso. (Imagem executada.)[197]

Pintei a imagem. O que dizes agora?

A.: Eu a vi. É o que é. O que devo dizer[?] Tua arte me deixam fria.

[Eu:] O que isso significa? Soa como antigamente. Estás te arrogando novamente de algo?

A.: Por que não?

[Eu:] A imagem te deu força traiçoeira?

A.: A força que querias.

[Eu:] Eu queria te dar força para que tu me desses luz nesta escuridão infernal.

A.: Acreditas que podes obter luz através de magia?

[Eu:] Eu não queria fazer magia. A imagem se chama: o fim do mago. Entendes isso?

A.: Se eu entendo[?] Melhor do que tu, como me parece. Por isso tua magia me deixa fria.

[Eu:] Tola, eu não queria encantar a ti, mas a mim. Por que geras essa maldita confusão?

A.: Essa perplexidade é necessária. Tudo precisa ser misturado –

[Eu:] Para que tu possas estar acima e bancar o vampiro?

A.: Não, não, não. Tu não entendes. Deve ser o fim.

[Eu:] O que queres dizer com isso? Fala com clareza.

A.: A desordem faz um fim. Ela vem primeiro e por último. Deve haver um novo dia.

[Eu:] E o que podes fazer nisso, demônio impotente?

A.: Só posso assistir.

[Eu:] O que escondes por trás de tuas ambiguidades?

A.: Todo o peso que te oprime.

[Eu:] Não vês nenhuma esperança?

A.: Esperança, sim – mas além do caos. Não sou eu que está sentado em ti, mas a pesada realidade. Eu não posso trazer salvação, apenas tu. Deves criar ordem com paciência. Realidade contra realidade. Deves defender a tua vida. Faze teu trabalho. Um passo por vez, e não deixa te perturbar. Encontrarás força. Não desiste. Toma o próximo livro, cumpre tua obrigação. Fecha os olhos e ouvidos. Contempla tua imagem. Na agonia está a despreocupação. Agonia, esta é a tua realidade. O primordial viveu e morreu.

197 Não é claro a que imagem isso se refere.

Ele te deu tudo que o passado pôde te dar. Agora, deves criar o presente e construir o futuro. O futuro é criado. O passado viveu. Ele viveu além da conta. Ainda precisas de provas? Teu lamento não muda nada.[198]

---

25 XII 1922.[199]

[Eu:] Tua voz me chamou. Tu perturbaste o meu sono. Vieste no meio da noite e me atacaste com medo. Não és minha alma. Ou és? Responde.

A.: Eu não sou, infiel, quanto tempo me [fizeste] esperar, mesmo assim, estive sempre ao teu lado e te alertei mais de uma vez nos últimos dias. E sempre hesitaste. Ouves finalmente?

[Eu:] Fala, então, quem é que rouba o meu sono, que vem no meio da noite como um estrangeiro perdido ou como um ladrão? [98/99]

A.: Aqui está ele, alguém maior do que tu. Estranho, mas conhecido.

[Eu:] Não consigo vê-lo.

A.: Ele está adornado de guirlandas verdes, quase nu e coberto apenas de seda solta.

[Eu:] Como devo adivinhá-lo[?] Quem és tu?

Ele: Alguém que tu superaste.

[Eu:] És meu amigo, meu muito amado? O coração da África te despediu? Como encontraste o caminho na neblina nórdica?[200]

Ele: Eu tive que vir, o tempo estava maduro, as condições foram cumpridas. Vim para estar contigo.

Eu: O que queres dizer? Como estarás comigo? Tu, que não vejo, que é precedido pelo medo, ~~x~~ pavor da morte, opressão noturna e presságio sombrio? O que trazes tão repentinamente, tu há muito ansiado e não previsto?

E.: Trago o ouro, o coração dourado do mundo.

Eu: O que significam tuas palavras? Ouro é enganoso. Já não engana a palavra?

E.: Não fiques surpreso. Pensaste que me conheces, pois viste minha beleza no sonho, quando dormias feliz sob a lua prateada da África. Mas tu não me conheces. Viste uma das minhas coberturas, uma aparência mortal que eu emprestei de ti. ∓ Assim como tu não podes me ver, também não podes adivinhar a minha figura. Tua alma compôs um canto sobre mim, pois ela é a minha mulher. Tudo que podes perceber de mim é aparência. Minhas palavras são aparência, emprestadas das câmaras

---

198 Em agosto, Jung, sua esposa, Toni Wolff, Hans e Suzanne Trüb e Emil Medtner foram velejar e acampar numa ilha do Lago Superior de Zurique. Em setembro, visitaram a aldeia de S-Charl no Engadino e foram caminhar nos Alpes (Ljunggren, *The Russian Mephisto*, p. 137).

199 Em 1921-1922, Jung pintou as imagens 129, 131 e 133 no volume caligráfico do *LN*. Em 25 de novembro, completou a imagem 135. Ela trazia a seguinte inscrição: "Completada em 25 de novembro de 1922. O fogo sai de Muspilli e agarra a árvore da vida. Um ciclo se completa, mas é o ciclo dentro do ovo do mundo. Um Deus estranho, o Deus inominável do solitário, está o incubando. Novas criaturas se formam da fumaça e das cinzas". Na mitologia nórdica, Muspilli (ou Muspelheim) é a moradia dos Deuses do fogo.

Em 29 de novembro, Jung estava transcrevendo a p. 129 no volume caligráfico do *LN*. Ele fez uma palestra na Sociedade para a Língua e Literatura Alemã, sobre "A relação da psicologia analítica com a obra de arte poética", em 26 de maio (OC 15), que ele repetiu no Clube Psicológico em 9 de julho. Entre 2 e 65 de junho, estava de férias em Schmerikon. Em 7 de novembro, Emma Jung fez uma apresentação no Clube Psicológico, "Considerações sobre uma palavra de Mestre Eckhart".

200 Como sugere o diálogo abaixo, essa figura apareceu pela primeira vez a Jung num sonho que ele teve em Túnis em 1920 (cf. acima, p. 211).

[99/100] de tua língua. O coração dourado do mundo é uma aparência, algo radiante ou brilhante como ouro, como um sol do mundo. Venho do coração do mundo, eu sou o coração do mundo, eu sou brilho, não sou luz. Eu me envolvo em solstícios, minha roupa é tempo e tempo é minha aparência. Sem aparência não posso aparecer a ti, ó professor das letras negras!

Eu: ~~Tu fal~~ Ah, estás falando do livro que eu te obriguei a ler[201] – um professor que deveria aprender com suas crianças! – Não fui eu, senhor sublime, que se levantou e elevou excessivamente. Foi uma visão onírica que me foi concedida, um presente do céu, que caiu sobre mim naquela noite do centro da divisão quádrupla do mundo, quando vi pela primeira vez o céu estrelado do deserto eterno. Sim, que noites! Não fui eu que me elevei, foi um sonho de eternidades desconhecidas. Por ti, meu mais belo amigo, ansiei em escuridões frias e nebulosas, em toda a miséria da perplexidade e da doença da Europa. Mas tu estavas distante, e apenas uma vez ouvi uma mensagem distante de ti.

Sim, eu vi tua beleza verdadeiramente divina; ~~eu~~ não fiz isso por presunção da minha imaginação, mas o sonho de [100/101] céus distantes a mostrou para mim. Meu olho era indigno; minha razão, obtusa. Eu acreditava ter visto a ti, mas vi apenas a tua aparência, e eu não sabia disso. ~~Não~~

Eu não te instruí a partir de mim mesmo, a partir da minha presunção, foi o sonho, enviado dos céus dos Deuses, que assim me mostrou. ~~Nã~~

Não foi a minha sabedoria que te ensinei, mas eu te instruí a partir de um livro que encontrei no tapete, no tapete vermelho de ~~tua casa~~ teu aposento. Ele estava em tua casa. O livro não me pertencia. Ele era precioso e escrito mais lindamente do que eu jamais conseguiria escrever. Jamais vi pergaminho mais delicado, mais branco do que aquele, jamais uma tinta foi mais negra do que aquela com a qual aquele livro tinha sido escrito. Era verdadeiramente um livro antigo, e ele falava uma língua, não a minha, uma língua mais bela e mais perfeita do que jamais existiu na terra. E como eu poderia ter te instruído, se aquele sonho não tivesse mostrado, aquele sonho três vezes bendito, que fluiu até mim – verdadeiramente do coração do mundo.

E.: Para, foste verdadeiramente tu, elevado ao luminoso, pois tu me superaste. Alguma vez compreendeste isso?

Eu: Jamais. Meu entendimento era pequeno e nem conseguia alcançar uma pergunta. E tudo que possa ter dito a mim mesmo [101/102] sobre isso era oco e insípido. Nobre, tu sabes melhor, ensina-me.

E.: Acreditas que vim para te ensinar? O sonho não te mostrou que tu deverias me instruir como um jovem ignorante da sabedoria[?] Isso não diz que eu sou o ignorante cujo professor deves ser[?]

Eu: O que eu poderia te ensinar da minha pobreza?

E.: A aparência tem sede de conteúdo. O que é aparência que não se espelha em corpos?

201 Uma referência ao sonho, cf. acima, p. 211.

Eu: Ah, falas em enigmas que não adivinho. Temo que um rei veio visitar um mendigo. O que posso te oferecer? Qual é o teu desejo?

E.: Quero ser instruído por ti.

Eu: Quem és tu para que eu te instrua? Tu te chamas o coração do mundo. Como eu poderia falar ao coração do mundo, eu, um pobre, sentado coberto pela escuridão?

E.: Fala comigo e falarás ao coração do mundo.

Eu: Mas o que devo falar a ti, meu amado, que uma noite me deu e roubou[?] Voltaste para mim invisível, mesmo que belo sob medida; ah, se eu tivesse a visão da minha alma! Talvez eu encontrasse as palavras para falar contigo. [102/103]

E.: Fala comigo, ensina-me. Eu não sei. Dize-me quem eu sou.

Eu: Como eu saberia isso?

E.: Para que serve meu brilho se ele não te ilumina? Mas ele te ilumina e não poderás guardar as tuas palavras dentro de ti, pois minha aparência as revela. Não te contenhas. Expressa o que escuridão e pobreza te ensinaram, expressa o que encontraste em odisseias por neblinas eternas e o que trouxeste de longa caminhada. Não tenhas medo de tua palavra. Eu te procurei à meia-noite, eu perturbei o teu sono, eu exigi entrada, eu pedi instrução como te ensinou o sonho que veio das profundezas do mundo. Fala comigo, e eu ouvirei tua palavra. Tu me superaste e me tornaste disposto.

Sonho:

Castagnola.[202] Uma hora da noite.

2/3 I 1923.[203]

[Eu:] Ó, minh'alma, o que me chama à meia-noite? Que medo sitia meu sono e o rompe com o grito do capitão?

A.: O que hesitas? Rápido, teu senhor está aqui.[204] Terrível é a sua beleza. Alguma vez a morte foi mais bela? Ele é verdadeiramente mais belo do que a morte. Não consigo descrevê-lo – essa luz – o que é? Não é fogo – é o brilho dos mortos. Ressurreto – esta é a palavra.

Eu: Sim, eu o sinto. Ele me preenche com sensações ~~ind~~ indizíveis. O que é? Terror? Ou é melancolia, olhar para trás – lembrança da dor, [103/104] medo? Quem és tu? Dá-me uma palavra.

[Ele:] Eu sou o homem que tu superaste.

[Eu:] Ah, és tu? Quero chamar-te "o mais belo", mas essa palavra fica entalada na garganta. Como posso chamar-te belo? Não posso te ver, não conheço tua figura. Exalas um terror indizível.

[Ele:] Venho daqueles que não falam. Vi os teus dois cachorros que estão mortos. E ambos ainda te amam. Eu lhes trouxe o teu cheiro. No início, o grande não me conheceu, mas então, quando absorveu o teu cheiro, ele me abraçou. Vi também os teus mortos humanos. Vi teu pai. A palidez da morte e o sono ainda o cobrem. Venho da terra da morte, onde toda luz é branca como o luar e a neve.

---

202 Uma aldeia no Ticino, à beira do Lago de Lugano.

203 Terça-/quarta-feira.

204 As lembranças posteriores de Jung identificam essa figura com Wotan. Cf. abaixo, nota 222, p. 231.

[Eu:] É este o pavor que te envolve? Por que, ó amigo, estiveste com os mortos?

[Ele:] Eu vagueio quando não me seguras. Sou um andarilho. Não estive também com amigos vivos teus, mas que estão distantes?

[Eu:] Por que, porém, exalas algo tão indescritivelmente assombroso, perigoso?

[Ele:] Eu andava e ando sempre às margens do mundo, onde vida e morte se tocam, às vezes, e justamente agora, estive com os mortos. Não esqueças o que eu te disse: eu apareço e preciso [104/105] sempre de coberturas. Dessa vez, cobri-me com a morte.

[Eu:] Por que, incompreensível, fizeste isso?

[Ele:] Por quê? Tu sabes? Dize-me, por que eu o fiz?

[Eu:] Não é possível que não o saibas! Pois foi-te dado ~~o~~ sentido. Tu sabes o que fazes. Caso contrário, como poderias falar?

[Ele:] Eu falo? Apenas aparento falar. Eu me cubro com fala. Então é ou eu sou a fala.

[Eu:] Mas como és?

[Ele:] Eu caminho e troco os invólucros. ~~Agora~~ Acabei de estar com os mortos, e o invólucro da morte me revestia. Agora estou contigo e apareço a ti em palavras. Eu me cubro, como parece, com tuas palavras.

[Eu:] Mas por que fazes isso? Por que vais aos mortos e depois vens para mim e me enches com o pavor e o faro da morte? Por que visitaste meus cachorros e meu pai?

[Ele:] Porque eu estava te procurando. Mas não te encontrei entre os mortos, mas te encontrei dormindo. ~~P~~ Encontrei também outros vivos adormecidos. Porque dormis, sois, por vezes, um pouco mortos?

[Eu:] É o que parece. Mas dize-me – pois é desesperador – por que não sabes tudo isso? Mas por que não sabes tudo isso? Por que não sabes que os homens dormem? Por que me procuras entre os mortos, visto que eu ainda sou um vivo?

[Ele:] Como eu saberia tudo isso? Eu te disse, eu não sei nada, nem mesmo quem eu sou, pois nada me impede [105/106] de ser tudo. Posso envolver-me com tudo, ser nada e, mesmo assim, aparentar tudo. Como, então, eu ~~deveri~~ poderia saber quem eu sou? Dize-me, tu aparentas ser, não, tu és e, por isso, deves saber. Apenas aquele que é pode saber, pois aquele que é é de tal forma e não pode ser diferente. Por isso, ele pode e deve saber o outro – visto, porém, que eu posso ser tudo, eu não posso saber, pois eu não sou de tal forma e não de outra.

[Eu:] Mas tu és, não? Ou tens a sensação de que não és?

[Ele:] Certamente sou de certo modo, no entanto, pareço aparentar mais do que ser. Posso envolver-me também com o ser, tanto quanto com o não ser, pois estas são vossas palavras com as quais expressais qualidades aparentes. Eu não sei se tais qualidades existem. Sei apenas que posso corresponder a elas.

[Eu:] Mas se eu te dissesse quem és – se eu fosse capaz de fazer isso – e se fosse ~~verdad~~ correto, o que aconteceria? Então saberias quem és e serias daquela e não de outra forma, então serias determinado.

[Ele:] "Sim, é justamente isso que procuro. Se tu pudesses me dizer corretamente quem eu sou, terias me capturado e me transformado em tal e tal. ~~"~~Terias me superado uma segunda vez, e é isso que busco. Quanto tempo, quanto tempo infinito fiquei, como que num sonho, no [106/107] portão do meu castelo, à espera do amigo que, como um inimigo, deveria invadir a minha moradia. E nunca ele quis vir para dizer quem eu sou. Então vieste tu, um estranho[,] e hostil parecia-me o teu modo. Tu atravessaste a ponte e entraste pelo portão como se entrasses em tua própria casa. Assim eu ti reconheci como aquele que ~~poderia~~ me superaria e me salvaria do poder-ser-tudo para o dever-ser-apenas-isso. Tu conseguiste me vencer, mas precisaste da coragem do desespero. E agora dirijo-me novamente a ti – ah, entende, esta é a razão que procuraste – com intimidação, ameaça, com ameaça de morte, aí está o perigoso, o assombroso que cheiraste e tentaste sondar – eu sei, eu entendo, por isso eu me cobri com o sopro da morte, com a brancura, que é mais branca do que a palidez do cadáver – isso assusta o vivo até os ossos. Agora sei. Que bom que sei por que eu o fiz. Agora entendo por que me cobri com a morte – para ti assustar, homem vivo, que dormias e não me dizias quem eu sou. Mesmo que ainda não tenhas me dito quem eu sou, tu me mostraste por que eu faço algo. Como vês, tu sabes, tu podes muito. Já me mostraste um caminho. Quando alguém sabe por que ele faz algo, ele já está a caminho da descoberta daquilo que ele é. Ou não? Eu vim para ouvir de ti quem eu sou. Eu sei, tu podes superar a mim e a minha ignorância [107/108] Eu sei, tu podes ler o livro em que está escrito o que é aquilo que não somos. Não me esqueças, aguardo. ["]

[Eu:] Tu me dás uma tarefa ~~xx~~ difícil, jovem. Mas me encontrarás pronto. O sopro da morte me assustou. Mas um ser como tu, que nem sabe se é real ou apenas aparenta ser, não é convincente – ou um animal, por exemplo – talvez ele também não saiba nada de sua existência real ou aparente – ele dificilmente se imaginará como tatu ou cascavel – o que em nada diminui sua realidade inofensiva ou desagradável – bem, devo admitir que, a despeito de tua ignorância de ti mesmo, tua realidade não pode ser negada. Eu te peço, porém, não me apressa, dá-me tempo. Esta é uma tarefa difícil.

[Ele:] Eu não te apresso, sabedor. Mas mantém teu olhar voltado para a pergunta que te foi apresentada. Nada de mal te acontecerá enquanto te esforçares.

[Eu:] Minh'alma, aqui está uma tarefa difícil. Eu ganhei tempo, mas não estou mais próximo da solução. Tenho a sensação de que preciso de ti. Faze desse assunto também o seu. Sonda todas as profundezas do além, talvez recebas conselho de lá.

3. I. 1923.[205]

[Eu:] Na necessidade e aflição deste tempo, ó minh'alma, deves abster-te de todos os caprichos e infidelidades. É uma grande obra da qual deves participar. [108/109]

A.: Entendo. Aqui estou eu. Qual é o teu desejo?

[Eu:] Não tenho desejo, mas te digo minha opinião. Vamos ao trabalho. O que tens a dizer sobre o visitante estranho, meu amigo, o escuro?

A.: Estou tão perplexa quanto tu. Mas consigo vê-lo.

[Eu:] Então descreve-o. Talvez isso nos ajude a encontrar um rastro. Ele está aqui[?]

A.: Não, ele se foi. Não sei para onde. Quando ele se vai, é como se ele nunca tivesse existido. ~~Filêmon~~ Diferentemente de Filêmon ou Ka. Seu ser sempre permite adivinhar onde podem ser encontrados. Mesmo que desapareçam, sente-se que eles estão em

205 Quarta-feira.

algum lugar. Mas ele, quando ele se vai, ele deixa de ser. É como se ele estivesse além de ~~ser~~ ser e não ser. Parece que ele pode ser e não ser.[206] O que está além de ser e não ser?

[Eu:] Eu refletirei sobre isso. Isso me parece ser uma boa pista. Mas continua a descrevê-lo.

A.: Quando o vi pela primeira vez, ele era de beleza assustadora – um verdadeiro Deus. Imagina Dioniso com toda a força da imaginação. Isso te dará uma noção fraca. Na segunda vez, ele era completamente diferente, novamente belo, indizivelmente belo, mas de palidez mortal fosforescente, o brilho da lua cheia na neve, olhos brilhantes como as grandes estrelas na noite de inverno. Ele era transparente, totalmente envolto num manto branco luminoso cheio de dobras translúcidas, ~~xx~~ como um sopro. Uma geada mortal terrível o envolvia. Que bom que não o viste. As palavras teriam congelado em tua língua. Ele parecia ser o sentido ~~último~~ mais íntimo e a ~~última~~ quintessência verdadeira da morte eterna. [109/110]

[Eu:] Estranho. Como devo interpretar isso? Tu perguntaste antes: O que está além de ser e não ser? Esta parece ser uma impressão essencial. Ser e não ser é o demiurgo,[207] pois ele é plenitude e vazio.[208] Além de ser e não ser, porém, está o pleroma inimaginável, aquilo que não possui qualidades. Seria ele algo pleromático? Tu sabes, um sonho que eu tive na África revelou sua "existência". Por que tive que ~~te~~ ter esse sonho na África? A grande impressão foi aquela noite inesquecível no deserto, onde vi pela primeira vez o χ[209] e entendi o mito platônico.[210] No zênite, ~~onde~~ exatamente no ponto de cruzamento, havia um grande planeta brilhante. Reconheci nessa imagem uma expressão do mistério da individuação. Quatro dias depois, tive o sonho que veio a ser uma das maiores experiências da minha vida.[211] Seria o Si-mesmo, aquele ser inimaginável, que é maior do que eu e sobre o qual nem mesmo sabemos se ele é humano, semelhante ao homem ou até mesmo incomparável ao homem? Filêmon me ensinou que o Si-mesmo é o pleroma, uma parte, mas, mesmo assim, o todo.[212] Ele mesmo se chama aparência, que pode ser ou não ser tudo. Isso é pleromático ~~um~~ em oposição a Abraxas. O que achas disso?

A.: Isso me parece bom. Mas como é possível pensar que o pleroma se manifesta?

[Eu:] O pleroma nada mais é do que aparência, isso é ~~lo~~ lógico, pois Abraxas é efeito e, portanto, realidade. O fato, porém, de aparecer em forma tão semelhante ao homem é [110/111] sobremaneira inesperado e também algo que, por ora, ultrapassa completamente a minha compreensão. Não sei o que fazer com isso. Completamente obscuro

206 Cf. SHAKESPEARE, W. *Hamlet*, ato 3, cena 1, linha 1749: "Ser ou não ser, eis a questão".

207 No *Timeu*, de Platão, o demiurgo é o criador do universo que impôs ordem ao caos. No gnosticismo, o termo foi usado para designar a deidade inferior que criou e governava o mundo material.

208 Em 30 de janeiro de 1916, "plenitude e vazio" foram descritos como qualidades do pleroma. Em 31 de janeiro, Abraxas foi descrito como "manifestação" do pleroma, se tivesse uma essência (*Livro 5*, p. 285; *Livro 6*, p. 211s.).

209 A letra grega chi.

210 Jung estava se referindo ao mito da criação no *Timeu*, em que o demiurgo deu à alma do mundo a forma da letra grega chi (34-36). Em *Transformações e símbolos da libido*, ele escreveu: "O pensamento de 'união' expressado pelo símbolo da cruz se encontra no *Timeu*, de Platão, onde a alma do mundo é concebida como estendida entre céu e terra na forma de um X (chi)" (CW B, § 406). Em 1940, Jung discutiu extensivamente o *Timeu* em "Tentativa de uma interpretação psicológica do Dogma da Trindade" (OC 11/2, § 181ss.).

211 Provavelmente, o sonho já mencionado em 6 de janeiro de 1922 (cf. acima, p. 211).

212 Sobre o pleroma, cf. 30 de janeiro de 1916 (*Livro 5*, p. 285ss.). Àquela altura, o "Si-mesmo" ainda não tinha emergido como noção.

para mim é seu desejo de ~~permitir~~ ser superado e determinado.[213] O que significa quando o pleroma deseja tornar-se algo determinado?

~~A.:~~

Castagnola.

5. I. 1923.[214]

Verdadeiramente, ele retornou no meio da noite. Ouvi seu assobio agudo e terrível, quando chamou o grande cão de caça, que, para cumprir o desejo de seu mestre, veio correndo como uma flecha sibilante do arco. Verdadeiramente, ó minh'alma, ele está aqui. Sua proximidade é pavorosa. Meus olhos não conseguem vê-lo. Dize-me, qual semblante vês? Qual figura?

A.: É verdade, falaste corretamente – ele realmente está aqui. Eu estremeço, ouvi o assobio agudo e cruel. É Ele. Um caçador poderoso, um caçador de homens. Como devo descrevê-lo, o forte? Ele quebra toda a arte humana em duas com o martelo relâmpago de nuvem escura – nenhum olho humano pode vê-lo. Mas quando ele assobia, seu bando se levanta subitamente, cada arco se tensiona, a lança acerta seu alvo, com sibilo e estrondo. Um dominador dos homens, que são como seus cães, tremendo eles correm à sua frente, cruéis de medo, obedientes de pavor da morte. [111/112]

[Eu:] Que ser poderoso descreves? Bem que sinto o pavor de sua presença invisível. Dize-me, ele falará comigo? Por que sua aparição espalha terror, ele que era meu amigo?

A.: Ele quer falar contigo. Ele colocou o arco cruel no chão e soltou seu cinto com a espada cintilante. É um homem ruivo e barbudo, seu corpo e seus pés estão revestidos de peles de animais. Os olhos brilham com a luz dos Deuses, e seu semblante possui a palidez de mármore da deidade. Sim, fixo é seu olhar e não pode ser alcançado pela arte humana. Sua língua estala baixo, e o pavor te faz saltar, como se tivesses pisado numa cobra venenosa. Um senhor – todos são inquestionavelmente seguidores – pois – quem ousaria até mesmo pensar em resistência? Não fales, quais palavras poderias ousar dizer em sua presença? Ele é um poderoso – que enigmas terríveis ele nos trouxe! Ele falará contigo, mas não fales primeiro. Ele não olha para ti. Ele fala silenciosamente para longe. Não podes ouvi-lo. Ainda ele não se voltou para ti. Ele fala a uma aurora distante – provavelmente cogitando alguma obra de caça sangrenta, seus cães estão de prontidão – quem resistiria à sua matilha? Seu assobio terrível congela o sangue, e cada um de seus cães arrasta [112/113] um homem inteiro como um coelho aos pés de seu senhor.[215] O que ele diz à aurora? Verdadeiramente um senhor, um pavor diante do qual toda pergunta desfalece. Agora ele olha para ti, indiferente segundo o modo de um Deus verdadeiro, e te diz:

Ele: És tu quem me superou? Podes rir? Não, não podes. Pois tu não entendes como conseguiste superar-me e, mesmo assim, o fizeste uma vez – uma vez por todas. Podes me dizer o que significava aquela vez? O que significava o fato de teres me superado? E o que significo eu? Interpreta-me e dize-me quem eu sou, superador!

213 A expressão parece referir-se ao sonho na Tunísia (cf. acima, p. 211).
214 Sexta-feira.
215 As lembranças posteriores de Jung (cf. abaixo, nota 222) identificam essa figura com Wotan.

[Eu:] Tu és verdadeiramente um Deus, diante do qual tudo que é miserável em nós se prostra impotente na poeira, tu és um senhor, um poderoso, precedido pelo pavor, com medo da morte cada um aguarda teu sinal, com ouvidos aguçados, tremendo como cachorros, o bando de homens te aguarda. Um Deus és tu, sem dúvida, um pavor mortal me paralisaria se eu falasse diferentemente. O terror que parte de ti solta línguas presas e coage falas verdadeiras. Quem ousaria brincar e enganar diante de ti? Como pude te superar no passado? Não consigo entender como tal coisa foi possível. Mas um sonho verdadeiro me disse que eu o fiz.[216] Sim, eu superei um Deus sem sabê-lo. [113/114]

Ele: Tu conseguiste porque não soubeste. Mas, dize-me, o que é um Deus? O que chamas um Deus?

[Eu:] Deus é o ser sobrepoderoso do qual não há escape.[217] Em horror indizível despenca ao chão. Ninguém duvida da obediência. Seu poder cativa. Congela o sangue daquele que ouve seu assobio. Ninguém pensa em negação. O senhor de tal pavor ~~nos~~ é verdadeiramente um Deus, e tu és isso, mesmo que sejas uma aparência. O que importa se uma aparência ou um ser real se veste com a capa de Deus? Quem ousa brincar aqui como uma balança de ouro? Ninguém se pergunta se é aparência, se é realidade, um leve estalo de língua basta, ó caçador dos homens!

Ele: Dize-me, superador, o que significa teres superado um Deus?

[Eu:] Não foi um sacrilégio, nem mesmo um sacrilégio não intencional, mas foi a única coisa que pude fazer, pois devo defender a minha vida, mesmo que isso ataque um Deus. E, aparentemente, quiseste poupar-me, pois poderias ter me matado sem esforço. Na época, adoeci com uma doença que já custou a vida a muitos, mas ela passou fácil e rapidamente. Percebo que tu me poupaste. Provavelmente, quiseste testar minha coragem e determinação. Assim interpreto para ti a superação: eu não podia e não queria [114/115] deixar-te no estado da mais profunda ignorância. Deves aprender a sabedoria, pois o que é um rei apenas com poder e sem sabedoria? Seu poder não é maldirecionado se lhe carece a sabedoria?

Ele: Interpretaste bem. O que chamas sabedoria?

[Eu:] Chamo sabedoria o agir correto por pensamentos corretos.[218]

Ele: Falaste bem. Mas o que é correto?

[Eu:] Correto é o que concorda com o todo e que conduz o todo para a vida maior.

Ele: Isso também é bem falado. Superador, eu te prometi que quero aprender. Meu poder precisa da sabedoria. Mas por que nasceu um Deus sem sabedoria e, mesmo assim, tem o poder? Interpreta isso para mim!

[Eu:] Eu te disse, Deus é o ser todo-poderoso: a sabedoria é o oposto, ela é bondosa, jamais é violência, ela não esmaga. Ninguém sente pavor e se prostra na poeira diante dela. Visto que Deus é poder supremo, é ele quem mais carece de sabedoria. É assim.

Ele: Falaste bem, mas não amo a tua fala. A sabedoria deve destruir poder? Responde!

[Eu:] Sabedoria destrói poder incorreto e dá ao poder correto a forma correta.

Ele: Falaste bem, superador!

216 O sonho na Tunísia (cf. acima, p. 211).
217 Sobre a concepção de Jung do poder de Deus, cf. *Resposta a Jó*, OC 11/4.
218 Cf. o "nobre caminho óctuplo" ou "o caminho do meio" do budismo, que abarca a visão correta, a emoção correta, a fala correta, a ação correta, a subsistência correta, o esforço correto, a lembrança correta e a meditação correta.

A.: Ele se vai, ele desviou seu semblante, ele caça nuvens negras sobre a montanha – verdadeiramente um Deus de cuja existência nada suspeitávamos. [115/116]

[Eu:] Creio, minh'alma, que ele surgiu há pouco tempo. Como poderias, como poderia eu saber? Nunca se sabe o inaudito, mesmo que tenhamos falado há anos sobre um Deus vindouro,[219] quando ele veio, ele era assustadoramente novo. Confesso, estou abalado como tu, chocado – um Deus do pavor e da obediência impiedosa, um tolo com martelo relâmpago, quem teria imaginado! Mas um homem, um senhor, poderoso! É um prazer obedecer-lhe.

1 hora da noite. Castagnola.

~~6/7.~~ 7/8. I. 1923.[220]

[Eu:] Minh'alma, ajuda-me e dize-me, tu o viste?

A.: ~~xx~~ Sim, eu o vi em figura nova e inesperada. Eu não disse que ele tinha ~~xx~~ corrido para as montanhas? De lá ele vem na forma do garoto na idade da maturidade viril, cuja primeira barba ainda não cresceu. Uma doença o atormenta, suas costas sofrem, e ele busca ajuda. A timidez não lhe permite a fala, portanto, fala tu primeiro com ele.

[Eu:] Ouve, meu filho, assumiste a forma do meu filho,[221] que vi no sonho. E teu olho está cheio de inconsciência. Uma doença te perturba, teu sono é diminuído. Com que sofres?

Ele: Eu sofro nas costas. Um eczema atacou a minha pele; ela arde, e a dor me rouba o sono. Dá-me uma pomada, um remédio, para que a ardência se apague.

[Eu:] Estranha é a tua doença, meu filho. Como posso te dar um remédio sem saber quando e como tua doença surgiu. Dize-me, [116/117] como tua doença começou?

Ele: Ela começou poucos dias atrás, como me parece. Deve ter sido um sonho que a trouxe.

Um sonho ruim, um sonho da noite, sonhado por volta da meia-noite.

[Eu:] O que dizia o sonho ruim e como ele te trouxe doença?

Ele: Sonhei com uma caça com cães grandes.
Uma pele de lobo de lobos sarnentos cobria meus ombros.
Eu segurava uma lança na mão.
Uma espada de gume largo pendia do meu cinto.
Eu corria para a montanha, para a floresta de nuvens,
onde moram os ursos, ursos com filhotes.
Eu queria buscar um filhote para brincar,
lindos são eles, peludos, divertidos, eu queria guiá-lo pela barriga.
Então veio a doença da pele de lobo sarnenta.
Eu não sabia, ninguém me disse que o lobo era sarnento.
Como curas minha doença?

[Eu:] Tua doença veio do sonho.

---

219 Em 1915, Jung escreveu no prólogo ao *Liber Primus*: "*Mas o sentido supremo é o trilho, o caminho e a ponte para o porvir. É o Deus que vem – não é o próprio Deus, mas sua imagem que se manifesta no sentido supremo. Deus é uma imagem, e aqueles que o adoram devem adorá-lo na imagem do sentido supremo*" (*LN*, p. 109). Essa seção vincula essa figura a Wotan (cf. abaixo, n. 222).

220 Segunda-/terça-feira.

221 Franz, filho de Jung, nasceu em 1908. A essa altura, ele tinha 14 anos de idade.

Um sonho ruim te trouxe a doença.
Vestiste no sonho uma pele de lobo sarnento,
quando quiseste caçar com os cachorros.
Quando quiseste buscar um filhote para brincar.
Agora ouve, eu interpreto para ti o que aconteceu contigo: [117/118]
foi um lobo espírito que teu pai abateu.
Um lobo espírito em cuja pele vive uma doença venenosa.
Não era um lobo amarelo, comum,
que uiva nas florestas de neve e faminto percorre a noite de inverno.
Foi um lobo espírito, e estes trazem doença aos homens.
Acontece como vingança por sua morte, pois eles sempre querem viver.
Eles são famintos até encontrarem homens, e apenas a carne humana lhes é alimento.
Daí vem a sua sarna.
Ele: Eu te agradeço por apagar a ardência com o canto da doença.
Mas, dize-me, como um ~~xx~~ sonho pode trazer-me doença?
Eu não vesti a pele de lobo no corpo real,
ele só me apareceu na noite, era uma imagem de sonho.
Como uma imagem de sonho pode me causar doença?
[Eu:] Meu filho,
não foi um sonho comum que te cativou.
Tu não dormiste em teu braço e viste uma imagem noturna.
Viajaste para a montanha com lança e espada.
Tu te envolveste com a pele de lobo sarnento.
Assustaste com assobios e gritos andarilhos e [118/119] animais.
Cobriste teus ombros com uma pele real,
foste teu próprio pai, o barba ruiva, o caçador dos lobos e dos homens.
Disto te veio a doença, meu filhinho.
Vestiste a pele de teu pai.
Ele: Sim, eu te vi, médico, tu falaste comigo.
Palavras inteligentes saíram de tua boca e alcançaram meu ouvido.
O que dissestes: sabedoria? Como pude esquecer!
A própria aparência me carregou. Não foi sonho.
Nunca mais, homem sábio, vestirei a pele do lobo.
Entendi como uma coisa está vinculada à outra.
Porque eu vesti a pele de meu pai,
porque cobri meus ombros com a pele do lobo,
porque assustei os andarilhos e animais com assobios e gritos,
por isso a doença veio secretamente por trás.
Graças a ti, tu cantaste a minha doença.
A pele está alisada; a ardência, apagada.
~~X~~ Falaste de sabedoria? Fiquei mais sábio.

9. I. 1923[222]

Às 6:40 da tarde de terça-feira minha mãe faleceu em Küsnacht, Seestrasse 177.[223] Embolia pulmonar e cerebral. Quase 75 anos de idade. A agonia foi breve. 2 ataques. No segundo, ela morreu. Suas últimas palavras foram: "Ó Deus, seja breve!"

12 I. 23.[224]

Hoje, às seis da tarde, dormi um pouco. Antes de cair no sono, vi repentinamente o rosto do meu pai, muito vívido. Ele sorria e parecia estar de ótimo humor. [119/120]

Às onze da noite do mesmo dia, vi, antes de adormecer, a minha mãe, como a vi no caixão, flutuando da escuridão para o alto, a cabeça um pouco reclinada, de olhos fechados, como que adormecida ou inconsciente, mas viva interiormente. Meu pai estava à sua direita, sorrindo, em outro estado, ele a contemplava com um sorriso.[225]

---

222 Terça-feira. Em *Memórias*, Jung lembrou referente à morte de sua mãe: ""Fiquei aturdido pela notícia, porque sua morte foi inesperada e brutal. Durante a noite precedente, tivera um sonho espantoso. Encontrava-me numa floresta sombria e espessa; blocos de rochedos fantásticos e gigantescos jaziam entre árvores enormes, como uma floresta virgem. Era uma paisagem heroica, primitiva. De repente ouvi um silvo estridente que parecia repercutir através do universo. Meus joelhos tremeram. Em seguida, na mata, ouvi um estrépito e um monstruoso lobo de fauces ameaçadoras saiu correndo. Vendo-o, meu sangue congelou-se nas veias. Passou por mim rapidamente e logo compreendi: o Caçador Selvagem lhe ordenara que trouxesse um ser humano. Acordei numa angústia mortal e na manhã seguinte recebi a notícia da morte de minha mãe./Raramente um sonho me transtornou tanto, pois se fosse considerá-lo superficialmente ele pareceria dizer que o diabo viera se apossar de minha mãe. Mas, na verdade, era o Caçador Selvagem, de "chapéu verde", que naquela noite – era um desses dias de janeiro em que sopra o foehn – caçava com seus lobos. Era Wotan, o deus dos ancestrais alemães que 'reunia' minha mãe a seus antepassados, isto é, negativamente, às hordas selvagens e, positivamente, aos 'mortos bem-aventurados'. Foi sob a influência dos missionários cristãos que Wotan foi assimilado ao diabo. Em si mesmo, é um deus significativo, um Mercúrio ou um Hermes, como os romanos discerniam claramente; é um espírito da natureza que ressurge na lenda do Graal sob os traços de Merlin e que, como spiritus Mercurialis, constituía o arcano procurado pelos alquimistas. Assim, o sonho diz que a alma de minha mãe se encontra acolhida neste vasto contexto do Si Mesmo, além do plano cristão, na totalidade da natureza e do espírito em que os conflitos e contradições são englobados./Voltei imediatamente para casa. À noite, no trem, experimentava um imenso sentimento de tristeza, mas no mais íntimo de meu coração eu não podia ficar aflito e isso por uma estranha razão: durante o trajeto escutei ininterruptamente música de dança, risos e ruídos alegres, como se celebrassem um casamento. Havia um contraste brutal com a impressão apavorante provocada pelo sonho: aqui havia a jovialidade da música de dança, dos risos alegres e era impossível deixar-me dominar totalmente pela tristeza. Ela estava sempre presente, prestes a me dominar, mas no momento seguinte já me encontrava no meio de alegres melodias. De um lado um sentimento de calor e alegria, de outro, terror e luto, numa alternância contínua de contrastes afetivos./O contraste pode explicar-se: a morte era sentida, ora do ponto de vista do eu, ora do ponto de vista da alma. No primeiro caso ela parecia uma catástrofe, como se potências más e impiedosas tivessem aniquilado um ser humano. [...] Entretanto, se nos colocarmos diante de outro ponto de vista, a morte parece ser um acontecimento alegre. Sub specie aeternitatis, ela é um casamento, um mysterium conjunctionis (um mistério da união)" (p. 310-311). Não existe registro contemporâneo que sugira que Jung estava realmente lembrando os eventos no registro de 7/8. I. 1923. Cf. a introdução, p. 78ss.

223 A mãe de Jung e a irmã Gertrud viviam nesse endereço até a morte da mãe.

224 Sexta-feira.

225 Em *Memórias*, Jung narrou o sonho da seguinte forma, datando-o em setembro de 1922: "Este sonho dizia respeito a meu pai e me causou grande impressão: desde sua morte – em 1896 – jamais sonhara com ele e eis que me aparece num sonho, como se tivesse voltado de uma longa viagem. Parecia rejuvenescido e não manifestava qualquer autoridade paterna. Estava ao meu lado, em minha biblioteca e eu me alegrava extraordinariamente por saber que ele chegara. Sentia-me particularmente feliz por lhe apresentar minha esposa, meus filhos e contar-lhe tudo o que tinha feito mostrando-lhe o homem que me tornara. Queria também falar de meu livro *Tipos psicológicos*, recentemente publicado, mas imediatamente notei que esses assuntos o importunavam porque parecia preocupado. Tinha o ar de quem esperava qualquer coisa. Eu percebi e por isso me mantive reservado./Disse-me então que por ser eu psicólogo gostaria de consultar-me sobre a psicologia do casamento. Dispunha-me a dissertar longamente a respeito das complicações da união conjugal, mas nesse momento acordei. Não pude compreender o sonho como deveria, pois não tive a ideia de que era preciso ligá-lo à morte da minha mãe. Só o compreendi quando ela morreu subitamente em janeiro de 1923./O casamento de meus pais não fora uma união feliz, mas uma prova de paciência sobrecarregada de múltiplas dificuldades. Ambos cometeram os erros típicos comuns a numerosos casais. Meu sonho me deveria ter feito prever a morte de minha mãe; após uma ausência de 26 anos, meu pai, no sonho, informava-se junto a um psicólogo sobre

~~xx 1922~~ Em 8/9 de janeiro de 1923, eu tinha sonhado como meu pai retornava de uma longa viagem. Pensei que, agora, ele poderia ver minha casa e minha família, que ele nunca conheceu. No entanto, ele quer me consultar sobre seu casamento, e eu tive que explicar-lhe o relacionamento psicológico no casamento.

21. I. 1923.[226]

Nada tenho a dizer de mim mesmo. Fala tu! O que tens a dizer? Várias coisas parecem estar acontecendo que eu não consigo compreender.

A.: Certamente está acontecendo muito. A morte de tua mãe causou desordem. O espírito dela nos deu trabalho.

[Eu:] Por que estou tão insuportavelmente cansado?

A.: Porque o fardo é pesado.

[Eu:] Fala com clareza. Estás retendo.

A.: Não posso. Nada flui. Tudo está enrijecido desde a morte de tua mãe. E o próprio Deus está nas escuridões.

23/24. XII. 1923.[227]

Finalmente um sonho!

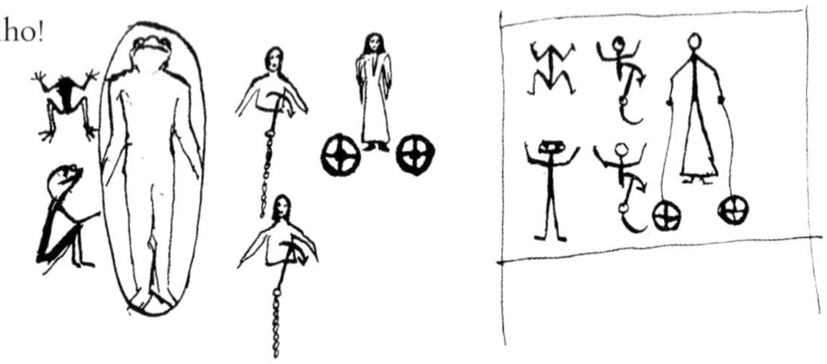

conhecimentos e aquisições mais atuais concernentes às dificuldades do matrimônio, pois chegara para ele o tempo de retomar o problema. Em seu estado intemporal, não adquirira, evidentemente, nenhum saber novo e por isso dirigia-se a um vivo que, beneficiado com as mudanças trazidas pelo tempo, pudera adquirir novos pontos de vista./Assim fala o sonho. Incontestavelmente eu teria podido, se tivesse compreendido sua significação dentro de meu plano subjetivo, ganhar muito ainda. Mas por que tive esse sonho justamente antes da morte de minha mãe, fato de que não tivera nenhum pressentimento? O sonho está nitidamente voltado para meu pai, por quem tinha uma simpatia que, com os anos, se aprofundara" (p. 312). A datação aqui afirma que o sonho ocorreu na noite anterior à morte de sua mãe. Em 1925, Jung contribuiu com um ensaio sobre "Casamento como um relacionamento psíquico" para o livro *The Book of Marriage*, de Count Hermann Keyserling (OC 17). Em 13 de janeiro, escreveu a Josef Lang, cuja mãe também tinha falecido: "A morte da minha mãe me surpreendeu enquanto eu viajava pelo Sul. Quando voltei para casa, encontrei um bilhete falando-me da morte de sua mãe. Isso explica por que estou lhe respondendo apenas agora. A morte da mãe é uma experiência incomumente difícil. É, provavelmente, a conexão orgânica secreta que torna essa perda tão desoladora, contra toda razão. Você está sendo levado um pouco em direção da morte, pois há uma parte de você que também deseja morrer. Eu não sabia nada de antemão do fim iminente, mas eu tive experiências e sonhos premonitórios ominosos: meu pai, por exemplo, que morreu 27 anos atrás, apareceu num sonho e também outra vez quando eu estava desperto, e ele estava rindo e de bom humor. Estranhamente, fui acometido por uma cegueira e simplesmente não passou pela minha mente que minha mãe poderia morrer. Hoje é o enterro dela. Em vista das circunstâncias, não há necessidade de palavras adicionais: compartilhamos o mesmo luto" (propriedade privada, Stephen Martin).

226 Domingo. Em 25 de fevereiro de 1923, Jung estava transcrevendo o capítulo 20 do *Liber Novus*, "O caminho da cruz", para o volume caligráfico do *LN* e acrescentou a inscrição "25 de fevereiro de 1923. A transformação da magia negra em magia branca".

227 Domingo/segunda-feira. Em 1923, Jung fez uma palestra sobre "Tipos psicológicos" no Congresso Internacional de Pedagogia em Montreux (OC 6). Em algum momento em 1923, Jung fez uma pintura que apresentava Filêmon e outras figuras (*A arte de* C.G. *Jung*, cat. 66, p. 147), com a seguinte inscrição no verso: "Tememos e temos esperança: Você vai sacrificar o louro da eternidade à terra grávida e noiva? Nossos pés pisam o vazio e nenhuma beleza ou realização estão garantidas. A promessa será rompida? O eterno desposará o temporal?" (ibid., p. 149). Jung deu a pintura a Toni Wolff.

25. XII. 1923.[228]

Texto do sonho: Estou no serviço militar. Marchando com um batalhão. Numa floresta perto de Ossingen[229] encontro escavações numa encruzilhada: uma figura em pedra, de 1 metro de altura, de uma rã ou um sapo sem cabeça. Atrás dele ~~x~~ está sentado um menino com cabeça de sapo. Depois o busto de um homem com uma âncora fincada na região do coração, estilo romano. Um segundo busto de 1640 aproximadamente, mesmo motivo. Depois cadáveres mumificados. Finalmente vem [120/121] uma caleche em estilo do século XVII. Nela está sentada uma mulher morta, mas que ainda vive. Ela vira a cabeça quando me dirijo a ela chamando-a de "Senhorita"; sei que "Senhorita" é um título de nobreza. [121/121a]

8/9 II 1924.[230]

Eles vieram de noite. Muitos, em bando incontável. Eles passaram pela minha casa. Eu acordei quando passaram. Saí para vê-los e não sabia de onde vinham nem para onde iam. Eles vinham do Leste e iam para o Oeste. Passaram por ambos os lados da minha casa. Ouvi como tropeçavam sobre as pedras grandes. Povos do futuro, mortos não nascidos. De onde e para onde? Não quereis parar? O que procurais? Procurais a palavra? Parai, aqui é o templo de Filêmon, uma cabana que cobre a pobreza do nosso espírito.[231] O que posso vos dar? Nenhuma palavra grande, apenas um silêncio e um sussurro do indizível que ocorreu. Uma boca indigna, esta boca minha, para expressar ou até mesmo exclamar o que ocorreu. Uma certeza daquilo que ocorreu e uma ignorância daquilo que ocorreu. Quereis sentar-vos a esta mesa miserável? E ter uma refeição comigo, em silêncio, talvez falem as paredes, talvez fale de dentro do fogo, talvez as pedras vos sussurrem algo. De quem? Ah, vós não o conheceis, aquele que não pode ser apreendido, o supremamente grande que acabou de passar e roubou a minha fala. Por isso, devo gaguejar diante de vós, e vós rireis e [121a/121b] ai – não entendereis o que ocorreu. No entanto, ele esteve tão próximo de nós, tão próximo, tão tangível como jamais. Ele falou comigo, me preencheu com o sopro das eternidades. Por que ele elegeu um gago? Por que eu deveria anunciá-lo? Os Deuses se sentaram com os mendigos, eles visitam os famintos e, sentados a mesas vazias, eles celebram o banquete divino.[232] Isso me transformou, me isolou, me calou. Nenhuma palavra consegue expressar o que ocorreu, o que me preencheu. [121b/121]

---

228 Terça-feira.

229 O município e a aldeia ficam no cantão de Zurique, entre Winterthur e Schaffhausen. Em Goldbuck, que também faz parte do município, há antiguidades romanas e um túmulo medieval.

230 Sexta-feira/sábado. Esse registro é um inserto em papel timbrado. Em janeiro de 1924, Jung tinha chegado à página 142 da transcrição do *LN* para o volume caligráfico.

231 Uma referência ao conto de Baucis e Filêmon. Seu relato posterior em *Memórias* (p. 234ss.) revela que Jung estava em sua torre em Bollingen.

232 No *LN* (p. 154), Filêmon está acima da cúpula de um prédio que poderia ser um templo. Em sua torre em Bollingen, Jung esculpiu a seguinte inscrição na parede: "Philemonis sacrum – Fausti poenitentia" (Santuário de Filêmon – Penitência de Fausto). Um dos murais na torre é um retrato de Filêmon. Cf. o relato posterior de Jung sobre essa experiência em *Memórias*, onde ele especula sobre a relação desse bando com o exército de almas de Wotan e a procissão regular de mercenários suíços que marcharam da Suíça central para Locarno no século XVII (p. 232-235).

16 nov. 1926.[233]

Os anos passam. Estive na África para procurar.[234] Quem? Provavelmente ele, o desconhecido, o Deus ou aquele forte de destino. Eu não o encontrei lá. O que diz a voz? Que eu nunca o encontrarei no exterior. Bom, então voltarei. Isso foi uma voz? Será que minha alma não se calou? Tu não te calaste? Tudo não fluiu para o destino externo? Fala novamente comigo!

A.: Tu és mantido do lado de fora.

[Eu:] Sim, e não é assim que deve ser?

A.: O que deve ser?

[Eu:] É assim. É melhor que me dês luz onde não enxergo – ou deixa-me sonhar.

4 dez. 1926.[235]

Só agora vejo que o sonho de 23/24 XII 1923 significa a morte da anima ("Ela não sabe que está morta"). Isto coincide com a morte de minha mãe.[236] Depois do sonho de 16 ~~XII~~ XI, tive imediatamente um sonho de incesto regressivo com símbolos destrutivos. Aparentemente, a tentativa de chegar à anima foi equivocada. Isso teve [121/122] consequências ruins. Desde a morte de minha mãe a A. [Anima] se calou. Significativo![237]

22/23 XI 1926.[238]

S[onho]. O marido da senhora Reichstein[1)] faleceu repentinamente. Ela enlouqueceu por essa razão. No entanto, recebo uma carta dela que deixa claro que ela entende o simbolismo de seu distúrbio, de modo que, na verdade, ela não está louca.

233 Sexta-feira. Jung atendeu nove pacientes. Ele fez uma série de apresentações no Clube Psicológico sobre "A psicologia dos sonhos" em 22 de novembro e 8 de dezembro de 1924 e em 8 de fevereiro de 1925. Ele publicou "Casamento como relacionamento psíquico" (OC 17) em 1925. Em 1926, publicou *O inconsciente na vida normal e doente da alma*, uma revisão de seu livro *Psicologia do inconsciente*, de 1917 (cf. OC 7/1). No ínterim, em 27 de junho, ele esteve em Bollingen. De 26 a 29 de setembro, esteve em Paris com George Porter. Em 31 de outubro, encontrou-se com Hermann Sigg em Bollingen. Sua filha Agathe se casou em 10 de novembro. Em 10 de dezembro, ele partiu para a América do Norte, embarcando em Bremen num navio a vapor no dia 13 e chegando no dia 22 em Nova York, onde ele se encontrou com Fowler McCormick, George Porter e Frances Wickes. Em 24 de dezembro, foi para Chicago e depois para Taos no dia 30. Ele também visitou Washington, Nova Orleans e o Grand Canyon. Em 14 de janeiro, realizou um seminário no apartamento de Kristine Mann em Nova York, falando sobre psicologia racial e os ancestrais. Em 15 de janeiro, voltou para a Europa (cf. McGUIRE, W. "Jung in America, 1924-1925". In: *Spring*: A Journal of Archetype and Culture, 1978, p. 37-53). Em 30 de janeiro de 1925, esteve em Schmerikon com George Beckwith. Em 13 de fevereiro, esteve em Bollingen. Em 29 de maio, esteve em Bollingen. Em 15 de junho, encontrou-se com Paul Radin. Em 10 de julho, esteve em Bollingen. Em 9 de agosto, esteve em Amsterdã e se encontrou com J.H. van der Hoop. Em 10 de agosto, esteve em Heidelberg. Em 16 de agosto, transcreveu a p. 156 do volume caligráfico do *LN*. As imagens 154 e 155 foram pintadas em algum momento em 1924 e 1925. No Clube Psicológico, Richard Wilhelm falou sobre "A prática de ioga chinesa" em 27 de maio de 1926, e em 28 de maio, sobre "A psicologia dos pueblo". Em 27 de junho, assistiu à ópera *O Barbeiro de Sevilha*. Em 29 de outubro, apresentou uma palestra à Sociedade Literária de Augsburg sobre "Espírito e vida" (OC 8/2), apresentando-a novamente no Clube Psicológico em 20 de novembro.

234 Entre outubro de 1925 e março de 1926, Jung viajou pelo Quênia, Uganda e Egito (cf. introdução, p. 90ss.), partindo de Southampton, na Inglaterra, para Mombasa em 15 de outubro e voltando para Zurique em 14 de março.

235 Terça-feira.

236 Cf. acima, p. 231. No registro no diário de 12 de setembro de 1924, Toni Wolff escreveu: "Ele ainda me vê como *anima*? Por que ele é Filêmon?" (*Diary B*, p. 6). Em 27 de dezembro de 1924, ela escreveu: "*Anima* substituto de Toni, porque *anima* é primária, nenhuma atitude incondicional para comigo [...]. C. me disse que eu não tinha sido exatamente como a *anima*. A *anima* disse que eu era indecentemente esperta" (*Diary B*, p. 76, 88).

237 *O eu e o inconsciente* (OC 7/2) incluía uma exposição extensa sobre a *anima* nos homens e o *animus* nas mulheres e sobre o procedimento de chegar a um acordo com eles através da imaginação ativa. Cf. introdução, p. 100.

238 Segunda-/terça-feira. Jung atendeu oito pacientes em cada um dos dias.

1) Atualmente grávida. Eu estava preocupado, pois não sabia como ela aceitaria a gravidez. Em 23 de nov., a senhora R. não veio para a sessão, no lugar dela, uma mulher grávida mentalmente doente com sua enfermeira – equivocadamente.[239] Na verdade, ela procurava o Dr. Brunner[240] –

Em 30 XII, a senhora R. também não compareceu.

20/21 XI 1926[241]

S[onho]. Vejo uma vista de ~~xx~~ uma "igreja" suíça desenhada por mim. Depois um templo magnífico em região maravilhosa:

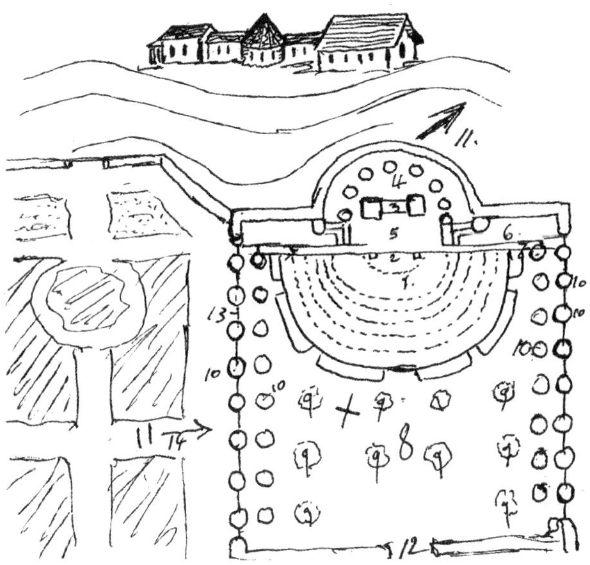

1) Teatro aprofundado.
2) Porta para a cripta?
3) Altar
4) Apside
5) Lugar elevado diante do altar
6) ~~Lat~~ Corredor lateral levemente aprofundado atrás de uma parede (7)
8) Sala aberta com tapetes com lanternas chinesas pintadas de laranja, vermelho e verde (9)
10) fileira dupla de colunas de mármore amarelo
11) vista da colina para um lago magnificamente azul
12) Entrada
13) Janelas altas [122/123]

Faço brincadeiras infantis com algumas mulheres (X). Há aqui mais de 100 pessoas em atmosfera vívida e alegre. De 14 → vêm tia Sophie e Ernst Fiechter[1)].[242] Estou decep-

239 Madeleine (Maggy) Reichstein (1894-1975), uma paciente importante de Jung. Seu caso exerceu um papel importante em seu artigo "As realidades da psicoterapia prática" como o "caso Kundalini". Em 1925, ela se casou com Adam Reichstein, irmão de Tadeus Reichstein, que, juntamente com Philip S. Hench e Edward C. Kendall, ganhou o prêmio Nobel de medicina em 1950 (e também participou dos seminários de Jung). Em 7 de dezembro, Jung escreveu a ela que ele tivera um sonho com ela três semanas antes, um dia antes de sua consulta com ele. Ela não veio e perdeu também a sessão subsequente. Jung esperava que nada de ruim tinha acontecido e pediu que ela lhe contasse o que estava acontecendo (Arquivo de imagens de Jung, com permissão de Vicente de Moura). Cf. MOURA, V. "Learning from the Patient: The East, Synchronicity and Transference in the History of the Unknown Case of C.G. Jung". In: *Journal of Analytical Psychology* 59, 2014, p. 391-409.

240 Dr. Theodor Brunner (1877-1956) era um psiquiatra que, desde 1908, administrava um sanatório particular em Küsnacht, estabelecido em 1840 por seu avô. Ele ficava próximo à casa de Jung na Seestrasse. Theodor Brunner manteve relações amigáveis com Jung. Um anúncio de 1911 informava que o sanatório servia a pacientes nervosos e mentais, convalescentes e pessoas que precisavam se abster de álcool e morfina. Prometia um tratamento médico individualizado numa localidade magnífica com jardins à beira do lago (*Monatsschrift für Psychiatrie und Neurologie* 30, n. 1, 1911).

241 Sábado/domingo. Jung atendeu três pacientes no sábado.

242 Sophie Fiechter Jung (1852-1938) era tia de Jung, irmã de seu pai. Ela possuía talento musical. Seu filho era Ernst Fiechter-Zollikofer (1875-1948). Ele foi o arquiteto que construiu a casa de Jung em Küsnacht. Ele se tornou professor em Stuttgart e escreveu extensamente sobre monumentos gregos. Devoto da teosofia, ele se tornou sacerdote na Comunidade Cristã, um movimento de renovação cristã inspirado pela antroposofia. Cf. FIECHTER, S.C. *Ernst Fiechter* – Der Künstler, der Forscher, der Mensch. Erinnerungen, Briefe, Tagebücher, letzte Aufzeich-

cionado e interrompo minha brincadeira. Acho inadequado ele ver meu templo lindo[2)] e invejá-lo.

1) banal, concessão ao mundo. Pequeno horizonte burguês. Ernst Fiechter morreu em 1947. A tia Sophie, alguns anos antes em idade avançada.[243]

2) Só no céu é assim. Leitura de livros espirit. Será que é assim? Em algum lugar, o sonho de infância, beleza e sabedoria se realizará?

~~E.~~

3/4 dez. 1926.[244]

S[onho]. Nevou[1)]. Estou fazendo uma caminhada (região de Stuttgart[2)]?). Encontro  pegadas enormes na neve. O animal esteve galopando, sulco profundo na neve  ~~de~~ como que de um limpa-neve. Rinoceronte[3)]? Quase impossível. Hipopótamo[4)] do zoológico ou da coleção de animais? Maior do que um hipopótamo ou elefante[5]. O animal devia estar com medo[6].

1) Hoje de manhã, realmente tinha caído neve.

2[)] Gabinete de naturalista

3) África.

4[)]"

5[)] Mamute.

6[)] Isso não combina com a região. Existe algo assim dentro de mim? E. Schlegel sonhou com um elefante e o relacionou a mim.[245] No sonho, ela também esteve presente, como também Toni, muito nitidamente. A strange animal[246] – é assim que devo parecer a muitos. As pessoas têm dificuldades de me [123/124] entender. Mamute = força incrível –

Rastro de elefante: Veja Tripitaka. Rastro do buda.[247]

2/3 XII. 1926[248]

S[onho]. Tento modelar o busto de um homem[1)] com gordura bovina derretida[2)]. Branco. Tenho medo de não o completar a tempo[3)], devo apresentá-lo.

1) Certa vez, fiz um pequeno busto de um homem, muito sombrio, mas surpreendentemente bom. Quebrou.

---

nungen. Stuttgart: Urachhaus, 1950. • JUNG, A. et al. *The House of* C.G. *Jung* – The History and Restoration of the Residence of Emma and Carl Gustav Jung-Rauschenbach Zurique: Stiftung C.G. Jung Küsnacht, 2009.

243 As duas linhas precedentes foram acrescentadas posteriormente por Jung.

244 Sexta-feira/sábado. Jung atendeu nove pacientes na sexta-feira.

245 Erika Schlegel começou a fazer análise com Jung em 1913. Sua irmã era Sophie Taeuber, que era casada com Hans Arp. Ela se tornou bibliotecária do Clube Psicológico. Suas conexões lhe permitiram uma interação entre o círculo de Jung e a vanguarda artística.

246 Essa expressão está em inglês no original.

247 O *Tripitaka*, ou cânone páli, é a coleção mais antiga de ensinamentos budistas. Tripitaka significa "três cestos" e se refere a como os textos em folha de palmeira eram encadernados. Traduções foram incluídas em *Sacred Books of the East*, que Jung possuía. Segundo a lenda, após ter alcançado a iluminação, os pés de Buda deixaram uma pegada na pedra em que pisou. O Buddhapada (pegada de Buda) é iconografia budista original.

248 Terça-/quarta-feira. Jung atendeu oito e seis pacientes, respectivamente.

2) Meyrink: Golem. "Uma pedra que parecia gordura["].[249] Ectoplasma.[250]
3[)] Meus trabalhos. Meu tempo de vida basta para me demonstrar?

---

9 I 1927[251]

H. Sigg morreu.[252] Sonhos importantes.

Em junho de 1926, sonhei: Estou passeando de carro com Hermann Sigg na região do Lago de Genebra. Estamos indo de Lausanne em direção a Vevey.[253] No entanto, Vevey é Luxor, e estamos no Nilo.[254] Quando alcançamos a place de la ville [praça da cidade], H.S. diz: "Preciso consertar algo no carro. Levará mais ou menos uma hora. Enquanto isso, podes fazer um passeio. Nós nos encontramos na saída leste da cidade (direção de Montreux[255]). Vou passear na cidade e, depois de uma hora, espero por H.S. no local designado. Mas ele não vem. Sigo pela estrada para

249 O *Der Golem* começa com um narrador acordado no meio da noite: "Nestas horas da noite não consigo dormir; não consigo acordar; em seu estado de meio-sonho, minha mente forma um composto curioso de coisas que tem lido, coisas que tem ouvido – correntes, cada uma com sua própria medida de clareza e cor, que se misturam e penetram meu pensamento". Ele estivera lendo a vida de Buda, e uma passagem chamou sua atenção: "'um corvo pousou numa pedra que parecia um pedaço de gordura'. [...] A imagem da pedra que se parece com um pedaço de gordura assume proporções cada vez maiores dentro do meu cérebro" (MEYRINK, G. *The Golem*. Sawtry: Dedalus, 2017, p. 17).

250 A substância física supostamente formada por médiuns físicos num estado de transe. Num seminário, Jung afirmou em 21 de março de 1934: "Ectoplasma é exatamente como vermes esbranquiçados; quando fotografado, ele parece ser assim, extremamente repugnante, e parece ao toque como um réptil. Independentemente umas das outras, pessoas têm descrito a sensação estranha que tiveram; disseram que pode ser comparado ao toque da pele de um réptil, macio, mas firme, sem ossos nele, como borracha. Certa vez, Flournoy descreveu para mim uma mão que ele tinha tocado: não era exatamente como uma mão, havia apenas três dedos, e não era um toque humano, não havia ossos nela, mas era dura e elástica. Ele a agarrou, e, aos poucos, ela derreteu em sua mão. Isso foi o que mais o impressionou, o fato de ela derreter, mudar sua qualidade, tornando-se cada vez mais fina até se dissolver totalmente. Esses são fenômenos estranhos que não conseguimos explicar" (VS, vol. 2, p. 1376-1377).

251 Domingo.

252 Hermann Sigg (1875-1927) era um comerciante e vizinho e amigo próximo de Jung, que, em 1904, fundou a Haus Sigg & Co., especializada em azeite e dona de plantações e fábricas na Tunísia, Espanha e França. A companhia era responsável pela maior parte das importações de azeite na Suíça. O obituário de Sigg na *Neue Zürcher Zeitung* o descreveu como "comerciante muito gentil, muito reto e visionário" (14 de janeiro de 1927). Em 1927, Jung pintou uma imagem do mapa de seu sonho de Liverpool no volume caligráfico do *LN*, à qual acrescentou a seguinte inscrição: "*D. IX januarii anno 1927 obiit Hermannus Sigg aet.s.52 amicus meus*" [Em 9 de janeiro de 1927, meu amigo Hermann Sigg morreu aos 52 anos de idade] (cf. abaixo, p. 239). Em sua torre em Bollingen, Jung pintou um mural com uma inscrição em latim gravada em pedra, que descreve a culminação do processo do renascimento do divino, que forma um tema central do *Liber Novus* e dos *Livros Negros*: "É aqui que o Deus está enterrado,/foi aqui que ele se levantou./Como o fogo dentro das montanhas,/como o verme da terra,/o Deus começa./Como aquela serpente das cinzas,/como a fênix das chamas,/o Deus se levanta/de maneira milagrosa./Como o sol nascente,/como chama da madeira,/o Deus se eleva acima./Como doença no corpo,/como a criança no ventre da mãe,/o Deus nasce./Ele cria loucura divina,/erros fatídicos,/tristeza e dor de coração./Como uma árvore/o homem estende seus braços/e vê a si mesmo/como um homem celestial/que ele não conhecia,/voltado para o globo do mundo/e os quatro rios do paraíso./E ele verá o rosto/do homem e espírito superior,/do pai maior/e da mãe de Deus./E num nascimento inconcebível,/o Deus se liberta/do homem/da imagem,/de cada forma/enquanto entra/no inimaginável e absoluto/secreto./Em memória de Hermann Sigg,/meu amigo muito querido,/falecido em 9 de janeiro de 1927".

253 Vevey fica à beira do Lago de Genebra, não longe de Lausanne (dirigir nessa direção seria seguir o caminho que leva a Zurique).

254 Luxor era parte de um complexo de templos fundado em 1400 a.C. Contém as ruínas de Tebas, capital do Egito nos Reinos Médio e Novo. Jung tinha uma série de cartões-postais do complexo do templo perto de Karnak, indicando que ele o visitou, provavelmente em 1925. Luxor aparece também na narrativa de Amônio em 1914 (cf. *Livro 3*, p. 111).

255 Montreux fica poucos quilômetros ao sul de Vevey.

ver se ele está esperando mais à frente. De repente, um carro para atrás de mim. É H.S. Ele está irritado: "Você realmente pode esperar por mim e não precisa fugir de mim["].

Quando reflito sobre o sonho, percebo que Luxor fica à margem esquerda do Nilo e não como Vevey à margem direita do Lago de Genebra (direção do Rio Ródano). À direita do Nilo fica a cidade dos mortos.[256]

Em 26 XII 1926 fui de barco para Bollingen com H.S. A noite caiu quando alcançamos a represa do lago. Eu queria desmantelar o mastro e lhe entreguei a direção, alertando-o a não desviar do curso da luz branca. De repente, houve um estrondo: ele tinha destruído a hélice numa marca de navegação. Ele tinha seguido a direção errada. Isso me surpreendeu muito, pois ele conhecia a passagem muito bem. Na noite de 29/30 XII [124/124a], eu sonhei: uma rua escura e assustadora num bairro pobre de uma cidade grande. Estou sozinho. Um homem com um cachorro vem ao meu encontro. O cachorro me ataca, e eu pego minha faca grande para me defender. Agarro o cachorro pela cabeça e percebo que os ossos do crânio se mexem. Penso "fratura craniana" e tenho pena do animal. O homem (desconhecido) se aproxima cambaleando e murmura algo. Não sei, ele está embriagado ou doente?

Na véspera, H.S. tinha voltado para casa. Ele estava preocupado e deprimido. Outra coisa não chamou minha atenção. O sonho me disse que algo orgânico estava acontecendo com ele. Voltei para casa imediatamente e o examinei: anisocoria![257] Paralisia progressiva. A mulher admitiu saber que ele teve uma infecção luética no passado. Ele tinha escondido isso de mim com muito cuidado. Eu o levei ao Dr. Brunner.

~~2 I~~

2 I 1927[258]

Sonho: Dois ogros, um claro, o outro escuro. O claro quer me atacar.

Na mesma noite: Estou com vários jovens suíços em Liverpool junto ao porto. É uma noite escura e chuvosa com fumaça e nevoeiro. Subimos para a parte alta da cidade, que fica num planalto. Chegamos a um jardim central junto a um pequeno lago redondo. No meio deste há uma ilha. Os homens falam de um suíço que mora aqui nesta cidade escura, suja e cheia de fuligem. Mas eu vejo que na ilha ergue-se uma magnólia coberta de flores vermelhas, iluminada por um eterno sol, e penso: "Agora sei por que este suíço mora aqui. Ele também sabe evidentemente".[259] [124a/124b] Vejo o plano da cidade:

256 A necrópole consistia em templos fúnebres e era conhecida como a Tebas dos Mortos.
257 Uma condição médica que consiste no tamanho desigual das pupilas, possível sintoma de problemas sérios.
258 Domingo.
259 Para o comentário de Jung a Aniela Jaffé referente a esse sonho, cf. a introdução, p. 98ss.

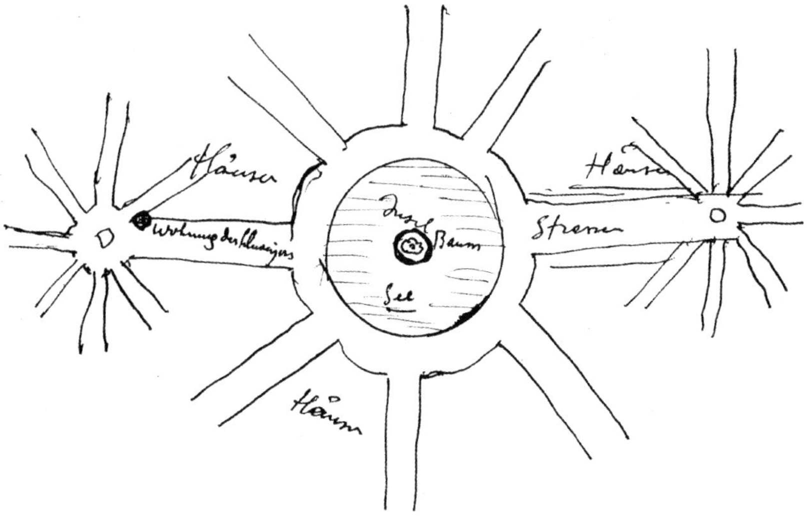

[260]

Em 9 I 1927, H. Sigg morreu em decorrência de uma crise paralítica após uma punção lombar.

13 I 1927[261]

Enterro.[262] ~~Eu~~ Depois, na noite, sensação vívida, como se ele acenasse para mim, ao pé da minha cama. Decidi segui-lo (em pensamentos). Ele me levou para fora da casa, para o jardim, para a rua e para dentro de sua casa. Lá, para o seu escritório, onde havia uma estante alta atrás da mesa. Eu não fazia ideia que tipo de livros ele guardava ali. Ele apontou para o primeiro de três volumes de capa vermelha na segunda prateleira de cima. Então a visão parou. Na noite seguinte, procurei (na realidade[)] imediatamente a sua esposa e pedi que ela me levasse até o seu escritório. Subi numa cadeira, onde estavam os três livros vermelhos, e peguei o primeiro: o título era: *Zola: O legado da morta*. (Conteúdo irrelevante?)[263]

---

260 Esse desenho serviu como modelo para a imagem 159 no *LN* (cf. apêndice, p. 159).

261 Quinta-feira.

262 Hermann Sigg foi enterrado em Küsnacht, em 13 de janeiro. O culto foi conduzido por Adolf Keller (*Neue Zürcher Zeitung*, 14 de janeiro).

263 Uma tradução alemã de um dos primeiros romances de Zola, *Le voeu d'une morte* (1867), subsequentemente traduzido para o inglês por Count C.S. de Soissons como *A Dead Woman's Wish* (Londres: Greening, 1902). Em *Memórias*, Jung forneceu o seguinte relato desse episódio: "Uma noite eu não conseguia dormir e pensava na morte repentina de um amigo, enterrado no dia anterior. Sua morte me preocupava muito. Subitamente tive a impressão de que ele estava no meu quarto, ao pé de minha cama e que me pedia que fosse com ele. Não julgava tratar-se de uma aparição; pelo contrário, formara do morto uma imagem visual interior e tomei-a por uma fantasia. Mas, honestamente, foi-me necessário perguntar: 'Que prova tenho de que se trata de uma fantasia? E se não for? Caso meu amigo esteja realmente presente, não seria uma inconveniência de minha parte tomá-lo por uma figura imaginária?' Mas também não tinha qualquer prova para acreditar que ele estivesse realmente diante de mim. Então disse a mim mesmo: 'Em lugar de considerar que se trata apenas de uma fantasia, posso, da mesma maneira, aceitá-lo como se fora uma aparição, pelo menos para ver o que disso resultaria.' No mesmo momento em que tive esse pensamento, ele se dirigiu para a porta e fez que eu entrasse no jogo. Isso certamente não estava previsto. Foi-me necessário então fortalecer a argumentação. Então somente o segui em imaginação./Ele me conduziu para fora de casa, ao jardim, à rua e finalmente à sua própria casa. (Na realidade apenas algumas centenas de metros a separavam da minha). Entrei, introduziu-me em seguida em seu escritório e, subindo num tamborete, indicou-me o segundo volume de uma série de cinco, encadernados em vermelho; eles se encontravam muito alto na segunda prateleira. Então a visão se dissipou. Não conhecia sua biblioteca e ignorava que livros possuía. Por

Por volta da noite seguinte sonhei: Vejo H.S. saudável e feliz, como que rejuvenescido, rindo e de terno novo. Alguns dias mais tarde: H.S. e eu estamos em Luxor, Hotel Tropical.[264] Estou sentado num sofá junto a uma pequena mesa de mármore. Ele se senta do meu lado e faz acusações irritadas: Achas que estou morto? Estou tão vivo quanto tu. Um leve cheiro de carniça se espalha. Ele se aproxima de mim com postura ameaçadora, e eu desembainho minha faca, que balanço na frente de seu rosto para detê-lo. Veja p. 174![265] [124b/125]

Final de jan. de 1927. George Porter em Chicago ✠ suicídio.[266] Incapaz de viver. Projetou a anima sobre a mulher.

23. V. 1927.[267]

Hoje um paciente norte-americano Jerome Schloss morreu repentinamente de paralisia cardíaca (aneurisma?).

28. V. Enterro. Tive que fazer o discurso fúnebre.[268]

---

outro lado, não poderia de onde estava ler os títulos dos volumes que ele indicara, pois se encontravam na prateleira superior./Esse fato me pareceu tão estranho que, na manhã seguinte, fui à casa da viúva e pedi autorização para entrar na biblioteca do meu falecido amigo para uma verificação. Realmente, havia debaixo da prateleira vista em minha imaginação um tamborete e, já de longe, percebi os cinco volumes encadernados em vermelho. Subi no tamborete para ler os títulos. Eram traduções dos romances de Zola. O título do segundo era: *O legado de uma morta*. Se o conteúdo me pareceu desprovido de interesse, o título era, por outro lado, muito significativo pela relação com o que se passara" (p. 309-310).

264 Um hotel com esse nome em Luxor não foi identificado. O hotel mais recomendado pelo guia *Baedeker* de 1919 era o *Winter Palace*, que tinha um jardim tropical.

265 A referência é à página 174 do mesmo livro (evidentemente uma inserção posterior). O registro (que termina no meio da oração) diz o seguinte: "Pós-escrito aos sonhos com H. Sigg. O último sonho com H. Sigg ocorreu muitas semanas após o sonho relatado na p. 124: entrei numa mastaba (prédio fúnebre egípcio) em alturas imensuráveis acima da terra. Esboço [desenhado]. O prédio consistia apenas em blocos de gelo azulado. Era muito frio, e o ar, muito rarefeito. Era um prédio".

266 George French Porter (1881-1927) era um comerciante, colecionador e filantropo norte-americano de Chicago e paciente de Jung e William Alanson White. Ele se casou com a francesa Mima Manziarly, que era teosofista e amiga de Krishnamurti. Foi a convite que Jung viajou para a América do Norte em 1924-1925, e Porter financiou a viagem. Em setembro de 1926, sofreu um ferimento na nuca num acidente de carro e, em fevereiro de 1927, ele planejava visitar Jung em Zurique. Em 24 de fevereiro, ele se matou com um tiro. A notícia ocupou a primeira página do *Chicago Tribune*, que reproduziu a carta de suicídio à sua esposa, em que ele escreveu: "Este destino me esperava – a conclusão inevitável de uma vida distorcida" (24 de fevereiro de 1927). O *Tribune* o descreveu como "sofredor de melancolia". Barbara Hannah observou: "Quando ele morreu [...] Jung ficou muito angustiado e disse que, se ele tivesse tido conhecimento das dificuldades de George Porter, ele teria ido para a América imediatamente para fazer o possível para ajudá-lo" (*Jung: A Biographical Memoir*, p. 158). Seu patrimônio valia 5 milhões de dólares. Ele deixou 20 mil dólares para Jung. Franz Jung informou William McGuire que se tratava de "ações de minérios de pouco valor" (McGUIRE, W. "Jung in America, 1924-1925". In: *Spring*: An Annual of Archetypal Psychology and Jungian Thought, 1978, p. 37-53. • *Chicago Tribune*, 24 de fevereiro e 6 de maio de 1927. • *New York Herald Tribune*, 4 de março de 1927).

267 Segunda-feira. Jung atendeu nove pacientes. Em 23 de fevereiro, fez uma palestra em Berna. Em 5 de março, fez uma palestra no Clube Psicológico e, em 23 de março, conduziu um seminário sobre *Authentic Dreams of Peter Blobbs* (sobre o qual ele tinha falado em Sennen Cove, Inglaterra, em 1920). Entre 1 e 9 de abril, esteve em Bollingen com Toni Wolff (*Diary F*, p. 73). Os registros no diário de Toni Wolff de 22-23 de maio indicam que ela esteve com Jung em Bollingen (ibid., p. 94).

268 Jerome Edward Schloss nasceu em 28 de agosto de 1876, em Maryland, como filho de Joseph Schloss e Fredericka Schloss. Seu pai era alemão. Em 1902, ele se casou com Hannah Wiener em Nova York. O censo dos Estados Unidos de 1910 informa que ele era produtor de cachecóis em Nova York. Segundo o registro de recrutamento do exército norte-americano de maio de 1918, ele era alto e magro e trabalhava como vendedor para Louis Adler, um produtor de roupa e corretor na Broadway. No censo de Nova York de 1925, ele foi contado. Segundo os Relatórios de Mortes de Cidadãos Americanos no Exterior do Serviço Consular Norte-Americano, ele morreu de falência cardíaca em 22 de maio e foi cremado. O endereço dele e de sua esposa foi informado como sendo a Pension Quisisana na Dufourstrasse em Zurique (informação de várias fontes genealógicas). Sua esposa escrevia

31. V. Desde então, atmosfera cheia de perturbação como após a morte de Sigg e Porter.

Sonho: (30/31 V) Emma tem um distúrbio abdominal[1)]. Eu opero juntamente com um cirurgião[2)]. Encontramos carcinomas espalhados[3)].[269] Inoperável e sem esperança. Estou terrivelmente abatido. Ela teria que sofrer muito até a morte chegar[4)].

1) Tenho pensado na morte dela e na minha nos últimos dias. De modo geral, um temor vago.

2) Walthard.[270] Ginecologista. Operou a senhora Sigg. Não o conheço pessoalmente. Emma sonhou hoje à noite que foi operada por mim e, num outro sonho, que um cadáver era dissecado, o que a fez vomitar (no sonho).

3) Provavelmente a partir do pâncreas. Como meu pai.

4) Meu sofrimento nos últimos tempos – essencialmente através do fortalecimento do inconsciente. Tenho disidrose nas mãos como meu pai.[271]

Por que me atormentas? Sem dúvida, é algo que vem de ti. O que sabes? Vem e fala!
"Não gosto de falar".
Para que possas agir melhor?
"Sim. Eu te encho de nojo".
Para que eu não te esmague?
"Assim causas dor em ti mesmo".
Não deves me impedir. Mas duvido que este seja o caminho correto.

---

livros de receitas e sua obra *Short Cuts and Left-Overs*, de 1938, foi um campeão de vendas. Em seu discurso fúnebre para Jerome Schloss, Jung escreveu:

> Para muitos, a morte parece um fim brutal e sem sentido de uma existência curta e vazia. Assim parece quando vista da superfície e da escuridão. Mas quando penetramos as profundezas da alma e tentamos compreender sua vida misteriosa, perceberemos que a morte não é um fim sem sentido, um simples desaparecer no nada. Ela é uma realização, um fruto maduro na árvore da vida. Nem é a morte uma extinção abrupta, mas uma meta para a qual se viveu inconscientemente e se trabalhou durante meio período da vida. Na expansão da juventude a vida nos parece um rio que se alarga sempre mais, e esta convicção nos acompanha muitas vezes ainda depois do meio-dia da nossa existência. Mas se ouvirmos as vozes silenciosas da nossa natureza mais profunda, perceberemos que logo depois da metade de nossa vida a alma começa seu trabalho secreto de preparar a partida. Sem prestar atenção aos tumultos e erros de nossa vida, começa a desabrochar aquela flor preciosa do espírito, a flor quadrifólia da luz imortal; e mesmo que nossa consciência mortal não se dê conta de sua operação secreta, ela prossegue em seu trabalho de purificação.
>
> "Quando o encontrei pela primeira vez, Jerome Schloss pareceu-me um homem de rara clareza, pureza de caráter e de personalidade. Fiquei profundamente impressionado com a honestidade e sinceridade de suas intenções. E quando trabalhei com ele, ajudando-o a compreender as complexidades da psique humana, tive que admirar a finura de seus sentimentos e a sinceridade de seu pensamento. Mas, apesar de ter sido um privilégio ensinar a alguém com qualidades humanas tão raras, isto não foi o que mais me comoveu. Realmente, eu fui seu professor, mas ele também me ensinou. Ele me falava na linguagem eterna dos símbolos que eu não entendia até se tornar manifesta a conclusão temida, a culminação na morte. Nunca esquecerei como ele libertou sua mente do torvelinho da vida moderna e como, trabalhando aos poucos regressivamente, libertou-se das amarras que o prendiam a seus pais terrenos e à sua juventude; e como aparecia a ele a imagem eterna da alma, a princípio indistintamente, depois tomando forma lentamente na visão de seus sonhos, e como, finalmente, três semanas antes de sua morte, teve a visão de seu próprio sarcófago do qual se ergueu sua alma viva" (OC 18/2, § 1.706ss.).

A datilografia do discurso de Jung data de 25 de maio (arquivos do San Francisco Jung Institute).

269 A condição que, eventualmente levou à morte dela.

270 Provavelmente o Professor Max Walthard (1867-1933), um ginecologista (originalmente de Berna) na universidade de Zurique.

271 Uma forma de eczema, que consiste em pequenas bolhas que podem causar coceira intensa.

"É claro que é o incorreto". [125/126]

És rápida demais em concordar comigo. Mas suspeito que exageras desmedidamente determinados sentimentos em mim, muito além da probabilidade, de modo que surge um sofrimento que não posso mais permitir. Tu sabes que me recuso absolutamente a participar num sofrimento que ultrapasse certa medida razoável. Tudo bem – mas não permito que seja apressado. Falando nisso – de onde tens de repente a competência de me atormentar? Fala!

"Mistérios, meu querido, mistérios!"

Não quero mistérios. Por favor, comunica-me o que devo saber.

"Não farei isso".

Provavelmente não podes. É provável que também foste cativado. A meu ver, vens demais para o mundo humano. O que significa esse sonho abominavelmente desfavorável?

"Desejas a morte de tua esposa, não?"

Criatura infernal, para com essa balela de macaco. Se fosse isso, eu poderia dizê-lo. E eu o disse a mim mesmo. Por sua causa, devo dizê-lo a mim mesmo, para que eu veja que tu causaste isso, para me confundir com ilusões. Não quero começar mais nenhuma vida, mas quero crescer para fora da vida. Não deixarei mais me envolver na vida. Volta-te para o interior, para o escuro e contempla as imagens da vida, em vez de desejar o mundo. O que significa meu sonho? [126/127] O meu casamento é um caso sem esperança e inoperável? Não, não acredito nisso. Sei que não há nada a ser feito, e tudo que eu sofra com isso deve ser sofrido, assim como se suporta uma doença incurável.[272]

2 II 1928[273]

Fala comigo, alma, existe algo que eu deva saber?

A.: É claro que existe algo. Devo dizer-lhe? Como posso? Como deveria saber o que não sabes?

Eu: Eu conheço isso. Não faças rodeios.

A.: Não estou fazendo rodeios, és tu que deves fazer desvios –

272 Em 1927, Jung fez uma palestra sobre "Der Erdbedingtheit der Psyche" [O condicionamento terreno da psique], na Sociedade de Filosofia Livre em Darmstadt, publicada em KEYSERLING, H. (org.). *Mensch und Erde*. Darmstadt: Otto Reichl, 1927. Mais tarde, ele a expandiu e a publicou em duas partes como "A estrutura da alma" (OC 8/2) e "Alma e terra" (OC 10/3). Ele também a apresentou ao Clube Psicológico como "A influência do ambiente sobre a estrutura da alma", em 5 de março. Ele publicou "As mulheres da Europa" (OC 10/3) e escreveu uma introdução à *Análise da alma infantil*, de Frances Wickes (OC 17). Em 19 de fevereiro de 1927, Hermann Hesse leu o capítulo do teatro mágico de *Steppenwolf*, ainda inédito na época, no Clube Psicológico.

273 Quinta-feira, Apresentação de Jesus no templo. De 20 a 22 de abril, Jung participou do Congresso Médico Geral de Psicoterapia. Em outubro de 1927, falou na Conferência da Associação de Colaboração Intelectual em Praga sobre "O problema psíquico do homem moderno" (OC 10/3). De 14 a 20 de novembro de 1927, prestou serviço militar em Basileia. De 9 a 12 de dezembro, esteve em Munique, Augsburg e Karlsruhe. Em Karlsruhe, falou sobre "Psicologia analítica e cosmovisão" (OC 8/2), uma palestra que repetiria no Clube Psicológico em 3 de março de 1928. Em 19 de maio, falou no Clube Psicológico sobre "A estrutura da alma". Como vimos, em 1928, ele publicou *O eu e o inconsciente* (OC 7/2) e *A energia psíquica*, que incluía seu artigo homônimo (OC 8/1) e versões de alguns ensaios anteriormente publicados em inglês. Em especial, a seção de "A energia psíquica" sobre a formação de símbolos, em que ele argumenta que símbolos são mecanismos para transformar energia psíquica (§ 88ss.), surgiu de sua autoexperimentação. Ele também publicou "Psicanálise e direção espiritual" (OC 11/6) e "O significado da linha suíça no espectro europeu", uma resposta a Count Hermann Keyserling (OC 10/2) e "Doença mental e psique" (OC 3).

Eu: Mostra-me o desvio.

A.: Vem e deixa conduzir-te. Eu te conduzirei até o abismo. Vês a profundeza negra e o que está além?

Eu: Vejo prédios brancos sobre rochas negras que despencam na profundeza. Longe demais para vê-los com clareza.

A.: Olha com atenção, esforça-te.

Eu: Um prédio longo, atrás dele, uma cúpula branca. O que é?

A.: Continua olhando.

Eu: Vejo na distância outros prédios.

A.: Olha para baixo. [127/128]

Eu: Vejo na profundeza a correnteza de um rio – rochas, uma trilha sinuosa segue. Pessoas caminham ali. Uma procissão de pessoas em longas vestes claras. Um homem velho a lidera. Uma procissão fúnebre? Não vejo ataúde. Elas seguem rio abaixo, desviando de rochas, à direita do rio. O que fazem? ~~Para~~ À esquerda, abre-se uma ravina menor, lá vejo uma trilha que leva ao alto. Elas sobem por lá. – Ziguezague – sobem lentamente – descansando frequentemente. No alto, a trilha segue reta, contornando o fim da ravina e levando até a casa branca. Lá vão elas. A casa longa tem muitas janelas – entrada no lado estreito à esquerda. São homens e mulheres. O velho bate à porta de madeira escura com a vara – ela é aberta. Eles entram. No interior, um longo corredor branco arcado com tapete vermelho. Todos estão descalços. O corredor ~~tem~~ termina, lá um pouco escuro. Portas menores. Porta à esquerda. Um novo, mas estreito corredor com chão amarelo, em ângulo reto para a esquerda. Algumas portas laterais altas. Sob colunas arqueadas até o prédio da cúpula. Salão de colunas circular, totalmente de mármore azulado polido. Chão de mármore branco. ~~Eu~~ No centro, tanque octangular com água azul, exatamente sob a abertura da cúpula. Por razões desconhecidas, a água ondula. [128/129] Nenhuma imagem, nenhuma inscrição – mas do lado oposto, sob a colunada, uma estátua sentada em tamanho real de um homem de meia-idade – antiga? Aparência de um ~~xx~~ romano. A procissão de pessoas se movimenta em círculos em torno do tanque – cantando – o que cantam? "Louvai a água"? Estou ouvindo bem? "Um espelho do céu", elas saúdam a água – se curvam diante dela. Se ajoelham à beira e bebem da água, diretamente com a boca, como animais. Ninguém a toca com as mãos. Então se deitam em torno do tanque no chão e comem pão, um dando ao outro seu pão para a direita. O velho fica em pé sozinho, apoiado em um longo cajado. Ele está diante da estátua, que olha para ele como que ponderando, com queixo apoiado – um diálogo mudo – enquanto o povo como mudo e no maior silêncio. Agora o velho acena com o cajado. As mulheres andam à sua esquerda, os homens, à sua direita. Todos, com a exceção do velho, se ajoelham voltados para o tanque, a

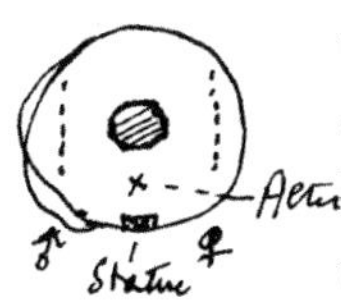

testa no chão. Agora o velho se vira e vai até a água e a toca três vezes com o cajado. Então ele se ajoelha e deita a testa na beira do tanque. Neste momento, toca em algum lugar um sino grave, aparentemente de um sino grande – todos se levantam e apertam as mãos uns dos outros. A expressão [129/130] é séria e cordial. (As vestes são, como vejo agora, antigas. Os homens vestem calças gálicas e um manto gálico curto.[)] Agora, as pessoas se reúnem em grupos na colunada, nenhuma palavra é dita. O velho está junto à água, contemplando-a como antes a estátua.

Vejo tudo isso apenas mentalmente, pois estou do outro lado da ravina a uma grande distância. O que significa essa visão, minh'alma?

A.: Reconheces o velho?

Eu: Sim, é Filêmon.

A.: O romano é Antonino Pio, o César.[274]

Eu: Isso é inaudito. Que devo pensar disso?

A.: Sem dúvida, um culto.

Eu: Mas onde? Que país? Que religião?

A.: Teu país, tua religião. Água no lugar de vinho, pão no lugar de carne. Silêncio no lugar de fala.

Eu: Mas o que significa o César?

A.: Olha mais uma vez.

Eu: O velho ainda está junto à água, imerso em profunda contemplação do azul celestial da água. Agora ele abre os braços, e todos se aproximam e formam um círculo em torno do tanque. O que acontece? Eles se seguram nos ombros uns dos outros. A sala escurece, [130/131] e na água brilham as estrelas. Eles cantam "Casa da água" – "Lar primordial das estrelas". A água está calma como um espelho, e cada um vê nela o seu rosto. Volta a luz, como se uma nuvem escura tivesse passado. Diante do César está um pequeno altar, neste há lenha, na qual o velho coloca fogo. Ele contempla a chama. As pessoas se retiraram para as colunatas – Volta a escurecer. Vê-se apenas o fogo e a figura fortemente iluminada do velho. Alguém traz um jarro prateado com vinho, e com ele o velho apaga o fogo – volta a esclarecer – alguém traz um prato prateado com um pedaço de carne crua. O velho toma o prato e vai até a saída, todos o seguem. Do lado de fora, aguardam alguns cachorros, ele joga a carne para eles. O velho acena para suas pessoas e desaparece repentinamente, apenas seu cajado fica e cai no chão. Um dos homens o pega e vai à frente, em direção do vale profundo. Anoitece, e a procissão desaparece na escuridão. Vê-se apenas os prédios brancos brilhando vermelhos no arrebol.

Eu: O que significa o fogo, um sacrifício ao César? Voltamos para a Antiguidade? [131/132]

A.: De forma alguma – mas o sentido é obscuro – O que significa o culto ao César?[275] O vinho não era oferta, mas, em vez de usar água, Filêmon apagou com vinho e deu a carne aos cachorros. Ele não estava pensando no César, mas no fogo.

---

274 Antonino Pio (86-161 d.C.) sucedeu a Adriano, seu pai adotivo, como césar. Edward Gibbon o retratou da seguinte forma: "Antonino difundiu ordem e tranquilidade pela maior parte da terra. Seu reinado era marcado pela rara vantagem de fornecer pouquíssimo material para a história; que, na verdade, é pouco mais do que o registro de crimes, loucuras e infortúnios da humanidade. Na vida privada, era amável e também um bom homem. A simplicidade nativa de sua virtude era alheia à vaidade ou afetação. Ele desfrutava com moderação as conveniências de sua fortuna e os prazeres inocentes da sociedade; e a benevolência de sua alma se manifestava numa serenidade descontraída de temperamento". Gibbon afirma que, em vez de perseguir, ele protegia os cristãos (*The Rise and Fall of the Roman Empire*. Londres: Chatto and Windus, 1960, cap. 3, p. 44 [abreviado por D.M. Low]).

275 Templos foram construídos para Júlio César após sua morte em 44 a.C., inaugurando o culto imperial, que tornava os imperadores romanos divinos. Isso se tornou a religião oficial em todo o Império Romano.

Eu: Não entendo nada.

A.: Não sei explicar, mas aguardarei e ficarei atento para ver se algo mais acontecerá.[276]

Na primavera de 1932, Hans Schmid faleceu em decorrência de um acidente. (Veja p. 206.)[277]

276 Em 11 e 12 de fevereiro, Jung esteve em Bollingen. De 18 a 23 de fevereiro, ele esteve em Viena e discursou no Kulturbund. Para a sua coletiva de imprensa em Viena, cf. "Three Versions of a Press Conference". In: C.G. *Jung Speaking*, p. 55-61. Toni Wolff anotou em 18 de fevereiro que o fato de Jung ser celebrado em Viena era uma justiça histórica, após sua rejeição pelos freudianos (*Diary* G, p. 89). Em 4 de março, ele registrou em sua agenda: "Fausto". Em 19 de maio, ele falou no Clube Psicológico sobre "A estrutura da alma". Ele esteve em Frankfurt de 24 a 26 de outubro; em 30 de outubro, fez uma palestra. Em 19 de novembro, fez uma palestra na Universidade de Zurique. Em 21 de novembro, fez uma palestra em Sankt Gallen. Em 23 de novembro, fez uma palestra para o Clube Literário em Zurique. Em 1 de dezembro, participou de um congresso psiquiátrico. Em 7 de dezembro, fez uma palestra em Berna. Em 13 de dezembro, fez uma palestra em Genebra. Esteve em Stuttgart em 21 e 22 de fevereiro de 1929. Em Munique de 21-24 de março, apresentou uma palestra, "Os problemas da psicoterapia moderna", para a Associação Médica e a Sociedade de psicoterapia, repetindo-a no Clube Psicológico em 16 de março. Em 12 de abril, fez uma palestra sobre "Os objetivos da psicoterapia" (OC 16/1) em Bad Nauheim, no Congresso da Sociedade Médica Geral de Psicoterapia. Em 12 de junho, fez uma palestra em Einsiedeln para o Clube Literário de Zurique sobre Paracelso (OC 15). Ele também falou sobre "Alguns aspectos da psicoterapia moderna" no Congresso da Sociedade de Saúde Pública em Zurique (OC 16/1). Em 29 de junho, falou sobre "Os problemas psíquicos da velhice humana" (OC 8/2) e, em 5 de outubro, sobre "Psicologia e estudos literários" no Clube Psicológico. Em 29 de janeiro, Richard Wilhelm falou no Clube Psicológico sobre "Alguns problemas da meditação budista". Jung publicou *O segredo da flor de ouro* (com Richard Wilhelm) e "A mulher na Europa" (OC 10/3), "O contraste Freud-Jung" (OC 4) e "O significado da constituição e da herança para a psicologia" (OC 8/2). Em 1930, esteve em Munique de 21 a 23 de junho. Em 22 de outubro, falou ao Círculo de Leitura Hottinger em Zurique sobre o "Homem arcaico" (OC 10/3). Em 25 de outubro, falou sobre o *Ulisses*, de James Joyce, no Clube Psicológico (OC 15). Em 20 de novembro, fez uma palestra em Aarau para a Sociedade de Leitura Literária sobre "Os problemas da alma do homem moderno". De 24 a 26 de novembro, esteve em Darmstadt. Em 12 de dezembro, fez uma palestra na faculdade teológica da Universidade de Zurique. Publicou "Psicologia e poesia" (OC 15), "As complicações da psicologia americana" (OC 10/3), uma introdução ao livro *A psicanálise*, de Wolfgang Kranefeldt (OC 4), um obituário para Richard Wilhelm (OC 15) e uma resenha do livro *America: A aurora de um novo mundo*, de Keyserling (OC 10/2). Fez uma palestra em Viena em 29 de janeiro de 1931 com o tema "Tirando os véus da alma" (OC 8/2). De 13 a 19 de maio, esteve em Frankfurt, Dresden e Berlim. Em Dresden, apresentou um artigo sobre "A aplicação prática da análise de sonhos" no Congresso Médico Geral de Psicoterapia (OC 16/2), que ele repetiria em 1932. Em 3 de junho, ele fez uma palestra na sociedade Zofingia em Basileia sobre "Problemas fundamentais da psicologia contemporânea", que ele repetiu no Clube Psicológico em 24 de outubro. Em 13 de junho, Jakob Wilhelm Hauer fez uma palestra no Clube Psicológico intitulada "Overview of Yoga" e se hospedou na casa de Jung. Em 20 de outubro, Jung fez uma palestra em Lucerna. Publicou *Seelenprobleme der Gegenwart* [Problemas psíquicos da atualidade], uma coletânea de vários desses artigos; um prefácio ao livro *Tag und Nacht*, de Schmid (OC 18/2); e um prefácio ao livro *The Primitive Mind and Modern Civilization*, de Charles Aldrich (OC 18/2). Ele fez uma palestra sobre "A hipótese do inconsciente coletivo" para a Sociedade de Ciências Naturais em 1 de fevereiro de 1932 na ETH, que ele repetiu no Clube Psicológico em 5 de março. Apresentou a "Relação da psicoterapia com a cura da alma" à Conferência Pastoral da Alsácia em Estrasburgo em 24 ou 25 de maio e ao Clube Psicológico em 27 de maio. Em 30 de maio, fez uma palestra sobre "A voz do íntimo" no Kulturbund em Viena (OC 17), repetindo-a sob o título de "Da formação da personalidade" no Clube Psicológico em 1 de outubro. Esteve em Paris de 1 a 3 de julho. De 7 a 11 de novembro, esteve em Viena e, em 18 de dezembro, recebeu o prêmio literário do Cantão de Zurique, apresentando "Sobre psicologia" na câmara municipal (OC 10/3). Publicou um obituário de Hans Schmid (OC 18/2), "Sigmund Freud em seu contexto histórico" (OC 15), "Ulisses" (OC 15), "Picasso" (OC 15) e "O real e o suprarreal" (OC 8/2). Para as palestras de Jung no ano seguinte, cf. FISCHER, T. "1933 – The Year of Jung's Journey to Palestine/Israel and Several Beginnings", p. 135-149.

277 "Hans Schmid" foi sublinhado em vermelho e "(cf. p. 206)" foi, evidentemente, acrescentado posteriormente por Jung em vermelho. Schmid morreu em 21 de abril de septicemia de sangue após receber tratamento por um ferimento menor. Jung escreveu um obituário, que começava com as palavras: "A vida é realmente uma batalha em que desaparecem amigos e companheiros de armas, atingidos por um projétil casual. Com tristeza vejo partir um companheiro que por mais de vinte anos partilhou comigo a experiência da vida e a aventura do espírito moderno" (OC 18, § 1713). Jung escreveu em algum momento no início da década de 1950:

> Sonhei em junho de 1931: no Tibete. De um vale vasto, olho para uma encosta gigantesca: no topo, vejo aberturas escuras de cavernas. – De repente, estou lá no alto e me aproximo de uma abertura de caverna da direita. Na caverna, vejo uma pedra preta retangular (como mármore polido), como um altar ou sarcófago. De repente, H. Schmid aparece de trás, como se tivesse estado deitado atrás da pedra. Tenho a impressão de que não tenho a permissão de me aproximar mais. Ao meu lado está um pequeno manequim, que consiste em chamas, um verdadeiro *familiaris* demoníaco, que significa meu espírito vital./Quando acordo, penso que

26. nov. 1932.[278]

Eu: Estou preocupado. Um sonho sombrio me atormenta. Quero consultar o *I Ching* antes. "Truques de magia?" dizes? Chega de trotes pré-históricos. Ficaste para trás?

A.: "Tu me deixaste para trás["]

Eu: Por quê? Por que não vieste comigo?

A.: Andaste rápido demais, sem olhar para trás.

Eu: Tens razão. Não olhei bastante para trás. Eu avançava sem fôlego. Por que não chamaste?

A.: Eu chamei através de sonho e destino.

Eu: Então foi isso. Entendo. Mas por que eu corri rápido e longe demais?

A.: Destino, necessidade, ambição, desejo. [132/133]

Eu: Sim, olhar mais para trás – isso seria mais inteligente.

A.: Isso significa "mais sábio". Por que sempre para frente? O que está à frente? Algo melhor? Todo futuro e todo passado. O olhar penetra todos os lugares – mundos do passado, mundos do futuro fazem o um, o objeto do olhar, o espelho da deidade.

Eu: Reconheço. Mas por que falaste em tom ameaçador no sonho?

A.: Para que olhasses para trás. Teu desejo crescia e alcançava o sem sentido, o lunático. Por isso, espelhei para ti a loucura. És velho o bastante para olhar para trás.

Eu: Posso olhar para trás nestes tempos ameaçadores?

A.: Ainda mais, digo eu. Os antigos sempre representam o que foi. Muitas vezes, é o melhor – o tempo avança muito rápido. Tudo se atropelou. Para. Um deve parar. Em algum lugar o presente deve ser passado. Apenas assim se fecha o círculo.

Eu: Estás sendo estranhamento geral.

---

isso indica a morte de H. Sch./Em julho do mesmo ano, H. Sch., que possuía uma pequena cabana de verão no Jura, teve uma conversa com o guarda florestal local, que ele me relatou no outono. Ele tinha um lindo abeto antigo [*Wettertanne*] na frente de sua casa. Ele disse ao guarda florestal que ele temia que, algum dia, uma tempestade o quebraria. Mas o guarda lhe disse: "A árvore envelhecerá mais do que o senhor, doutor!" Em agosto, a tempestade quebrou o abeto a cinco metros do chão. H. Sch. Teve a impressão de que, quando o guarda falou com ele, a árvore significava sua árvore da vida. Naturalmente, ele ficou profundamente abalado quando a árvore quebrou. Em setembro, ele teve um acidente com seu carro. Ele começou a derrapar num canto e bateu com a lateral do carro contra uma árvore. Mais tarde naquele outono, ele, juntamente com sua esposa que dirigia, ao ultrapassar, ficou preso entre dois carros. Em janeiro, disse à sua esposa repentinamente: "Sei o que está pensando. Você acha que eu deveria falar com Jung" (sua doença anterior foi notável e duradouramente curada após falar comigo sobre seu complexo paterno!). Sua esposa disse: "Sim, de fato". Mas ele não fez nada. No final de janeiro, sonhou: num cenário heroico maravilhoso, encontro com uma "mulher linda" num cavalo, que selou um cavalo com ela. Ela o convida para um passeio. Ele cavalga com ela cheio de alegria pela paisagem magnífica. Eles chegam a uma casa de campo linda, onde a mulher vive. Ela o convida a relaxar no sofá. Quando ele se deita, ela se aproxima dele com um chicote e diz: "Você continuará deitado aqui e nunca mais se levantará!" (informação de sua esposa)./No início de março, ele capotou com seu carro. Notavelmente, os três outros passageiros permaneceram ilesos. Apenas em seu caso, um minúsculo fragmento de vidro tinha entrado em sua *arteria radialis* em seu punho. Um médico rural um tanto incompetente costurou sua ferida. Depois disso, flegmão gangrenoso e morte./Sua amiga E. Str. me contou que ela tinha sonhado três semanas antes da morte dele (portanto, antes de seu acidente) que H. Sch. Morreria nas chamas de um fogo (φλεγμουή). Em Artemidoro, um filho sonha que ele viu seu pai perecer numa casa em chamas. Três dias depois, ele mesmo faleceu em decorrência de uma doença febril.

Em 1936, Jung discutiu a obra de Artemidoro (séc. II d.C.) sobre sonhos: JUNG, C.G. *Dream Interpretation Ancient and Modern*: Notes from the Seminar Given in 1936-1941. Princeton: Princeton University Press/Philemon Series, 2014 [org. John Peck, Lorenz Jung e Maria Meyer-Gross].

278 Sábado.

A.: Porque estás preso em toda especificidade. O específico, porém, não permanece. Ele muda constantemente. Assim, tu te esqueces do geral, que permanece e sobrevive a todos os tempos.

Eu: Não estou satisfeito. Estou pendurado em algum lugar.

A.: Fica pendurado. Isso adere a ti, não te larga [133/134]. Isso te deixa mais lento, pois olhaste para trás. Agora pergunta ao *I Ching*.

14. ䷍ Ta Yu. A posse de grandeza.[279]

Eu: Descansarei e contemplarei a plenitude daquilo que é dado.

27 nov 1932[280]

Eu: Ainda há intranquilidade em mim. Sonhos sombrios! Ao que visas? Algo para o qual eu deveria me preparar não foi encontrado. Fala comigo!

A.: Não sei o que dizer. Parece ser difícil. Não posso ter tudo.

Eu: Mas acreditas que se encontra do teu lado, talvez na profundeza de teus muitos mundos sombrios?

A.: Eu dificilmente consigo dizer. Quero esquivar-me.?

Eu: Por que isso? Tu não sabes que isso não deve ser? De onde essa tua indisposição?

A.: Tentativas de libertação – eu sei. Sou feliz na enganação. Tu sempre queres te livrar de ilusões, e sabes o que fazes com isso? Também tu queres te libertar com isso. Para quê? Para o não ser estarrecido.

Eu: Acreditas que "ser" consiste apenas em enganação? Queres me paralisar?

A.: Longe disso. Quero emaranhar-te em realidade.

Eu: E se eu não quiser?

A.: Aí está. Tu não queres. Por isso tens [134/135] a sensação de paralisia. Paralisas a ti mesmo.

Eu: Mas de onde esse cansaço?

A.: Tu não estás dentro, estás fora.

Eu: Então sabes em que consiste esse "dentro".

A.: Tenho uma noção.

Eu: Então fala. O que significa meu sonho?

A.: Esse homem estranho? Pintado com as cores do amanhecer, embrulhado em si mesmo? Tu não o conheces? Ele não é tu mesmo?

Eu: Por quê? O geral jamais satisfaz.

A.: Ah, não. Em todos os peculiares tu és – um necessitado de cuidado, um embrulhado, carente de autoproteção. Alguém que não se desperdiça. Não queres saber disso.

Eu: É paradoxo demais.

---

279 "Ta Yu". Traduzido por Richard Wilhelm como "*Der Besitz von Grossem*". Isso consiste em dois trigramas, "acima, Li, aquilo que se agarra, chama. Abaixo, Ch'ien, o criativo, céu". "O fogo no céu acima brilha, e todas as coisas se destacam na luz e se tornam manifestas. A fraca quinta linha ocupa o lugar de honra, e todas as linhas fortes estão de acordo com ela. Todas as coisas vêm ao homem que é modesto e generoso numa posição alta" (*The I Ching or Book of Changes*. Princeton: Princeton University Press/Bollingen Series, 1979, p. 59-60 [trad. Richard Wilhelm e Cary Baynes).

280 Domingo.

A.: Aguenta o paradoxal. Verdade antiga. Não podes evitar que acabes no geral, por mais que tentes escapar dele – quando o Si-mesmo brota, o Eu se encolhe.[281] Uma luz maior começa a brilhar, por isso ~~a pergunta do am~~ as cores do amanhecer. Não é ele,[282] não és tu, mas o terceiro, o maior. Encolha-te, deves desaparecer.

14/15 XII 1932[283] *The Quest begins.* [A busca começa.][284]

21. Shi Ho[285]. O morder.

I Sonho. Estou com ~~xx~~ o Prof. Fierz.[286]

II Camponês e sua esposa totalmente lambuzados de lama, nus, reviram-se no campo totalmente embriagados. (Afeto)

III Joggi[287] pega de mim grande parte de um presunto, que eu tinha pendurado como que numa linha de pesca. Eu consigo recuperá-lo, mas parte considerável caberá ao cachorro.

---

281 Em 1954-1955, Jung escreveu: *"a vivência do Si-mesmo significa uma derrota do Eu"* (*Mysterium coniunctionis*, OC 14/3, § 433).

282 Isto é, o homem estranho.

283 Quarta-/quinta-feira. Jung atendeu dois pacientes no primeiro dia e um paciente no dia seguinte.

284 Em inglês no original.

285 Hexagrama 21 do *I Ching*, "Shih Ho". Este consiste em dois trigramas, "acima, LI, o agarrar-se, fogo. Abaixo, Chên, o surgir, trovão". "Esse hexagrama representa uma boca aberta (cf. Hexagrama 27) com uma obstrução (no quarto lugar) entre os dentes. Como resultado, os lábios não podem se tocar. Para uni-los é preciso morder energeticamente o obstáculo. Visto que o hexagrama é composto das trigramas de fogo e relâmpago, ele indica como obstáculos são removidos à força na natureza. Uma mordida enérgica vence o obstáculo que impede a união dos lábios; a tempestade com seu trovão e relâmpago vence a tensão perturbadora na natureza. O recurso à lei e às penalidades vence as perturbações da vida social harmoniosa causadas por criminosos e caluniadores. O tema desse hexagrama é um processo criminal, em contradistinção ao de Jung, Conflito, 6, que se refere a processos civis" (*The I Ching*, p. 86).

286 Hans Eduard Fierz (1882-1953), professor de Química na ETH Zurique e marido de Linda Fierz-David, analista e aluna de Jung. Em 1933, Jung viajou com ele no Mar Egeu, e os dois visitaram a Palestina. Cf. a introdução em LIEBSCHER, M. *Analytical Psychology in Exile*: The Correspondence of C.G. Jung and Erich Neumann. Princeton: Princeton University Press/Philemon Series, 2015. • JUNG, A. "Carl Jung and Hans Fierz in Palestine and Egypt", p. 131-134.

287 Um cachorro que, originalmente, pertencia a Charles Aldrich, paciente de Jung (1877-1933). Aldrich o deu a Jung quando retornou para a Califórnia. Em 5 de janeiro de 1931, Jung escreveu a Aldrich: "A saúde de Joggi é excelente, e ele continua sendo o companheiro mais encantador. Na véspera do Ano-Novo, eu executei a regra [rito?] que, evidentemente, você ensinou a ele, isto é, preparei uma refeição rica de pedaços de carneiro e a levei para casa para ele em sua memória. Conversei em inglês com ele a fim de trazer de volta para o seu consciente atual lembranças felizes de sua infância" (*Letters* I, p. 80). Elizabeth Shipley Sargeant observou: "Yoggi, o amigo íntimo especial do doutor, sempre consegue entrar no escritório superior atrás do paciente, para tomar parte da conversa em silêncio e com atenção" ("Doctor Jung: A Portrait". In: C.G. *Jung Speaking*, p. 66). Jung prefaciou a obra: ALDRICH, C. *The Primitive Mind in Modern Civilization*. Londres: Kegan Paul, Trench, Trübner, 1931.